ESTUDOS
SOBRE O DIREITO DAS PESSOAS

DIOGO LEITE CAMPOS
Coordenador

ESTUDOS SOBRE O DIREITO DAS PESSOAS

ALMEDINA

ESTUDOS SOBRE O DIREITO DAS PESSOAS

COORDENADOR
DIOGO LEITE CAMPOS

EDITOR
EDIÇÕES ALMEDINA. SA
Avenida Fernão de Magalhães, n.º 584, 5.º Andar
3000-174 Coimbra
Tel.: 239 851 904
Fax: 239 851 901
www.almedina.net
editora@almedina.net

PRÉ-IMPRESSÃO • IMPRESSÃO • ACABAMENTO
G.C. – GRÁFICA DE COIMBRA, LDA.
Palheira – Assafarge
3001-453 Coimbra
producao@graficadecoimbra.pt

Maio, 2007

DEPÓSITO LEGAL
259482/07

NOTA PRÉVIA

Os estudos que se seguem são alguns dos relatórios de mestrado apresentados na Faculdade de Direito da Universidade de Coimbra, no ano lectivo de 2005/6, na cadeira de Direito Civil cuja regência me estava confiada. São publicados tal como foram apresentados para análise e discussão pelos seus autores. Não sendo mais do que um dos elementos de avaliação dos estudantes do mestrado, estavam sujeitos a limitações pré-fixadas de tempo e de extensão.

Agradeço à Fundação Luso-Americana, e ao seu Presidente Doutor Rui Chancerelle de Machete, o subsídio concedido para esta publicação e à Almedina mais este serviço ao Direito Luso-Brasileiro.

Aos Autores, o meu profundo apreço.

Diogo Leite de Campos
Professor Catedrático da Faculdade de Direito
Coordenador da Secção de Ciências Juridico-Civilísticas

A ESFERA PRIVADA DA TRABALHADORA NO ACESSO AO EMPREGO E NA FORMAÇÃO PROFISSIONAL

Ana Paula Araujo Leal

INTRODUÇÃO

Foi a partir da Declaração Universal dos Direitos do Homem e do Cidadão em 1789, que se deu a consagração jurídica dos direitos, liberdades e garantias, com a finalidade de protecção dos cidadãos quanto aos poderes do Estado. Assim, o conceito formal de igualdade extraído a partir desta Carta, não se sustentou devido às disparidades existentes na sociedade durante aquela época.

Embora os ideais propagados pela Revolução Francesa fossem a liberdade, a igualdade e a fraternidade, não se confirmou a igualdade entre homens e mulheres. Então, foi com o triunfo do Estado Social de Direito que se pode conceber um novo conceito dos direitos fundamentais e, em virtude da evolução dos anos, advertiu-se para uma necessidade de protecção ao trabalho feminino. Entretanto, a partir do século XX, nota-se uma ameaça aos direitos fundamentais do cidadão não só por parte do Estado, mas por uma série de grupos sociais "que detém na sociedade de massas uma parcela cada vez maior do poder social e económico, um poder real que se impõe aos indivíduos (...) capaz de afectar intensamente zonas e aspectos relevantes da sua vida e da sua personalidade"[1].

Todavia, a dignidade da pessoa humana é factor essencial de um ordenamento jurídico, é um direito próprio da simples qualidade de ser como pessoa, sendo-lhe garantido direitos como forma de protecção à essa dignidade. Desta forma, é a partir da protecção da dignidade da pessoa,

[1] VIEIRA DE ANDRADE, José Carlos. **Os Direitos Fundamentais na Constituição Portuguesa de 1976**. 3.ª ed. Coimbra: Almedina, 1987. p. 277.

conferida pela norma constitucional, principalmente no que diz respeito à reserva da intimidade da vida privada, que se pretende demonstrar neste estudo, as limitações que podem ou não ser concebidas em uma relação laboral, onde se verifica um choque de direitos constitucionalmente garantidos.

O primeiro capítulo do presente trabalho, procura esclarecer a importância da eficácia e vinculação das entidades patronais aos direitos fundamentais da trabalhadora enquanto cidadã, sujeita de direitos e obrigações.

No segundo capítulo, necessário se faz despertar o interesse pela reserva da vida privada da trabalhadora por parte do empregador, reflectindo sobre o direito ao respeito à esfera da vida privada da trabalhadora, assim como sobre o seu estado civil, gravidez e orientação sexual.

E por fim, o terceiro capítulo possui a pretensão de demonstrar as restrições à intimidade da trabalhadora realizadas pelo empregador nos trâmites de selecção pessoal do emprego, mais precisamente no que diz respeito à forma de entrevista pessoal, bem como quanto à exigência de exames médicos de admissão.

1. Direitos Fundamentais Do Trabalhador

1.1 *Eficácia dos Direitos Fundamentais no Contrato de Trabalho*

Os direitos fundamentais possuem o seu êxito, a partir do século XVIII, como consequência das revoluções liberais americana e francesa, concretizando a igualdade de todos os homens, sem qualquer distinção. Deste modo, é com a Declaração Universal dos Direitos do Homem e do Cidadão, a qual reconhece que todos "os homens nascem e permanecem livres e iguais em direitos", que se estabelece uma igualdade formal, decorrendo daí a igualdade de todos os homens, "mas esta declaração fora precedida de múltiplas outras (...) normalmente de muito maior elevação do que a declaração francesa"[2].

Não obstante, os direitos fundamentais, bem como a igualdade formal, ambos advindos das ideias liberais não condiziam com as relações sociais da época, pois começa-se a observar uma igualdade fingida face ao poder

[2] CAMPOS, Diogo Leite de. **Lições de Direitos da Personalidade**. Boletim da Faculdade de Direito da Universidade de Coimbra, 1991, v. LXVII. p. 157

de alguns impostos aos outros. Portanto, é em decorrência da desigualdade das relações que surge a necessidade de se proteger "um efectivo exercício das liberdades nas próprias relações entre particulares"[3].

Desta forma, é assim que surge o Estado Social de Direito, descrito pela Constituição Republicana Alemã de Weimar, de 11 de Agosto de 1919, a qual, veio traduzir um novo conceito de direitos fundamentais. Então, é em decorrência das ideias oriundas da Carta Constitucional Alemã, onde observou-se uma protecção ao trabalhador enquanto cidadão. O homem titular de direitos é aceito enquanto pessoa, sendo livre, mas inserido na sociedade. Contudo, é em consequência das relações laborais estabelecidas, que verifica-se uma disparidade, tanto no momento da celebração do contrato, como na sua execução.

Por sua vez, a Constituição da República Portuguesa de 1976[4], veio prever um conjunto de normas e princípios laborais referindo-se ao trabalhador como cidadão, esclarecendo que não é por se encontrar em uma situação de inferioridade que se pode usurpar do cidadão, enquanto pessoa e trabalhador os direitos que a Constituição o reconhece, pois, é no seio da relação de trabalho que observa-se um desequilíbrio face aos poderes do empregador exercidos sobre o trabalhador. Posto isso, o dever de obediência do trabalhador, exercido em uma relação laboral implica a própria pessoa deste, as suas energias físicas e intelectuais, representando um potencial perigo para o livre desenvolvimento da personalidade e para a dignidade de quem trabalha[5].

Assim sendo, toda e qualquer pessoa possui uma série de direitos absolutos, merecedores de observância por todos. Portanto, ao celebrar um contrato laboral, o trabalhador oferece a sua força de trabalho ao

---

[3] ABRANTES, José João. **Contrato de Trabalho e Direitos Fundamentais.** Coimbra: Coimbra Editora, 2005. p. 23

[4] A Constituição Federal Brasileira de 1988 encontra o repúdio à atitude discriminatória, objetivo fundamental da República Federativa do Brasil, no Artigo 3.º, inciso IV, e privilegia o respeito à dignidade da pessoa humana, sendo um fundamento basilar do Estado Democrático de Direito, no Artigo 1.º, inciso III, bem como, no Capítulo I "Dos Direitos e Deveres Individuais e Coletivos" do Título II " Dos Direitos e Garantias Fundamentais" precisamente no Artigo 5.º esclarece que: "Todos são iguais perante a lei, sem distinção de qualquer natureza, garantindo-se aos brasileiros e aos estrangeiros residentes no País a inviolabilidade do direito à vida, à liberdade, à igualdade, à segurança e à propriedade, nos termos seguintes: (...) XLI – a lei punirá qualquer discriminação atentatória dos direitos e liberdades fundamentais".

[5] ABRANTES, José João Nunes. **Contrato de Trabalho e Direitos Fundamentais**. II Congresso Nacional de Direito do Trabalho. Coimbra, Almedina, 1999. p. 105

empregador originando uma relação de dependência, implicando uma redução da liberdade pessoal do trabalhador e por vezes fazendo com que o mesmo abandone a certos direitos, ou seja, é em decorrência dessa subordinação, que faz desencadear uma limitação na liberdade do obreiro. Nestes termos, é em razão do poder directivo do empregador, onde lhe é facultado exercer alguns direitos face ao trabalhador, que faz nascer a necessidade de equilíbrio nas relações laborais, sendo imperativa a actuação dos direitos fundamentais.

Entretanto, a importância dos direitos fundamentais no âmbito da relação laboral vem representar um novo conceito dessa relação, onde a qualidade de vida, de trabalho e a realização pessoal se tornam componentes importantíssimos. Apesar disso, a eficácia dos direitos fundamentais na relação de trabalho deve ser exercida de uma forma equilibrada, visto que, tais direitos não são absolutos ou ilimitados[6], podendo haver uma restrição aos mesmos, desde que, estejam em causa outros direitos ou bens constitucionalmente protegidos, devendo os titulares desses direitos ceder na medida do necessário para que os mesmos possam produzir igualmente os seus efeitos.

Porém, constitucionalmente amparada está a liberdade de empresa[7], a qual, é fundamento dos poderes patronais, não podendo o trabalhador no exercício de seus direitos fundamentais interferir no objectivo, na finalidade da empresa, nem mesmo produzir a inexecução do contrato.

Portanto, possuindo o contrato de trabalho carácter privado não lhe afasta uma obediência à ordem constitucional, ou seja, deve sempre o empregador respeitar limites como a dignidade humana, consequentemente observar os direitos fundamentais do trabalhador. Desta maneira, a relação de trabalho deve ser analisada à luz da Constituição, o que leva a supor um conflito de bens e interesses, todos merecedores de apreço.

Ainda assim, só será possível atingir uma ponderada consideração por todos esses valores constitucionais inseparáveis do contrato de trabalho, valendo-se de regras próprias dos conflitos de direitos, sem enfraquecer os direitos dos trabalhadores, bem como a liberdade de empresa, respeitando--os em igualdade. Diante disso, cláusulas como de renúncia à maternidade

---

[6] Canotilho, J.J. Gomes. **Direito Constitucional e Teoria da Constituição.** 2 ed. Coimbra: Almedina, 1998. p. 1158

[7] Os direitos fundamentais do empregador são em particular o direito à iniciativa económica privada, estabelecido no Artigo 61.º, número 1 e o direito à propriedade privada, oriunda do Artigo 62.º, número 1, ambos da Constituição da República Portuguesa.

ou ao casamento, por exemplo, são nulas, pois, ao celebrar um contrato de trabalho, a trabalhadora não pode abdicar à sua liberdade e o seu dever de lealdade não poderá ir além da fidelidade do contrato, na exacta medida do que estiver estipulado.

Nesta esteira, ao celebrar um contrato de trabalho, o trabalhador renuncia ainda que não de forma plena alguns de seus direitos, mas, por não deixar de ser na empresa um cidadão como qualquer outro, essa restrição só poderá ocorrer na medida do estritamente necessário para assegurar a finalidade do contrato, ou seja, mesmo que o trabalhador tenha o dever de cumprir as obrigações decorrentes do pacto laboral, não deve obediência às ordens que afectem aos seus direitos e garantias.

1.2. *Vinculação das Entidades Patronais aos Direitos Fundamentais dos Trabalhadores*

A questão a ser analisada agora é a de saber se as entidades privadas devem respeito aos direitos fundamentais do trabalhador. O Artigo 18.º, número 1 da Constituição da República Portuguesa, esclarece que "os preceitos constitucionais respeitantes aos direitos, liberdades e garantias são directamente aplicáveis e vinculam as entidades públicas e privadas", surgindo daí uma dúvida. Será que no âmbito da relação de trabalho, em decorrência da diferenciação existente entre as partes, esse preceito merece ser aplicado ou não?

A Constituição ao estabelecer suas normas e princípios possui no seu conteúdo a dignidade da pessoa humana, garantida pelos direitos fundamentais, devendo valer como determinação fundamental eficaz para todos os ramos do direito. Nestes termos, os direitos fundamentais não podem sofrer um abrandamento em face da autonomia privada, visto que, tais direitos encontram-se garantidos e protegidos, não podendo admitir intimidações resultantes dos poderes do empregador.

Contudo, os direitos fundamentais possuem um limite ao seu conteúdo mínimo essencial, sendo esse limite inultrapassável pela autonomia privada, sendo inválidos os actos que vierem a ferir o conteúdo desses direitos. No domínio privado, no acto da celebração de um contrato, leva-se em consideração a autonomia privada e a liberdade negocial, todavia, em uma relação laboral uma das partes não possui essa liberalidade no que se refere à estipulação das cláusulas negociais ou no que concerne a execução das mesmas, visto estar o trabalhador em uma condição de inferioridade face aos poderes patronais.

Diante disso, existem correntes doutrinárias que defendem a aplicabilidade imediata dos direitos fundamentais nas relações privadas, outras em sentido oposto aconselham pela aplicabilidade mediata e, finalmente uma terceira corrente que defende uma aplicação imediata mas de forma atenuada, advertindo para uma distinção entre relações privadas e relações de domínio[8].

Desta forma, reconhecida a inferioridade do trabalhador contraposta aos poderes do empregador, faz nascer uma relação dissemelhante e, a situação de subalternidade do trabalhador faz com que o empregador deva obediência às normas constitucionais, o que significa que o empregador deve reconhecer os direitos, liberdades e garantias do trabalhador enquanto pessoa, ou melhor, confirmar os direitos, liberdades e garantias que são atribuídos a todos os cidadãos[9].

Portanto, é a relação de sujeição estabelecida entre o trabalhador e o empregador que esboça um exemplo evidente onde nota-se um poder forte, efectivo de uma parte sobre a outra e, por esse motivo é que a "referida vinculação aos direitos fundamentais prevalece, pois, sobre a autonomia privada"[10], debruçando-se sobre a aplicabilidade imediata dos direitos fundamentais nas relações laborais.

Sendo assim, os poderes do empregador estão subordinados à obediência dos preceitos constitucionais garantidos ao trabalhador, só podendo ferir essa sujeição desde que acarrete um dano insuportável à empresa, não sendo possível permitir que os poderes entregues ao empregador não estejam vinculados à importância dos deveres constitucionais, principalmente no que respeita à dignidade da pessoa humana, fazendo-se para tanto o seguinte questionamento: será considerado lícito por parte do empregador exigir à trabalhadora testes de gravidez ou indagar sobre essa possibilidade no momento de sua admissão?

---

[8] DRAY, Guilherme Machado. **Autonomia Privada e Igualdade Na Formação e Execução de Contratos Individuais de Trabalho**. Estudos do Instituto de Direito do Trabalho. Coimbra: Almedina, 2001, v. I. p. 29-30

[9] MOREIRA, Teresa Alexandra Coelho. **Da Esfera privada do Trabalhador e o Controlo do Empregador.** Boletim da Faculdade de Direito da Universidade de Coimbra. Coimbra: Coimbra Editora, 2004. p. 60

[10] ABRANTES, José João Nunes. **O Direito do Trabalho e a Constituição**. Lisboa: Associação Académica da Faculdade de Direito de Lisboa, 1990. p. 43

2. Vida Privada da Trabalhadora

2.1 *Direito à Intimidade*

Como demonstrado os direitos fundamentais possuem eficácia imediata nas relações de trabalho, desde que tais direitos sejam exercidos de uma forma ponderada, havendo sempre que necessário algumas limitações a esses direitos. Desta forma, por exemplo, se a função a ser desempenhada na empresa pela obreira for considerada como uma actividade prejudicial à sua saúde ou à saúde de terceiros, é possível a interferência por parte do empregador na sua vida privada da trabalhadora, permitindo-se tal limitação.

Porém, é a situação de inferioridade da trabalhadora na relação de trabalho que justifica a força produzida pelos direitos fundamentais no âmbito dessa relação, sendo que é a partir da virtude desses direitos que se reclama o respeito aos mesmos pelo empregador, não somente enquanto direito dos trabalhadores, mas principalmente enquanto direito da pessoa em si, impondo-se ao empregador o cumprimento desses direitos, nomeadamente no que se refere à intimidade da trabalhadora, ou seja, à sua vida privada. Nesta perspectiva, "o Direito é criado e utilizado pelas pessoas e serve os seus fins, promovendo a protecção daquelas contra ingerências externas, quer do Estado, quer de outros particulares"[11].

É neste contexto, que a Constituição Portuguesa em seu Artigo 1.º estabelece a dignidade da pessoa humana como um valor fundamental, servindo de base para o ordenamento jurídico, sendo um limite à autonomia privada, pois, nos tempos antigos "o indivíduo nada mais era – fosse eu ou o outro – do que um elemento do mundo material. Objecto sujeito a todos os constrangimentos da natureza e, portanto, dos outros homens"[12].

Diante disso, a dignidade humana requer um mínimo para que o homem possa progredir na sua personalidade, sendo imposta em todas as relações, assegurando-se uma dignidade na vida social[13]. Por isso, os direitos da personalidade nas palavras do ilustre Guilherme Machado Dray "são direitos pessoais, que podem ter por objecto bens tão díspares como

---

[11] Dray, Guilherme Machado. **Justa Causa e Esfera Privada**. Estudos do Instituto de Direito do Trabalho. Coimbra: Almedina, 2001, v. II. p. 39

[12] Campos, Diogo Leite. **Lições de Direitos da Personalidade**. op. cit., p. 130

[13] Ascensão. José de Oliveira. **Direito Civil Teoria Geral.** Coimbra: Coimbra Editora, 1997, v. I. p. 64

o direito à vida, à integridade física"[14], possuindo um especial relevo no ordenamento jurídico devido ao seu conteúdo moral, portanto, são direitos que já estão contidos no homem pela simples razão de seu nascimento, podendo o mesmo reclamar uma atenção à sua personalidade frente a outrem.

Ainda assim, o importante é ressaltar o direito à intimidade como um direito à inviolabilidade da vida privada, fazendo-se necessário estabelecer uma diferenciação entre a esfera íntima e a esfera privada. O direito à reserva sobre a intimidade da vida privada, esta estabelecido no Artigo 26.º da Constituição Portuguesa[15], bem como no artigo 80.º, número 1 do Código Civil Português[16] onde esclarece que "todos devem guardar reserva quanto à intimidade da vida privada de outrem".

Contudo, a esfera pública como se sabe, é o que se traduz pelo conhecimento de todos, ou seja, é tudo que pode ser conhecido e divulgado perante toda a comunidade. A esfera privada da vida de uma pessoa, é aquela que compreende certos elementos em que o titular do direito tem uma particular atenção sobre os mesmos, ou melhor, possui uma subjectividade de guardar para si, sendo exemplificados pelos factos da vida profissional, do seu domicílio ou simplesmente seus hábitos de vida. Já a esfera íntima, é aquela em que os fatos da sua vida privada recebem uma protecção especial objectiva, o que quer dizer que são elementos que deverão ser inabordáveis pelos outros, factos esses que dizem respeito a aspectos da vida familiar, comportamentos sexuais, estado de saúde das pessoas entre outros[17].

Todavia, a reserva da intimidade da vida privada vem sendo muito afectada a partir do século XX principalmente em decorrência de novas técnicas de registro, observação e comunicação, colocando em risco a

---

[14] DRAY, Guilherme Machado. **Justa Causa e Esfera Privada.** op. cit., p. 40.

[15] No Brasil, o respeito ao direito à intimidade está reconhecido constitucionalmente pelo Artigo 5.º, inciso X da Constituição Federal onde esclarece que " são invioláveis a intimidade, a vida privada, a honra e a imagem das pessoas, assegurando o direito a indenização pelo dano material ou moral decorrente de sua violação".

[16] O Código Civil Brasileiro também possui o direito à reserva da vida privada no Livro I, Título I, Capítulo II posicionado no rol dos Direitos da Personalidade no Artigo 21 ilustrando que " a vida privada da pessoa natural é inviolável, e o juiz, a requerimento do interessado, adotará as providências necessárias para impedir ou fazer cessar ato contrário a esta norma".

[17] MARTINS, Fernando Sogdu. **Vedação de Práticas Discriminatórias. Privacidade do Trabalhador. Dano Moral.** Curso de Direito do Trabalho em Homenagem ao Professor Arion Sayão Romita. Rio de Janeiro: Forense, 2000, p. 683

intimidade da pessoa. Sendo assim, o direito à intimidade da vida privada, suplica uma protecção da pessoa humana e da sua intimidade, face as novas técnicas que colocam à disposição a divulgação da vida privada[18], buscando um limite sobre essa actual invasão à intimidade na vida do cidadão, afim de assegurar a dignidade e a privacidade do mesmo.

Nestes termos, os direitos da personalidade, nomeadamente o direito à reserva da intimidade da vida privada, são direitos imprescritíveis, indisponíveis e irrenunciáveis[19], mas, podem existir alguns limites aos direitos da personalidade e esses se tornarem restringíveis, consentindo para tanto algumas limitações ao seu pleno exercício, conforme Artigo 81.º, número 2 do Código Civil Português[20].

Entretanto, por possuir os direitos da personalidade uma tutela ampla de protecção, qualquer lesão ou ameaça a esses direitos são caracterizados como ilícitos, nos precisos termos do Artigo 70.º, número 1 do Código Civil Português e, o número 2 do referido Artigo permite ao lesado que o mesmo requeira as providências necessárias, com o intuito de impedir a consumação da ameaça ou diminuir os efeitos da ofensa praticada.

Nesta esteira, é em função da desigualdade dos sujeitos exibida em um contrato de trabalho, que se pode permitir como legítimas algumas limitações ao direito à reserva da intimidade da vida privada da trabalhadora, desde que justificadas "à luz de determinados interesses superiores"[21]. Ainda assim, a trabalhadora ao ingressar em um emprego não pode deixar de gozar dos seus direitos enquanto pessoa, mas, pode receber algumas restrições ao exercício integral dos seus direitos da personalidade.

Então, é a partir de agora que procuraremos demonstrar de facto as restrições ou ingerências que poderão ou não existir por parte do empregador em uma relação de trabalho.

---

[18] Dray, Guilherme Machado. **Justa Causa e Esfera Privada**. op. cit., p. 45

[19] Ascensão, José de Oliveira. **Direito Civil Teoria Geral**. op. cit., p. 84

[20] O Artigo 81.º, número 2 enumera que: " A limitação voluntária, quando legal, é sempre revogável, ainda que com obrigação de indemnizar os prejuízos causados às legítimas expectativas da outra parte".

[21] Dray, Guilherme Machado. **Justa Causa e Esfera Privada.** op. cit., p. 50

2.2 *Estado Civil, Gravidez e Orientação Sexual*

O princípio da não discriminação estabelecido no Artigo 13.º, número 2 da Constituição, esclarece que ninguém pode ser discriminado, prejudicado, privado de qualquer direito ou isento de qualquer dever em razão do seu estado civil. Deste modo, a distinção feita pelo empregador em razão dessa circunstância não será permitida.

Todavia, face às necessidades económicas e pelos obstáculos à obtenção de trabalho, a trabalhadora renuncia a aspectos de sua personalidade, com a intenção de se ver contratada a um posto de trabalho. Desta forma, deveria o empregador ao recolher dados referentes à capacidade profissional da trabalhadora ao emprego se limitar a exigi-los de uma maneira necessária a uma eficaz organização do trabalho[22], mas, o que se tem observado é que nem sempre o empregador se limita a exigir dados que tenham uma estreita relação com o trabalho que se vai efectuar e acaba por ocupar-se de dados da vida privada da trabalhadora, mais precisamente de dados relacionados com a sua personalidade, que são considerados inúteis em relação à natureza do serviço que ela poderá vir a desempenhar na empresa, conduzindo a casos de discriminação. Sendo assim, é importante saber se o empregador pode ou não investigar a trabalhadora sobre o seu estado civil e sobre a sua gravidez, visto que, são factos relacionados com aspectos da sua personalidade.

Levando em consideração que o estado civil da trabalhadora muitas vezes é uma informação conhecida publicamente, visto ser "um dos dados que consta do bilhete de identidade das pessoas"[23], a obtenção pelo empregador a este dado não pode ser considerada como uma invasão ilegal na intimidade da trabalhadora, pois, na maioria das vezes o estado civil de uma pessoa integra-se na sua vida pública.

Importante ressaltar também que a orientação sexual da trabalhadora[24] não deve possuir relevância alguma sobre o empregador, por estar comple-

---

[22] Embora o Direito do Trabalho no Brasil não estabeleça expressamente sobre os direitos à intimidade e privacidade, por estarem tais direitos enquadrados no rol dos direitos da personalidade estabelecidos e protegidos constitucionalmente, deve o empregador respeito à esses direitos. Barros, Alice Monteiro de. **Proteção à Intimidade do Empregado**. São Paulo: LTR, 1997. p. 54

[23] Moreira, Teresa Alexandra Coelho. **Da Esfera Privada do Trabalhador e o Controlo do Empregador**. op. cit., p.173

[24] "Imagine-se o caso de uma trabalhadora que foi contratada para modelo de uma marca de *lingerie* e resolve mudar de sexo. A transexualidade irá afectar a sua capacidade profissional na medida em que não vai poder mais exercer a actividade para a qual foi

tamente abraçada à reserva da vida privada, sendo considerado como uma forma de discriminação os questionários[25] elaborados pela entidade laboral onde se pretende invadir a esfera íntima da trabalhadora, sendo ilegais tais indagações, conforme Artigo 26.º, numero 1 da Constituição[26].

Nestes termos, o que se pretende revelar é que embora não seja considerado ilegítimo, o questionamento feito à trabalhadora sobre o seu estado civil por inúmeras vezes não possui relevância para o empregador, podendo a trabalhadora ser vítima de uma discriminação em razão do seu estado civil, visto serem os mesmos considerados absolutamente desnecessários à natureza do trabalho. Agora, se em virtude do estado civil da trabalhadora já observa-se certas atitudes discriminatórias, a situação se torna ainda mais grave quando se indaga por eventual gravidez[27].

A observância do contrato de trabalho não é a primeira vista praticável sem que os direitos fundamentais sejam diminuídos, mas tais direitos só deverão ser restringidos no rigoroso limite para que se atenda ao exacto objectivo do contrato. Assim, pode o empregador indagar sobre a eventual gravidez da trabalhadora, desde que, indispensável à execução do contrato, bem como, em razão da função a ser desempenhada.

Não obstante, o questionamento feito pelo empregador somente será lícito quando exista um oficio a realizar, o qual, seja desaconselhável a sua realização durante a gravidez, em conformidade com o Artigo 30.º do Código do Trabalho, o qual considera por "proibidos ou condicionados os

contratada" afectando a capacidade profissional da trabalhadora sendo a consequência um despedimento com justa causa, tornando imediata e impossível a subsistência da relação laboral, nas respeitáveis palavras de Moreira, Teresa Alexandra Coelho. **Da Esfera Privada do Trabalhador e o Controlo do Empregador**. op. cit., p. 474

[25] Parecer número 14/CITE/98, onde foi considerado haver discriminação a indagação feita pela empresa em um questionário onde tinham questões exclusivas para o sexo feminino e se indagava o seguinte: " Tem fundamento para pensar que nos próximos 9 meses irá utilizar o direito de protecção à maternidade?"

[26] O Artigo 26.º, número 1 enuncia que: " A todos são reconhecidos os direitos à identidade pessoal, ao desenvolvimento da personalidade, à capacidade civil, à cidadania, ao bom nome e reputação, à imagem, à palavra, à reserva da intimidade da vida privada e familiar e à protecção legal contra quaisquer formas de discriminação".

[27] O Acórdão de 03-02-00, Processo C-207/98 do Tribunal de Justiça da Comunidade Europeia vem considerar como ilícito a recusa do empregador em sugerir um contrato por prazo indeterminado à trabalhadora, pelo facto de a mesma se encontrar grávida não sendo possível assumir de imediato à função prevista, pois, o posto de trabalho a ser preenchido pela candidata comportava risco de infecção e, a lei nacional proíbe que mulheres grávidas sejam colocadas em áreas onde fiquem expostas à substâncias nocivas, não podendo o empregador se recusar a realizar o contrato com a trabalhadora pelo simples facto de ela não poder ser colocada ao posto de trabalho imediatamente.

trabalhos que sejam considerados, por regulamentação em legislação especial, susceptíveis de implicar riscos para o património genético da trabalhadora ou dos seus descendentes".

Desta maneira, em respeito à vida privada da trabalhadora, ao celebrar um contrato de trabalho ela não abdica da sua liberdade enquanto pessoa e cidadã, requerendo limites às suas características pessoais, ou seja, a obrigação de honestidade da trabalhadora não deve ir além da lealdade do contrato, pois, só em casos excepcionais é que a restrição aos direitos da personalidade da trabalhadora poderá vir a ser considerada legítima.

3. Trâmites de Selecção Pessoal

3.1 *Entrevista Pessoal e Questionários*

Conforme exposto, observa-se que certas indagações realizadas pelo empregador podem até não serem caracterizadas por ilegítimas, desde que, necessárias à correcta execução do contrato. Portanto, o que procuraremos ressaltar neste capítulo é o problema de saber qual é a atitude que deve gozar a trabalhadora em decorrência da investigação feita pelo empregador sobre certos aspectos da sua vida privada.

A entrevista pessoal é uma das técnicas mais constantes e simples realizadas pelo empregador ou por seus representantes, influenciando nos trâmites de selecção pessoal, visto que, o empregador está em contacto directo com a trabalhadora, podendo retirar ideias sobre a sua personalidade. Mas, embora esse critério de selecção seja simples e eficaz, também pode ocasionar interferências abusivas. Por isso, ao realizar uma entrevista pessoal, deve o empregador atender a critérios de proporcionalidade, o que quer dizer que as perguntas efectuadas à trabalhadora devem ser relacionadas com a sua aptidão para a realização do trabalho, não podendo o empresário captar informações que interfiram na vida privada da obreira, nem prejudiquem a sua participação na empresa. Sendo assim, é muito importante levar em consideração que por possuir a relação laboral uma disparidade entre os sujeitos, é na fase de acesso ao emprego que se examina uma maior fraqueza da trabalhadora, face ao poder do empregador.

A boa-fé deve gerir as relações contratuais, no entanto, já se tem admitido em casos excepcionais a mentira[28] como forma de proteger a

[28] A jurisprudência brasileira se manifestou a esse respeito e decidiu que: "Se a empresa mantém a praxe anti-social de não admitir, ao seu serviço, mulheres que tenham

obreira do apreço pela sua vida privada por parte do empregador[29], porém, parte-se sempre do pressuposto de que as partes ao realizarem um contrato actuem de forma honesta, correcta e acima de tudo com lealdade. Portanto, como explicitado essa via deverá ser utilizada como um desvio à regra geral que é a boa-fé contratual, porque, o que se pretende proteger são informações privadas da trabalhadora, as quais não possuem correspondência, muito menos conexão com sua aptidão profissional.

No que diz respeito aos questionários realizados pela entidade empregadora como critério de selecção pessoal, este entrega nas mãos do empregador a oportunidade de analisar outras características da candidata, além claro daquelas que poderiam ser retiradas pela simples utilização de uma entrevista pessoal. Através da utilização desse método, o empregador revela-se curioso em alcançar maiores informações sobre as habilidades da candidata, ficando à vontade para seleccionar a trabalhadora a qual demonstrar maior habilidade para o trabalho oferecido.

Nestes termos, como anteriormente manifestado a rejeição em contratar extraída de razões relacionadas com a vida privada da candidata são consideradas como discriminatórias, prejudicando os direitos fundamentais da obreira enquanto pessoa. Apesar disso, dependendo do cargo a ser ocupado na empresa, ao empregador torna-se legítimo certas indagações, pois, considera-se importante face ao interesse de terceiros, da própria trabalhadora, ou por outro interesse público relevante, desde que, tais questionamentos sejam proporcionais, necessários e tenham uma conexão com as tarefas a serem desempenhadas. Sendo assim, é de grande importância salientar que uma mulher grávida deve responder a perguntas sempre que esteja relacionada com o real cumprimento da actividade.

Agora, no que diz respeito aos testes psicológicos aplicados pela empresa, estes poderão ser considerados ilícitos se não forem necessários

---

contraído matrimónio, a ocultação da verdade sobre o estado civil de casada, quando do ingresso ao serviço, não constitui justa causa para a despedida da empregada, a qual deve ser, assim, deferido o pagamento das indenizações legais". (Tribunal Superior do Trabalho, 2.ª Turma, Processo 5.044-54, Rel. Min.Bezera de Meneses)

No mesmo plano de raciocínio o Tribunal Regional do Trabalho da 12.ª Região, condenou o empregador, à compensação por dano moral, visto o mesmo ter dispensado uma de suas empregadas pelo simples facto de ela ter marcado data para contrair matrimónio. O comportamento do empregador foi caracterizado como discriminatório, ferindo os direitos, liberdades e garantias individuais. (Acórdão 1.ª Turma 6.637/96, Relator Juiz António Carlos Facioli Chedid).

[29] Moreira, Teresa Alexandra Coelho. **Da Esfera Privada do Trabalhador e o Controlo do Empregador.** op. cit., p. 156

para o exacto desenvolvimento do contrato. Sendo este o exclusivo caminho para que se possa retirar uma casual capacidade da trabalhadora, deve a obreira ser esclarecida com relação à forma de procedência do teste e qual será a sua finalidade. Entretanto, as informações recolhidas através desse tipo de teste onde se avalia uma qualidade da empregadora, ao ser entregue ao empregador pelo profissional especializado, deve o mesmo limitar-se a fornecê-las por escrito, bem como, devidamente fundamentada somente sobre eventual aptidão ou não ao emprego pretendido, consoante Artigo 17.º, número 1 do Código do Trabalho.

Portanto, a esfera privada da trabalhadora só poderá ser invadida se for realmente necessário ao correcto desenvolvimento da prestação laboral, devendo sempre tais intromissões serem apoiadas em critérios objectivos.

3.2. *Exame Médico de Admissão*

Os direitos fundamentais da trabalhadora não podem em uma relação laboral permanecerem externos ao empregador e, após verificada a força, a eficácia e vinculação que detêm esses direitos sobre as entidades laborais, deve a vida privada da trabalhadora servir como um marco aos poderes empresarias, sendo proibidas todas as investigações sobre aspectos pessoais que não sejam indispensáveis para a construção e progresso da relação contratual.

Neste âmbito, importante salientar que na Convenção número 111 da Organização Internacional do Trabalho[30], ratificada por Portugal pelo Decreto-Lei 42520, de 23 de Setembro de 1959, permite-se que o empregador investigue, valore e disponha de qualidades e características pessoais do trabalhador, quando tais informações sejam consideradas imprescindíveis e necessárias ao normal desenvolvimento do emprego, sempre baseando-se em critérios objectivos.

Contudo, é permitido ao empregador o requerimento à realização de exames de saúde para examinar a capacidade ou não da trabalhadora para

[30] A Convenção número 111 da Organização Internacional do Trabalho, foi aprovada pelo Brasil pelo Decreto-Lei número 104 de 24.11.64 e promulgada pelo Decreto número 62.150 de 19.01.68 com o "compromisso de formular e aplicar uma política nacional que tenha por fim promover, por métodos adequados às circunstâncias e aos usos nacionais, a igualdade de oportunidade e de tratamento em matéria de emprego e profissão com o objectivo de eliminar toda discriminação nessa matéria".

a realização do trabalho, mas devido aos avanços científicos ocorridos nos últimos anos, elevando a qualidade de vida dos seres humanos, nota-se por via inversa o aumento dos riscos de protecção à intimidade da pessoa, em consequência do uso indevido dessas informações genéticas.

Diante disso, necessário se faz que o empregador ao realizar exames médicos, em razão do cumprimento da organização das actividades de segurança, saúde e higiene no trabalho, deve fazê-lo de forma clara, explicando os fundamentos da necessidade da realização desses exames, tudo em conformidade com o Artigo 3.º, número 3 do Decreto-Lei 26/ /94, de 1 de Janeiro de 1994, bem como, em atendimento ao Artigo 272.º do Código do Trabalho. Além do mais, possui o empregador obrigatoriedade de informação quanto aos riscos de saúde que o trabalho a ser executado admite, de acordo com o disposto nos Artigo 97.º e seguintes do Código do Trabalho.

Porém, após esclarecido aspectos gerais referente aos exames médicos de admissão, o importante agora é explicar a questão acerca da exigência de exames ou testes de gravidez exigidos à candidata ao emprego ou à trabalhadora.

O Artigo 19.º, número 1 do Código do Trabalho vem esclarecer que o empregador não pode requerer a produção ou a exibição de exames médicos para efeitos de admissão ou permanência no emprego de qualquer natureza para a confirmação de condições físicas ou psíquicas, desde que, não correspondam com o fundamento de protecção e segurança do trabalhador ou de terceiros, ou mesmo quando razões relacionadas com a actividade justifiquem tal exigência[31]. Logo adiante, o número 2 do Artigo 19.º proíbe de qualquer modo a realização de testes ou exames de gravidez, logo, o pedido de apresentação de um exame de gravidez não poderá ser exigido pelo empregador por interferir na intimidade da trabalhadora, desencadeando uma discriminação.

Todavia, como se sabe, a mulher além de não desempenhar certas actividades durante a gestação acarreta para o empregador durante este período obrigações adicionais. Desta forma, ao exigir um teste de gravidez, por exemplo na admissão há um posto de trabalho e ficar provado que

---

[31] A Lei Brasileira número 9.029, 13.04.95, no seu Artigo 2.º, atenta como criminosas a exigência de teste, exame, perícia, laudo, atestado, declaração ou qualquer outro procedimento relativo à esterilização ou a estado de gravidez, as quais sejam reconhecidas como forma de indução ou instigação à esterilização genética, bem como a promoção de controle de natalidade.

a mulher encontra-se grávida, é obvio que o empregador deixa de contratá-la não necessitando para tal procedimento de qualquer justificação razoável.

Nesta esteira, exames ou testes de gravidez exigidos pelo empregador não deverão ser realizados, mas, necessário se faz que a trabalhadora responda aos questionamentos de forma clara, verdadeira, pois, de facto existem certos tipos de actividade que reclamam uma particular exigência para seu desenvolvimento, não podendo uma mulher grávida executá-la. Conforme exposto, o que leva-se em consideração tanto no acesso quanto na formação do contrato de trabalho é o respeito à protecção a intimidade da trabalhadora, só podendo ser violada essa intimidade salvo raríssimas excepções.

CONCLUSÃO

Através do examinado conseguimos observar com nitidez a importância que deve existir sobre a protecção da esfera íntima da trabalhadora. Diante da eficácia dos direitos fundamentais no âmbito de uma relação laboral, é obrigatório um equilíbrio entre os direitos fundamentais da trabalhadora e os direitos constitucionalmente consagrados à empresa, exigindo-se respeito por parte da entidade laboral a essas normas, vinculando para tanto as entidades patronais.

Desta forma, face à reserva da intimidade da vida privada possuir uma tutela constitucional ampla de protecção, é obrigatório que em uma relação de trabalho o empregador atenda a esse cuidado, pois, a regra geral é a não redução dos direitos fundamentais. Porém, ao realizar um contrato de trabalho, a trabalhadora pode sofrer algumas limitações aos seus direitos fundamentais, ou seja, a própria relação de trabalho desencadeia uma diminuição desses direitos, devendo ser os mesmos restringidos nos limites necessários para que não comprometam a exacta finalidade da empresa, ou melhor, o respectivo objecto do contrato.

Sendo assim, mesmo que os direitos da trabalhadora sejam diminuídos em uma relação de trabalho, esta não pode deixar de ser reconhecida enquanto uma cidadã sujeita de direitos, face a dignidade humana inerente à pessoa. Então, é a partir da protecção existente à intimidade da vida privada que se pode verificar os limites que devem ser impostos ao empregador tanto no acesso, quanto na formação profissional face às indagações realizadas em áreas protegidas, reservadas da vida da pessoa, enquanto mulher.

Contudo, não pode o empregador requerer exames de admissão que não sejam necessários à realização de tarefas a serem desempenhadas na empresa, nem tampouco indagar sobre aspectos da vida íntima da trabalhadora que não possuam relevância com a relação laboral, notando-se a importância que deve existir em uma relação jurídica laboral quanto ao direito à intimidade, porque, mesmo que reduzido merece respeito, só sendo lícito ao empregador afrontá-lo quando estritamente necessário à normal execução do contrato.

Por fim, mesmo que exista uma redução aos direitos fundamentais da trabalhadora no seio de uma relação laboral, nunca pode o empregador se esquecer que a relação de trabalho se perfaz com uma cidadã, detentora de dignidade humana e, portanto pessoa.

REFERÊNCIAS BIBLIOGRÁFICAS

ABRANTES, José João Nunes. **O Direito do Trabalho e a Constituição.** Associação Académica da Faculdade de Direito de Lisboa, 1990.

____. **Contrato de Trabalho e Direitos Fundamentais**. II Congresso Nacional de Direito do Trabalho. Coimbra: Almedina, 1999.

____. **Contrato de Trabalho e Direitos Fundamentais**. Coimbra: Coimbra Editora, 2005.

ASCENSÃO, José de Oliveira. **Direito Civil Teoria Geral**.Coimbra: Coimbra Editora, 1997, v. I

BARROS, Alice Monteiro. **Proteção à Intimidade do Espregado**. São Paulo: LTR, 1997.

CANOTILHO, J. J. Gomes. **Direito Constitucional e Teoria da Constituição**. 2.ª ed. Coimbra: Almedina, 1998.

CANOTILHO, J. J. Gomes; MOREIRA, Vital. **Constituição da República Portuguesa Anotada**. 3.ª ed. Coimbra: Coimbra Editora, 1993.

CARNEIRO, Mirinaide. **Discriminação no Emprego ou Profissão**. Temas de Direito do Trabalho. Salvador: Gráfica Trio, 1997.

DRAY, Guilherme Machado. **Autonomia Privada e Igualdade na Formação e Execução de Contratos Individuais de Trabalho**. Estudos do Instituto de Direito do Trabalho. Coimbra: Almedina, 2001, v. I.

____. **Justa Causa e Esfera Privada**. Estudos do Instituto de Direito de Trabalho. Coimbra: Almedina, 2001, v. II.

FERNANDES, Luís A. Carvalho. **Teoria Geral do Direito Civil I**. 3.ª ed. Lisboa: Universidade Católica Editora, 2001.

LEITE DE CAMPOS, Diogo. **Lições de Direitos da Personalidade**. Boletim da Faculdade de Direito da Universidade de Coimbra, 1991, v. LXVII.

____. **Nós Estudos Sobre o Direito das Pessoas**. Coimbra: Almedina, 2004.

MARTINEZ, Pedro Romano; MONTEIRO, Luís Miguel; VASCONCELOS, Joana; BRITO, Pedro Madeira de; DRAY, Guilherme Machado; SILVA, Luís Gonçalves da. **Código do Trabalho Anotado**. 4.º ed. Coimbra: Almedina, 2005.

MARTINS, Fernando Sogdu. **Vedação de Práticas Discriminatórias. Privacidade do Trabalhador. Dano Moral.** Curso de Direito do Trabalho em Homenagem ao Professor Arion Sayão Romita. Rio de Janeiro: Forense, 2000.

MIRANDA, Jorge. **Manual de Direito Constitucional**, Parte IV – Direitos Fundamentais. 2.ª ed. Coimbra: Coimbra Editora, 1998.

MOREIRA, Teresa Alexandra Coelho. **Da Esfera Privada do Trabalhador e o Controlo do Empregador**. Boletim da Faculdade de Direito da Universidade de Coimbra. Coimbra: Coimbra Editora, 2004.

MOTA PINTO, Carlos Alberto. **Teoria Geral do Direito Civil.** 3.ª ed. Coimbra: Coimbra Editora, 1999.

VIEIRA DE ANDRADE, José Carlos. **Os Direitos Fundamentais na Constituição Portuguesa de 1976**. 3.ª ed. Coimbra: Almedina, 1987.

O IDOSO INSTITUCIONALIZADO NO CONTEXTO SÓCIO-JURÍDICO PORTUGUÊS

Ana Teresa dos Santos Bárbara

Introdução

O envelhecimento traduz-se num processo complexo, universal, e contínuo, ainda que a sua evolução seja mais evidente nas últimas fases de vida do homem (Fernandes, 2000). Neste contexto, o envelhecimento não se trata, na opinião de Brodie (in Fernandes, 2000), de um acontecimento, de um fenómeno final da vida, mas sim de um processo inevitável e irreversível que tem início no momento da concepção e se prolonga pela vida fora.

As manifestações do envelhecimento processam-se essencialmente a três níveis, o que permite referir que o envelhecimento possui componentes fundamentais: uma componente biológica, que diz respeito à crescente vulnerabilidade do indivíduo, que se traduz essencialmente na perda de flexibilidade dos tecidos, bem como na diminuição da qualidade e velocidade do funcionamento dos diferentes órgãos, associada à passagem do tempo e em função da qual a probabilidade de morrer aumenta; uma componente social, que diz respeito ao desempenho de papéis sociais adequados às expectativas da sociedade em que o indivíduo se insere; uma componente psicológica, associada à capacidade do indivíduo se adaptar ao meio, e que é influenciada pelas componentes anteriores, envolvendo, no entanto aspectos como a memória, a aprendizagem, a inteligência e a personalidade (Paul, 1997, Pimentel, 2001)

Neste sentido, e tendo em conta que segundo a Organização Mundial de Saúde, a saúde é definida como "a state of complete physical, mental, and social well-being and not merely the absence of disease, or infirmity" (WHO, 2001), é possível referir que a velhice não é sinónimo de doença ou incapacidade, mas sim de menor capacidade orgânica e psíquica (Fernandes, 2000).

Parece ainda importante realçar que esta é uma fase que, segundo a mesma autora, se encontra associada à inversão de papéis, o indivíduo que outrora foi competente e independente pode tornar-se dependente e impotente para enfrentar a relação que estabelece, não só com a família, mas também com a sociedade em que se insere.

Neste contexto, vários autores, de entre os quais Paúl (1997), salientam a importância que a manutenção de actividade no idoso, assume na conservação da sua autonomia e independência. A par da inversão de papeis podem, de igual modo, surgir outras situações e/ou acontecimentos, passíveis de se traduzirem em experiências, traumáticas, tais como, a mudança de ambiente, como consequência do abandono da própria casa para ir viver com os filhos, ou para ir para um lar, a perda do conjugue, entre outros, e que são susceptíveis de dificultar a adaptação do indivíduo a esta fase (Fernandes, 2000).

O Envelhecer...

Quando se fala em envelhecer, não significa ser velho, pelo contrário, os idosos têm muito a contribuir na nossa sociedade. Apesar de frequentemente os mais velhos serem vistos "(...) como pessoas que não mais contribuem para as suas famílias e sociedades, podendo ser mesmo um fardo a carregar (...)" (OMS. 2001:1). O relatório da UNO (1997) demonstra que muitas pessoas de idade têm ainda capacidade de trabalhar ou exercer actividades socialmente produtivas, mesmo numa idade mais avançada. Reconhece que chegou o momento de abandonar estereótipos pelos quais a velhice é encarada como sinónimo de dependência, e de arranjar métodos e formas de favorecer activa em funções das opções de vida e de situação profissional do idoso, particularmente diminuindo os obstáculos ao exercício de uma actividade profissional, á flexibilidade do trabalho/trabalhador, e ao trabalho em tempo parcial, o que existe já em alguns países.

Actualmente, a reforma não significa necessariamente o fim da vida activa, bem pelo contrário. No nosso país, a vida para além da reforma pode ultrapassar mais de 20 anos, seguindo-se daí a necessidade de se concentrarem atenções com vista a uma melhor qualidade de vida da pessoa idosa. Cada vez mais as pessoas reformam-se por razões que não se prendam com a idade, mas sim por vários factores ligados, desemprego, reforma antecipada, incapacidade, "pelo que a reforma já não é, como era antes, o ponto de entrada na velhice e portanto já não serve para definir o idoso" (Costa, 1993)

Evolução demográfica

A generalidade dos países europeus exibe um forte envelhecimento demográfico, com o inicio dos anos 60 e que tem como causa dominante o grande declínio da fecundidade.

Em Portugal até meados de 60, os efeitos do envelhecimento demográfico ainda não se faziam notar muito, mas no final deste século a estrutura da população portuguesa apresenta já características de duplo envelhecimento, sendo que o mais grave não é o aumento da esperança media de vida, isso é o efeito directo da melhoria das condições de vida, mas sim o decréscimo da fecundidade e consequente diminuição da população.

O aumento progressivo do número de pessoas idosas, sobretudo das muito idosas, tem aumentado também a probabilidade de ocorrência de dependência física, psíquica e social, despontando a necessidade de criar novas respostas por parte do Estado e da sociedade civil. Esta "revolução grisalha" (Carrilho) tem uma considerável incidência sobre a estrutura social, económica, do consumo, do trabalho e da segurança Social. O aumento dos custos com a saúde (medicamentos, internamentos, consultas, cirurgias, etc.) e com a segurança social (mais reformas para pagar, mais comparticipações sociais, menor valor das contribuições e menos população activa) traduz-se num encargo brutal para o Estado e para os contribuintes.

Capitulo I

A IMPORTÂNCIA E O PAPEL DAS INSTITUIÇÕES PARTICULARES DE SOLIDARIEDADE SOCIAL PARA A POPULAÇÃO IDOSA

As entidades genericamente designadas por "instituições particulares de solidariedade Social (IPSS) correspondem a uma forma de prestação de serviços que sempre existiu na sociedade portuguesa; estas instituições obtiveram estatuto legal através do Dec-Lei 119/83 de 25 de Fevereiro.

Ao longo dos tempos, estas Instituições tiveram enquadramento político, jurídico, económico, social e cultural; foram variando os conteúdos dos serviços por elas prestados, a metodologia seguida, os objectivos da sua actuação, os recursos disponíveis, as populações abrangidas. Contudo, e apesar destas variantes, estas instituições foram, através dos tempos, um reflexo bastante perfeito da sociedade, do Estado e do seu relacionamento.

As IPSS vão buscar parte significativa dos recursos de que dispõem à cooperação que estabelecem com outras entidades. E têm aqui uma importância decisiva os acordos de cooperação estabelecidos com a Segurança Social, estes acordos de cooperação são de interesse mútuo e têm importância para a sociedade em geral.

Este facto levou o Estado a adoptar um discurso que responsabilize a sociedade civil pela procura de soluções, bem como, a existência de uma coordenação entre elas e os diferentes serviços a nível local poderia contribuir em grande número para a redução da exclusão social da Terceira Idade.

A constituição da Republica Portuguesa, artigo 72.º, explicita o seguinte no que diz respeito à Terceira Idade "*as pessoas idosos têm direito à segurança económica e a condições de habitação e convívio familiar e comunitário que evitem e superem o isolamento ou a marginalização social. (artigo 72.º n.º 1)* " *a política de terceiro idade engloba medidas de carácter económico, social e cultural tendentes a proporcionar às pessoas idosas oportunidades de realização pessoa, através de uma participação activa na vida da comunidade" (artigo 72.º n.º 2).* Isto significa que o Homem enquanto ser detentor de direitos, tem o direito de viver com dignidade, com o respeito por si próprio e por todos aqueles que o rodeiam, não tendo idade sob pena de estarmos a agir de forma discriminatória.

Neste artigo da Constituição da Republica Portuguesa verifica-se a obrigação do Estado em desenvolver uma política de velhice não apenas no plano de garantias dos direitos económicos, mas também no dos seus direitos sociais, no sentido de contrariar os fenómenos de desvalorização das pessoas de mais idade.

Um dos problemas com que a sociedade actual se depara e, que se torna cada vez mais premente, é por um lado, a falta de respostas adequadas às necessidades de uma faixa etária que adquire, em termos demográficos um peso cada vez maior e, por outro, o aumento das questões sociais e procura de equipamentos e serviços

Só é possível, hoje, agir com eficácia quando se age localmente e quando se está junto das pessoas e se conhecem as dificuldades. Luísa Pimentel refere a este respeito que "a valorização das dinâmicas locais visa responder, in loco, aos problemas sociais e passa por uma adaptação das respostas às reais necessidades dos indivíduos, atendendo às suas características e ao seu percurso de vida". Pois "a lógica territorial radica na preocupação de reconstruir a coesão do todo, de forma a encontrar e gerir espaços de religião e de sociabilidade que atenua o isolamento de alguns indivíduos e atendem à especificidade de cada situação".

Verifica-se que entre o Estado e Instituições Particulares de Solidariedade Social existe uma relação natural de complementaridade pois ambos visam o bem-estar dos cidadãos e a criação de condições favoráveis ao exercício pleno de cidadania e dignidade humana.

È neste sentido que as IPSS para a Terceira Idade desempenham um importante papel, pois procuram através de determinados serviços, dar respostas eficazes às necessidades da pessoa idosa; necessidades essas que vão desde o procurar evitar o isolamento e/ou internamento, à satisfação das necessidades básicas até à concretização dos seus direitos, enquanto seres sociais.

As IPSS têm, então um vasto e decisivo papel no que se refere à promoção da solidariedade e no próprio desenvolvimento local, na medida em que, contribuem para a melhoria das condições de vida e da dignidade dos cidadão que tanto ajudam a reduzir a condição de exclusão.

Sendo assim as IPSS de apoio à Terceira Idade podem concretizar-se como instituições de cariz diverso ao serviço dos idosos e suas famílias, ajudando-os nas suas fragilidades e dedicando o seu trabalho às pessoas de mais idade em situação de exclusão social já instalada ou em situação de tanta carência e vulnerabilidade o que podemos chamar de pré exclusão social.

Nesta perspectiva, podemos dizer que a sua importância reside, fundamentalmente, na tentativa de prevenção da exclusão social de que muitos idosos são vitima. Isto porque a identidade cultural de cada uma das IPSS, bem como, a sua forma de actuação permite e confere-lhes capacidade de poderem precocemente determinadas necessidades de modo s poderem responder adequadamente e eficazmente

Assim, podemos considerar as IPSS de apoio à Terceira Idade como:

- Uma resposta social adequada à situação problema em que se encontra a pessoa idosa;
- Um ponto de apoio de organização e de articulação de respostas sociais prestadas directamente à pessoa idosa em situação especial de necessidade;
- Um auxiliar precioso no incentivo a uma maior participação da pessoa idosa na resolução dos seus problemas;
- Agentes participantes no desenvolvimento local;
- Uma prova de consciência de que certos direitos e deveres individuais e sociais devem ser garantidos;
- Como prova da necessidade de uma integração e adaptação social da pessoa idosa na comunidade onde se encontra inserido.

Redes Sociais de Apoio aos Idosos

Existe hoje uma percepção generalizada de que uma pessoa conseguirá ultrapassar melhor as adversidades se tiver o apoio físico e emocional, de outros indivíduos. A intensificação do debate em torno das condições de vida dos idosos tornou urgente encontrar formas de compatibilizar o envelhecimento e a qualidade de vida, atendendo às necessidades das pessoas idosas a ao incitamento da sua autonomia. Esta evidência vem ao encontro do conceito de rede/suporte social que pode ser entendido em termos da existência ou quantidade de relações sociais em geral ou em particular; referir-se às relações conjugais, de amizade ou organizacionais.

As redes sociais de apoio assumem um papel fundamental na vida dos idosos, uma vez que são elas que permitem o bem-estar social e ajuda quando estes se confrontam com uma diminuição de capacidades funcionais.

O suporte social pode ser também entendido e medido em termos das estruturas das relações sociais do indivíduo.

Contudo, a rede/suporte social é na maioria das vezes, definido em termos do conteúdo social das relações abrangendo o grau de envolvimento afectivo – emocional ou instrumental, pressupondo a ajuda física em situações de perda de autonomia temporária ou permanente ou a diminuição das capacidades funcionais dos idosos. Quando nos referimos a redes de suporte social, assumimos duas dimensões, a informal e a formal.

Redes de Apoio Formal / Politicas Sociais de Apoio ao Idoso

As redes de apoio formal são compostas por organismos de ajuda governamental, e por várias instituições que têm em vista a melhoria da qualidade de vida do idoso. As redes de apoio formal podem por isso ser entendidas como politicas sociais existentes, neste caso para idosos. O acompanhamento do idoso, no passado era da responsabilidade da família, com o aparecimento das políticas sociais direccionadas para esta camada populacional, há uma responsabilização crescente da sociedade em geral. Estas políticas encerram medidas de carácter económico, social e cultural, conferindo ao idoso a participação activa na vida da comunidade.

Contudo, a participação da família constitui-se como um elemento essencial também nos dias de hoje, pois o Estado por si só, não consegue dar resposta a tanta procura a participação da família não só diminui a procura do Estado como serve de incentivo à solidariedade nas sociedades.

Assume-se também a importância do voluntariado, traduzido numa relação solidária com o próximo, tendo estes agentes uma formação adequada para apoiar estas respostas sociais.

Para J. Madeira (1998) o atendimento local que se traduz numa maior proximidade com os utentes, as alternativas à institucionalização, o imperativo de manter o idoso no seu meio habitual, constituem-se como novas estratégias de intervenção. Assim, comungado com o exposto no relatório da Direcção Geral Acção Social (1998), a situação dos idosos em Portugal requer a implementação de um sistema mais abrangente que possibilite a eficácia das valências nas instituições.

Enquadrada no sistema de Segurança Social, a Acção Social, área de enquadramento do estágio, é preponderante na oferta de políticas sociais para os idosos, que se traduzem em equipamentos e serviços.

As medidas de Acção Social traduzem-se na oferta de equipamentos e serviços, intentando a satisfação de necessidades básicas e específicas, como as que decorrem de situações de maior dependência, ao idoso; apoio/incentivo ao desenvolvimento de projectos no sentido de uma adequação das respostas às necessidades de determinado contexto, efectivando respostas inovadoras.

Neste sentido foram criadas diversas medidas tendentes a objectivar uma multiplicidade de respostas mais específicas para a população idosa no âmbito da segurança social, saúde, habitação, telecomunicações, transportes, cultura e lazer.

Equipamentos/ Valências Para a 3.ª Idade

Os **Lares para Idosos**, são equipamentos de alojamento colectivo que deverão assegurar as necessidades básicas habitacionais, sociais e psicológicas, através de serviços permanentes adequadas à problemática biopsicossocial das pessoas idosas desenvolvendo, igualmente, apoio as famílias destas de forma a fomentar e estabelecer laços inter-familiares. Relativamente à capacidade dos lares podemos referir que não foram só as preocupações de funcionalidade/gestão que estiveram na base das suas normas reguladoras mas sim, argumentos com cariz humanitário.

Os lares, são hoje a resposta social com maior procura, sendo no entanto de referir que as valências que não têm um carácter de institucionalização permanente são uma prioridade nas actuais Politicas Sociais para o idoso.

A integração de idosos em lar perspectiva-se, hoje, numa lógica de último recurso, tentando manter o idoso independente, e na sua residência, dando resposta às suas necessidades pontuais.

As residências são outra resposta para a terceira idade que se resumem a um conjunto de apartamentos com serviços de utilização comum, para idosos com autonomia total ou parcial. Estas residências não estão ao acesso de qualquer idoso, pois, aqueles que são mais carenciados não conseguem pagar a mensalidade da residência. Para aqueles que o podem fazer é como se vivessem num hotel: têm um apartamento ao seu dispor e usufruem de serviços comuns com os outros residentes.

Outra resposta social denominada de **Acompanhamento Social** (decreto-lei n.º 391/91, de 10 de Outubro) consiste em integrar temporária ou permanentemente, em famílias consideradas idóneas e tecnicamente enquadradas, pessoas idosas, quando se verifiquem as seguintes situações:

- Inexistência ou insuficiência de respostas sociais eficazes que assegurem o apoio adequado à manutenção no seu domicilio da pessoa idoso;
- Ausência da respectiva família ou quando esta não reúna condições mínimas para assegurar o seu acompanhamento. Esta resposta é muito inovadora contudo não nos parece que tenha muito receptividade nem por parte das famílias nem por parte dos idosos. Pensamos que até as próprias técnicas se "esquecem" que este equipamento existe, não sendo referenciado em casos de atendimento ou encaminhamento.

Os idosos têm ainda como resposta social desenvolvida em equipamento o **Centro de Acompanhamento Temporário de Emergência**, que normalmente existe (de preferência) numa estrutura já existente, que acolhe idosos em situação de emergência social, perspectivando-se, mediante a especificidade de cada situação, o encaminhamento do idoso, ou para a família, ou para outra resposta de carácter permanente.

Este é um dos equipamentos que por si ajuda a atenuar muitos dos problemas sentidos pela população mais carenciada, aos idosos torna-se numa ajuda preciosa, pois estando estes num estado de carência total, são estes centros que os acolhem, dão-lhe refeições e principalmente os encaminham para as instituições como por exemplo o lar.

Numa perspectiva de preservar cada vez mais o idoso no seu meio habitual e evitar a institucionalização existem inúmeras respostas dirigidas a esta camada populacional que são:

- **O Centro de Convívio** que é uma resposta desenvolvida em equipamento, de apoio a actividades sócio-recreativas e culturais, organizadas e dinamizadas com a participação activa dos idosos. Os centro de convívio são das respostas mais úteis, pois permitem que os idosos após a reforma não percam o prazer de conviver, facilitando a sua integração e inserção na sociedade, possuindo um círculo de amizades e lhe reforçam a sua actividade social, não estando ainda estigmatizados ou rotulados com idosos sem actividade e "sem nada para fazer", pois estes são completamente autónomos e não necessitam da distribuição/ confecção de alimentos, tratamento de roupa, ou outros cuidados.

- **O Centro de Dia** conceptualizado, nos guiões técnicos da DGAS como sendo uma resposta social operacionalizada pela prestação de serviços, desenvolvida em equipamentos que contribuem para a manutenção dos idosos no seu contexto sócio-familiar. São objectivos desta resposta, a prestação de serviços que satisfaçam as necessidades básicas, prestação de apoio psico-social, o fomento das relações interpessoais entre os idosos e destes com outros grupos etários a fim de evitar o isolamento. Ao contrário do centro de convívio estes idosos que recorrem ao centro de dia já são idosos mais necessitados, não a nível económico mas a nível de cuidados especiais a ter enquanto pessoas mais idosas. A lógica do centro de dia é englobar esses cuidados a ter, e juntar as actividades produzidas e realizadas pelo centro de convívio. Pois no centro de dia existem cuidados como alimentação, os cuidados de higiene pessoal, o tratamento de roupa, as férias organizadas e as actividades lúdicas e de animação como no centro de convívio.
- **O Centro de Noite** assegura o acolhimento nocturno, prioritariamente para pessoas que por vivenciarem situações de solidão, isolamento e insegurança necessitam de acompanhamento nocturno. Esta é uma política social inovadora que julgamos ser de extrema importância, pois alberga os idosos num período que para eles se torna muito perturbador – a noite. Evita ainda, a sua institucionalização pois o idoso durante o dia encontra-se no seu habitat natural, com os familiares, amigos e vizinhos.

  O centro de noite para além de acolher os idosos durante a noite, garante-lhe ainda a sua higiene pessoal diária, assim como as refeições, ceia e pequeno-almoço. O trabalho em parceria do centro de noite com o serviço de apoio domiciliário poderia resultar de uma boa aposta na prestação de serviços e cuidados para os idosos, que viam assim as suas necessidades satisfeitas e ao mesmo tempo estão no seu meio natural.
- **O Refeitório** é outro equipamento que os idosos, principalmente os mais carenciados também podem usufruir. Idosos que ainda se encontrem autónomos, podem usufruir dos serviços de refeitório, onde conseguem ter uma refeição completa e que é muito acessível e os mais carenciados não pagam.

Uma resposta social que pensamos ser uma das mais importantes na manutenção do idoso no seu meio natural é o **Serviço de Apoio Domiciliário**, (S.A.D.) normativizada pelo despacho normativo n.º 62/99 de 12 Novembro.

O Serviço de Apoio Domiciliário *"é uma resposta social que consiste na prestação de cuidados individualizados e personalizados no domicilio, a indivíduos e famílias quando, por motivo de doença, deficiência ou outro impedimento, não possam assegurar temporária ou permanentemente, a satisfação das suas necessidades básicas e/ou actividades da vida diária"* (Catarina Bonfim e Sofia Veiga, 1998:7). Este serviço pode ser desenvolvido a partir de uma estrutura criada com essa finalidade ou a partir de uma estrutura já existente, lar centro de dia ou outra.

O S.A.D. constitui uma ajuda fundamental para a manutenção das pessoas idosas no seu meio natural, onde viveram toda a sua vida perto dos seus familiares, vizinhos e amigos, podendo assim evitar internamentos desnecessários, e possibilitar aos idosos utentes a realização de alguns problemas traumáticos.

Todavia o S.A.D. não retira à família as suas responsabilidades, isto porque torna-se primordial um trabalho de "equipa" entre as pessoas que prestam ajuda no domicílio e ao suporte familiar do utente, dado o idoso necessitar de um acompanhamento e de um apoio contínuo evitando-se assim a solidão, e a perca dos afectos e consequentemente o seu isolamento.

São assim grandes objectivos, do Serviço de Apoio Domiciliário, contribuir para a melhoria da qualidade de vida dos indivíduos e das famílias, evitar a institucionalização do idoso, garantir a satisfação das necessidades básicas, prestar apoio psicológico e social, como também cuidados de ordem física, aos indivíduos e ao suporte familiar, cooperando também na prestação de cuidados de saúde. (DGAS;1998).

O Serviço de Apoio Domiciliário é em nosso entender uma politica social das mais importantes implementadas, na idealização de ajudar o idoso, pois esta questão dos cuidados domiciliários tem-se colocando de forma cada vez mais iminente, na medida em que o envelhecimento da população, a evolução da medicina e principalmente as alterações da estrutura familiar provocaram a necessidade do idoso repensar na oferta destes serviços, de forma a ter uma velhice com dignidade.

Outra politica social, bastante recente e deveras inovadora é a **Unidade de Apoio Integrado**, que acolhe indivíduos dependentes, ou seja, idosos que por qualquer motivos, estejam temporariamente dependentes, mas que não necessitem de cuidados hospitalares, como é exemplo quando um idoso parte algum membro que o impossibilita de fazer a sua vida normal. Estas unidades prestam cuidados temporários, globais e integrados a pessoas que não podem, de acordo com a avaliação da equipa de cuidados integrados ser prestados no domicílio, mas ao mesmo tempo não carecem de internamento em unidade hospitalar.

Outra política desenvolvida para pessoas dependentes e que parece ser uma das mais inovadoras é o **Apoio Domiciliário Integrado**, que desenvolve actores pluridisciplinares e flexíveis não só no âmbito da alimentação e higiene mas também de saúde.

Os idosos podem ainda usufruir do **Centro de Férias**, que lhe proporciona uma estadia temporária fora do domicílio, para gozarem de férias.

Capitulo II

A INSTITUCIONALIZAÇÃO DO IDOSO

Até ao século XIX eram poucos os que atingiam a idade avançada e, como tal a velhice não se tornava um problema social digno de reflexão, (o conceito de velhice é uma construção social que depende dos contextos sociais, culturais e históricos). O apoio de que os idosos necessitavam era garantido pela solidariedade familiar ou pela caridade de alguns particulares ou instituições religiosas.

No século XIX começam a surgir as primeiras instituições para atender aos problemas específicos das pessoas consideradas de idade avançada, nomeadamente os asilos. O envelhecimento da primeira geração de operários começa a colocar problemas de equilíbrio e coesão social, dada a situação de precariedade que os velhos operários, incapazes de produzir e de garantir a sua subsistência, começam a enfrentar.

Apesar dos esquemas de protecção social terem começado a surgir em diferentes países da Europa desde essa altura – quer através do associativismo e da solidariedade de classe, quer, pela iniciativa pública, com a progressiva implementação dos seguros sociais e das reformas, só após a segunda guerra mundial é que se verifica a generalização dos seguros obrigatórios e dos sistemas de segurança social. O estado assume um papel mais activo e interventor, criando, ou apoiando a criação de todo o tipo de serviços e equipamentos para a população carenciada em geral e para os idosos em particular.

Se nas sociedades tradicionais existia um pacto entre as gerações, segundo o qual os adultos investiam nos seus filhos, na expectativa de que estes os apoiassem quando de tal precisassem, nas sociedades industrializadas esse pacto táctico não desaparece mas passa por um processo de despersonalização. Através do financiamento das instituições e serviços a gerações diferentes. Poder-se-à dizer que é uma forma de prestação de serviços que não é feita directamente, mas sim através da delegação de responsabilidades em instituições que são custeadas pelas gerações mais jovens.

Com o objectivo de melhorar as condições de vida das pessoas idosas, especialmente daquelas cujas redes de solidariedade primária são inexistentes ou ineficientes, surgiu um conjunto de serviços e equipamentos diversificados, de modo a abranger diferentes níveis de carência. Os equipamentos de maior implementação têm sido os Lares de Terceira Idade.

Os Lares devem ser pensados em função das necessidades dos seus utentes. Devem " *dar ao idoso uma vivência digna, acesso a cuidados de saúde e condições* para o desenvolvimento pessoal", (Rocha, 1999). A pessoa humana deve ser tida em conta, torna-se necessário combater a imagem do homem enquanto simples maquina pensante e perspectivar o ser humano, na sua fragilidade, como pessoa de corpo e alma, em primeiro lugar, bem como preservar a sua concepção de espaço, Posto isto, o Lar deve estar inserido e em funcionamento na comunidade, ser considerado como um estabelecimento de qualidade e bem estar.

Dentro da instituição, o idoso ser sensibilizado a realizar actividades que aumentam a sua actividade física e mental, caso contrario pode adquirir uma atitude passiva. Entre outras condições, o Lar deve também permitir o relacionamento entre os idosos e os seus familiares, pessoal da instituição, e ainda assistência religiosa sempre que a pessoa o solicite, sendo estas condições encaradas como forma de quebrar a solidão e o isolamento a que o idoso muitas vezes esta sujeito.

É legítimo compreender que no idoso, os factores que influenciam o isolamento/ solidão não é só o facto de coabitar com estranhos e com toda uma vivência muitas vezes dolorosa, como no caso das perdas materiais e familiares, mas também é de referir o nível ambiental, tomando em consideração as mudanças arquitectónicas e físicas daquele novo lugar. Esta experiência torna-se por vezes difícil, uma vez que ocorre frequentemente numa fase da vida onde a adaptação a novas situações é uma constante. O idoso, deslocando-se para um novo espaço, vê-se confrontado com uma realidade diferente daquele onde se movimentava. Assim pode-se afirmar que a mudança para o lar implica também uma transição de vida.

Uma vez que a institucionalização é fruto de uma decisão quase sempre exterior ao idoso, gera-se um impacto quase sempre negativo, daí raramente o idoso percepcione a ida para o lar como positiva. È verdadeiramente raro que o internamento seja encarado como um projecto de vida, raramente escolhido, mas aceite como ultimo recurso.

Há mesmo idosos que associam a vida num lar a uma morte social, muito são os que pensam que esta transição é a última da sua vida, ela representa o fim da vida enquanto membro activo na sociedade. Importa que as instituições conjuguem esforços a fim de favorecer a qualidade dos serviços prestados pelos lares, onde deve ser assegurado um ambiente personalizado, fomentando a possibilidade destas instituições serem equipadas com objectos queridos e pertenças dos idosos.

Uma vez institucionalizado, importa evitar todos os factores negativos que lhe são inerentes. Mas, se por um lado a entrada par um lar "*pode acarretar uma ruptura (...) mesmo que não total das suas relações*" por outro lado, "*a institucionalização pode facilitar o acesso a novas amizades*" (Paúl, 1997). Existem opiniões que defendem a institucionalização poderá, na verdade, ser útil para a auto-estima por aumentar as oportunidades de interacção e papeis adequados ao idoso. È neste contexto muito importante o diálogo com o idoso no sentido de lhe transmitir segurança em relação á continuidade dos laços afectivos e á possibilidade de manter as interacções, fazendo-lhe ver que na instituição poderá criar novas amizades.

A institucionalização pode ter riscos e perigos porque a mesma pode causar regressão e desinteresse social, falta de privacidade, perda de responsabilidade por decisões pessoais, rotinas mais rígidas. Tudo isto pode levar á perda de amor próprio bem como á perda de interesse pelo mundo exterior.

Sejam quais forem as circunstâncias que envolvam o internamento, este representa para o idoso uma mudança significativa no seu padrão de vida. As regras disciplinares a que os idosos ficam sujeitos aquando institucionalizados organizam todo o seu quotidiano abarcando todos os aspectos da sua vida: horas de levantar, de deitar e estar em silêncio mesmo que não se consiga dormir, horas das refeições, locais onde pode permanecer e receber os que lhe são queridos, comportamentos, atitudes, todo o seu viver controlado por uma "máquina" informal e impessoal. " *O idoso é assim confrontado, logo de imediato, como um estranho e rigoroso reordenamento dos seus modos de vida onde todo um conjunto de regras, imposições e proibições, organizam o seu quotidiano, em nome do bem estar comum*" (Encarnação,1995)

Segundo Pimentel L, o aumento da procura de lares de terceira idade prende-se principalmente com o "*progressivo envelhecimento demográfico das populações, aliado a condições como a alteração da estrutura familiar, a mobilidade geográfica, a degradação da condições de saúde destes e a ausência de uma rede de equipamentos sociais diversificados e suficientes que permitam a manutenção dos idosos no seu domicilio*"

O aumento da procura de lares, aliado ao facto destes serem insuficientes para atender todas as situações proporciona que existam muitas vezes denúncias sobre o mau funcionamento e más condições de instituições desta natureza. Segundo a DECO (1995) este tipo de denúncias tem aumentado significativamente, começando a opinião pública a estar mais atenta para condições desumanas a que muitos idosos estão sujeitos em alguns lares do nosso país. Contudo o controlo deste tipo se situação é muito difícil, e como nos refere Pimentel L. (1996) uma vez que as alternativas são quase inexistentes, verifica-se um total conformismo quer por parte dos idosos, quer por parte das suas famílias que na maioria dos casos não se interessa minimamente pelo bem estar do idoso.

Atendendo que a prestação de serviços se torna no fim principal da instituição, a formação e qualificação dos quadros de pessoal deveria ser uma prioridade de qualquer instituição. Contudo estes quadros caracteriza-se pela não qualificação ou formação de pessoal não prevendo a necessidade de especialistas na âmbito de áreas que denotem a preocupação com a qualidade de vida do idoso, como por exemplo serviços terapêuticos de dinamização cultural ou serviço social, não lhes sendo conferido imprescindibilidade.

Neste tipo de instituições que têm, ou pelo menos deveriam ter, como grande objectivo zelar pelo bem-estar dos idosos que aí se encontrem, as estruturas deveriam ser humanizadas adequando-se devidamente ás necessidades dos seus utentes. Os técnicos devem direccionar o seu trabalho para a sensibilização e formação de profissionais no sentido destes saberem acolher e acompanhar o idoso, planear actividades tendo em vista o gosto e individualidade da população alvo e procurar acima de tudo que não haja um afastamento ou ruptura do idoso com a sua família e o seu meio. È imprescindível que todos os profissionais estejam sensibilizados para promoverem a humanização dos serviços, procurando acima de tudo proporcionar aos idosos bem-estar quer a nível social, quer a nível psicológico, quer afectivo. Devem ter em conta este tipo de necessidades que *"em alguns casos são reprimidas, nomeadamente as manifestações de afectividade e de sexualidade"* (Pimentel, 1996).

O internamento definitivo do idoso foi durante muito tempo, encarado como a única forma de apoio disponibilizada, mesmo para aqueles indivíduos que necessitavam apenas de apoio temporário.

A tomada de consciência de que a institucionalização favorecia o corte do idoso com a sua família e com o seu meio, e que as condições não eram as melhores, deu origem à criação de um conjunto de outros serviços de apoio implementados na comunidade (Pimentel, 1996). Assim, as redes de apoio formal não se limitam única e exclusivamente aos lares, tendo vindo a diversificar o seu leque de serviços através da criação de centros de dia, centros de noite, centros de convívio e Serviço de apoio domiciliário. Estes são alguns exemplos de serviços que apesar de serem implementados por redes formais de apoio aos idosos, permitem que estes, quando a família esta ausente ou indisponível, usufruam de cuidados sem que para tal necessitam de abandonar os seus lares. *"Para muitos idosos as redes apoio informal são incapazes de preencher as necessidades existentes (...) e os serviços de apoio domiciliário formal são a possibilidade que lhes resta para se a viver na comunidade* (Paul, 1997)

No que concerne à institucionalização, Fernandes (2000) foca a importância que os serviços institucionais possuem para a populaça idosa, na medida em que esta é uma fase do ciclo mais vulnerável à deterioração do estado de saúde e à perda de autonomia; contudo, refere que, vários são os factores que podem ter uma influência negativa aquando a institucionalização, nomeadamente: falta de privacidade, a vida monótona que não tem em conta a diversidade das necessidades de cada um, a desintegração familiar, ausência de estimulação intelectual, rotinas entre outros. È, portanto, importante evitar todos os efeitos negativos que possam surgir com a institucionalização, e proceder a uma análise dos efeitos que a mesma exerce sobre o idoso. Segundo a autora, alguns estudos referem. Por outro lado, que os efeitos da institucionalização podem não ser negativos como se julga, na medida em que a institucionalização poderá aumentar as hipóteses e o idoso interagir os papeis sociais que lhe são atribuídos.

Direitos dos Idosos

Principio das Nações Unidas para o Idoso

Resolução 46/91
Aprovada na Assembleia-geral das Nações Unidas

Independência

1. Ter acesso à alimentação, à água, à habitação, ao vestuário, à saúde, a ter apoio familiar e comunitário.
2. Ter oportunidade de trabalhar ou ter acesso a outras formas de geração de rendimentos.
3. Poder determinar em que momento se deve afastar do mercado de trabalho.

4. Ter acesso à educação permanente e a programas de qualificação e requalificação profissional.
5. Poder viver em ambientes seguros adaptáveis à preferencia pessoal, que sejam passíveis de mudanças.
6. Poder viver em sua casa pelo tempo que for viável.

Participação

1. Permanecer integrado na sociedade, participar activamente na formulação e implementação de políticas que afectam directamente o seu bem-estar e transmitir aos mais jovens conhecimentos e habilidades.
2. Aproveitar as oportunidades para prestar serviços à comunidade, trabalhando como voluntário, de acordo com seus interesses e capacidades.
3. Poder formar movimentos ou associações de idosos.

Assistência

1. Beneficiar da assistência e protecção da família e da comunidade, de acordo com os seus valores culturais.
2. Ter acesso à assistência médica para manter ou adquirir o bem--estar, mental e emocional, prevenindo a incidência de doenças.
3. Ter acesso a meios apropriados de atenção institucional que lhe proporcionar protecção, estimulação mental e desenvolvimento social, num ambiente humano e seguro.
4. Ter acesso a serviços sociais e jurídicos que lhe assegurem melhores níveis de autonomia, protecção e assistência.
5. Desfrutar os direitos e liberdades, quando reside em instituições que lhe proporcionem os cuidados necessários, respeitando-o na sua dignidade, crença e intimidade. Deve desfrutar ainda do direito de tomar decisões quanto à assistência prestada pela instituição e à qualidade da sua vida.

Auto – Realização

1. Aproveitar as oportunidades para o total desenvolvimento de suas potencialidades.

2. Ter acesso aos recursos educacionais, culturais, espirituais e de lazer da sociedade.

Dignidade

1. Poder viver com dignidade e segurança, sem se objecto de exploração e maus-tratos físicos e/ou psicológicos
2. Ser tratado com justiça, independentemente da idade, sexo raça, etnia, deficiências, condições económicas ou outros factores.

Políticas Europeias para os Idosos

As solidariedade familiares, neste caso a ligação familia-idoso, são mais desenvolvidas no sul da Europa do que no norte. Uma das explicações poderá ser o facto dos laços familiares se fortalecerem nas dificuldades (o sul é mais pobre que o norte) e se distanciarem quando a situação é mais desafogada. Desde 1970 que começaram a ser implementados na Europa as políticas sociais especificas para idoso.

Resumindo, a situação na Europa por países é:

Alemanha: O apoio familiar tem vindo a diminuir, sendo os custos sociais e económicos do envelhecimento suportados por seguros privados. O serviço de apoio domiciliário surgiu após 1988.

Bélgica: As primeiras políticas datam de 1983 e privilegiou as casas de repouso para os grandes dependentes. Existem também muitas associações de economia social de apoio domiciliário.

Dinamarca: Os hospitais não acolhem idosos, e desde 1987 que não são construídos lares para idosos. Sendo privilegiadas as residências. As políticas sociais para idosos são focalizadas na família e nas residências.

Espanha: Está actualmente em curso um grande plano de apoio aos idosos, dada a ausência generalizada destas estruturas. Estando o apoio domiciliário em grande expansão.

França: Os Hospitais não acolhem idosos. E as políticas sociais são centralizadas nas famílias e nos lares de terceira idade.

Grécia: O apoio social – estatal resume-se ao pagamento da pensão de velhice.

Holanda: Os serviços sociais e de saúde estão descentralizados por associações de economia social ou privados, em que o Estado apenas fiscaliza a qualidade dos serviços.

Itália: Têm sido dado um apoio especial por parte do estado ás redes informais e familiares de apoio aos idosos

Luxemburgo: Desde 1985, que existe uma avaliação sistemática de cada idoso que depois é encaminhado para a solução mais adequada (Lar da terceira idade, serviço de apoio domiciliário, ou família).

Reino Unido: Existem muitos "apartamentos Geriatricos" geridos por privados e financiados pelo Estado. Os Serviços de apoio domiciliarão são geridos pelo poder local.

Segundo o relatório apresentado à comissão executiva do Ano Internacional para as Pessoas Idosas (AIPI) pela comissão de juristas, este ano internacional para as Pessoas Idosa, proclamado pela Assembleia Geral das Nações pretendeu estimular uma nova reflexão sobre as questões do envelhecimento e seu impacto social, cultural e económico nas sociedades actuais, bem como estimular o aparecimento de politicas integradoras, que combatam a exclusão em razão da idade.

O ano de 1999 não constituiu, por si, um ponto de viragem, nem introduziu, automaticamente, alterações profundas ao nível das atitudes e das práticas, mas sob o lema "uma sociedade para todas as idades", foi fundamental por privilegiar a abordagem do envelhecimento numa perspectiva multidisciplinar.

Ao aderir a este evento Portugal procurou fomentar a partilha de experiências e de saberes e a convergência de intervenções, criando, para este efeito as comissões Nacional e Executiva para o AIPI, com o objectivo de traçar medidas e acompanhar a sua execução.

No âmbito do Programa para o Ano Internacional das Pessoas Idosas, as estratégias que inspiram a intervenção realizada ao longo do Ano de 1999, sublinharam a tónica numa melhoria da qualidade dos serviços, na reinvenção das estruturas destinadas à prestação dos cuidados, numa óptica de maior humanização dos serviços, maior profissionalismo e formação dos cuidadores e maior respeito pela individualidade da pessoa idosa.

Foi igualmente reconhecido que as politicas devem exigir hoje mais do que uma correcta gestão de recursos e uma prestação de cuidados de prestação de cuidados de qualidade. È necessário afastar a percepção de uma pessoa idosa dependente meramente consumidora de cuidados de saúde e de acção sublinhando, ao invés, todo o seu potencial e autonomia.

Já não é suficiente afirmar que as pessoas idosas são o fundamento e o centro das políticas e que elas são desenhadas em sua função. O que é efectivamente necessário e urgente é ter em consideração a sua palavra, entendê-las como sujeitos jurídicos diferenciados que importa respeitar e envolver na definição das medidas, na sua implementação, gestão e avaliação.

A intervenção social exige, desta forma, uma forte e especializada componente jurídica, que garanta o rigor da concepção legislativa, adequando-a à dinâmica sociológica.

Muitos dos aspectos indispensáveis à qualidade da vida quotidiana das pessoas, como por exemplo a manutenção do seu domicilio a garantia de rendimentos através das prestações pecuniárias de regimes de segurança social ou outras fontes, o acesso a equipamentos e serviços de saúde a acção social e sua utilização, possuem uma clara vertente jurídica.

No que respeita, especificamente, às pessoas idosas, e tomando em consideração uma maior susceptibilidade potencial em razão de eventual empobrecimento, isolamento ou diminuição da autonomia, a perspectiva jurídica é fundamental e deve estar presente, apoiando na intervenção acção social e a saúde.

Não se trata de regulamentar de forma exaustiva, reduzindo a desejada esfera de actuação casuística e solidária mas, sim enquadrar essa actuação, de forma a acautelar os direitos do beneficiário e reafirmar a sua qualidade de cidadão

Em Portugal ainda não foi suficientemente consciencializada a ideia de que a intervenção no domínio do envelhecimento preconizada pelo Estado, pela sociedade civil organizada não lucrativa e pelo sector empresarial, se destina a dar cumprimento a um direito social de todos os cidadãos, não devendo constituir uma prática de carácter assistencialista, por vezes arbitrária.

Neste sentido, considera-se fundamental a reafirmação dos direitos e deveres correlativos das pessoas enquanto beneficiárias do sistema de protecção social e enquanto meandros da sociedade em que vivem. Ao aprofundar a vertente jurídica no contexto da intervenção não se pretende, nem se deve permitir, por isso, consagrar uma perspectiva idealista que considere apenas as pessoas idosas e as classifique automaticamente como cidadãos vulneráveis ou menos capazes em razão da idade.

Importa, sim analisar as situações de dependência e capacidade, enquanto conceitos distintos e independentemente de um critério etário

Reconhecendo que a conjuntura actual das práticas e das medidas tende a desvalorizar os mais dependentes e a fomentar atitudes violadoras dos direitos, é necessário intervir de uma forma pedagógica e através de medidas de discriminação positiva, no sentido de contribuir para uma mudança de mentalidades e para uma actuação respeitadora da dignidade da pessoa ao longo de todas as fases da vida, garantindo-lhe a efectivação dos seus direitos em condições de igualdade.

Foi neste convencimento que a Comissão Executiva para o AIPI promoveu a constituição de uma Comissão de Juristas, coordenada pelo Ministério da Justiça, composta por representantes de entidades com particular responsabilidade ou vocação na área da defesa dos direitos e na aplicação e interpretação do direito com objectivo de:

- Inventariar algumas das necessidades sentidas ao nível jurídico, quer pelas pessoas idosas em situação de dependência, quer pelas suas famílias e pelos profissionais que actuam neste domínio.
- Propor medidas que contribuem para uma melhor integração e valorização social dos cidadão mais idosos

CONCLUSÃO

Para Cabrilho e Cachafeiro o idoso, hoje enfrenta um conjunto de factores, na sua maioria adversos e agressivos, com que não se defrontava há alguns anos atrás. A imagem de sabedoria, de amadurecimento e responsabilidade que tradicionalmente se associava ao idoso foi sendo ultrapassada e hoje muitos identificam a velhice com a perda de qualidade, decadência e com potenciais problemas.

Estão a dar-se grandes transformações estruturais na sociedade: transformações demográficas, económicas, sociais e culturais de que o envelhecimento é um efeito e ao mesmo tempo um factor. Trata-se de um fenómeno global que afecta, não só os idosos como também as famílias e todos os meios e estratos sociais, nalguns dos quais com particular gravidade, colidindo com as capacidades das famílias em responder a esse desafio. È um fenómeno social que a todos diz respeito.

Esta situação interpela-nos; interpela os nossos critérios, as nossas formas de sentir, de olhar e de agir, não só face aos idosos e às famílias mas a toda a sociedade e ás famílias mas a roda a sociedade e ás formas de organização e funcionamento. A velhice é sempre um espaço de solidão.

Em casa ou na instituição que acolhe, o idoso encontra o espaço de silêncio para olhar para o passado tão rico e longo.

A vida agitada das famílias agrava a solidão dos idosos, perante esta situação de indisponibilidade da família em zelar e cuidar dos seus elementos menos jovens surge na sociedade todo um conjunto de equipamentos e serviços na tentativa de funcionarem como completo da família.

As instituições de apoio à velhice surgem com maior impacto substituindo parcialmente a família. Mas, se este é colocado numa Instituição contrariado, a solidão agrava-se, pois são-lhes "arrancadas" a suas raízes. Esta é a solidão que dói. Só vale a pena institucionalização, se for para acabar com a solidão (estar "abamdonado" em casa). O idoso, dificilmente encontrará na instituição a sua família, mas há que criar condições para que a solidão não doa ou, pelo menos seja minimizada. As "raízes" devem ser mantidas através do uso de objectos pessoais e de visitas frequentes por parte de familiares e amigos.

Para a grande maioria dos idosos foi a solidão a condição principal para recorrerem aos serviços; particularmente a solidão nocturna. A institucionalização surge como resposta ao isolamento e às "noites longas". Os cidadãos idosos institucionalizados devem ser tratados de forma carinhosa, pois quando existe um ambiente agradável permite suprimir as dificuldades sentidas nas actividades da vida diária. Os que os consola, muitas vezes, é o facto de se aperceberem que são um entre muitos.

O lar deve ser um lugar de encontro e convívio, onde a pessoa idosa tenha o seu espaço, as suas coisas e encontre o equilíbrio que lhe permita viver feliz. Muitas instituições estão a substituir a família com mais qualidade, par outros o lar será sempre o ultimo recurso. As instituições terão forçosamente que pôr em execução uma política de protecção social que crie condições para a concretização de uma intervenção mais humana e mais justa, na perspectiva que redescubre e encare a pessoa idosa na sua plenitude da dimensão humana, jurídica, cultural e que veja nela, em cada momento alguém com direito de viver feliz na sua qualidade de pessoa humana.

É necessário contudo, sensibilizar as instituições à Humanização dos serviços. A humanização é de facto, o maior problema com que se defronta o idoso nas instituições; ao ser transferido do seu meio onde possuía os seus afectos e objectos, o idoso fica limitado dentro da instituição. A humanização deverá passar não só pelo respeito pelos seus direitos enquanto cidadãos, por uma informação adequada sobre o funcionamento institucional, mas também pela criação de condições físicas que permitam quer ao *staff* quer aos idosos sentirem-se bem e com conforto. Isto significa que deverá existir uma preocupação na organização do espaço institucional, de forma que este não seja massificador mas sim personalizado, incentivando o idoso a criar o seu próprio ambiente onde tenha lugar par os seus objectos pessoais, dado que estes poderão contribuir em muito para a sua estabilidade emocional e para a manutenção da sua própria personalidade.

O processo de envelhecimento é um processo que articula sob forma diferente de pessoa para pessoa, não existindo, portanto parâmetros pré-definidos, comuns a todas as pessoas. È importante que todos os profissionais estejam conscientes dessa diversidade.

Se é verdade que os Lares e os Centros de Dia possam não ser a solução mais humana, são seguramente a melhor possível, a mais necessária e a mais adequada em muitos casos.

> **"Ser-se velho era ser-se sábio;**
> **Era ter-se a mais valia do tempo, que fazia do velho o conselheiro, amigo... a memória das gerações. (Costa, 1999).**

BIBLIOGRAFIA

ALMEIDA, João Ferreira (1994b), *Exclusão Social: Factores e Tipos de Pobreza em Portugal,* Celta Editora, Oeiras.

ALMEIDA, João Ferreira; CAPUCHA, Luís; COSTA, António Firmino; MACHADO, Fernando Luís; NICOLAU, Isabel, REIS, Elizabeth; (1992) *Exclusão Social – Factores e Tipos de Pobreza em Portugal,* Celta Editora.

BRUTO DA COSTA, A. (1993), *Pobres e Idosos* in Estudos Demográficos, INE, Portugal, n.º 31.

CABRILLO, Francisco; CACHAFEIRO, Maria Luísa (1992), *A Revolução Grisalha,* Planeta Editora, Lisboa.

EAPN (Rede Europeia das Associações de Luta Contra a Pobreza e a Exclusão Social (1998), *Lutar Contra A Pobreza e Exclusão na Europa.* Guia de Acção e Descrição das Politicas Sociais, Instituto Piaget, Lisboa.

FERNADES, Ana Alexandre (1997), *Velhice e Sociedade,* Celta Editora, Oeiras.

FERNANDES, Purificação Custodio (2000), *A depressão no Idoso – Estudo entre factores pessoais e situacionais e manifestações de depressão*, Coimbra, Quarteto Editora.

PAÚL, Maria Constança (1997*), Lá Para o Fim da Vida. Idosos, Família e Meio Ambiente,* Almedina, Coimbra.

PIMENTAL, Luísa Maria Gaspar (2000) *As Novas Tendências de Apoio á Idosa.* In Gerotria n.º 15. Quarteto

PIMENTAL, Maria Luísa Gaspar (2001). *O Lugar do Idoso na Família – Contextos e Trajectórias,* Coimbra

SANTOS, Boaventura de Sousa (org) (1993), Portugal – *Um Retrato Singular*, Edições Afrontamento, Porto.

INTERNET

www.seg-social.pt – Medidas de protecção para a 3.ª idade,
***www.iss.seg-social.pt** – Lei orgânica da Seg. Social, documentos e estudos efectuados pela DGAS*
www.google.com – Informações acerca da temática 3.ª idade

DOCUMENTOS

QUARESMA, Maria de Lurdes (1996) *Cuidados Familiares às pessoas muito Idosas*. Direcção Geral da Acção Social, Documentos Temáticos n.º 5, Lisboa
QUARESMA, Maria de Lurdes (1999) Os Direitos Das Pessoas Idosas – da ajuda domestica domiciliária à intervenção integrada, Direcção Geral da Acção Social

LEGISLAÇÃO

DL n.º 192 de 21 de Agosto de 97: Programa de Apoio Integrado a Idosos.
DL n.º 172/ 2004 de 17 de Julho: Reestruturação da Orgânica do Ministério da Segurança Social e do Trabalho.

LIBERDADE DE PROCRIAR E O PRINCÍPIO DA DIGNIDADE DA PESSOA HUMANA

Clarissa Bottega

INTRODUÇÃO

O presente trabalho tem por objetivo analisar as questões relativas à liberdade de procriar face ao princípio da dignidade da pessoa humana. Tal tema se mostra atual e relevante em razão do avanço das técnicas científicas não só no campo da reprodução medicamente assistida, mas também com relação à procriação dentro e fora do casamento e a esterilização humana, tais técnicas estão mudando os paradigmas da reprodução humana.

Analisar o direito à procriação é, também, uma busca de novos olhares sobre a questão relativa à família e à descendência, intimamente ligada à perpetuação da raça humana. Cuida-se, como se disse, de refletir sobre os direitos da pessoa humana em um dos momentos mais importantes da sua vida, ou talvez seja mesmo o mais importante, que é na geração de prole, uma das manifestações mais fundamentais da humanidade (procriação), com vistas à perpetuação da espécie.

Estar-se-á sempre abordando a questão da situação jurídica da pessoa humana e da sua dignidade, tarefa esta que deve ser o centro das preocupações do Direito Civil, em tempos de despatrimonialização do fenômeno jurídico e da constitucionalização do Direito Civil.

Cabe ressaltar que o tema do direito à liberdade de procriação tem ramificação própria e é extremamente fértil para efeito de discussões científicas, não tendo como objetivo o presente trabalho de esgotar a discussão em torno do tema, mas sim, lançar um novo olhar sobre a liberdade de procriar e o princípio da dignidade humana.

Procriar é fato natural, necessário, e até mesmo essencial para perpetuação da espécie. Procriação quer significar geração de descendentes.

O ato de procriar se manifesta no seio familiar com ou sem laços jurídicos que unam o casal, mas gera efeitos desde logo.

A procriação hoje deixou de ser ato estritamente natural podendo ser utilizadas técnicas de reprodução medicamente assistida para geração de filhos, não dependendo mais exclusivamente do ato sexual.

O ato de procriar atualmente dispensa não só o ato sexual, mas até mesmo o próprio casamento, apesar de nem sempre ter sido assim do ponto de vista legal e cultural. Dessa forma, interessante é discorrer brevemente sobre o exercício da liberdade de procriação e a evolução das formas de configuração e reconhecimento da família.

O exercício do direito à liberdade de procriar é a manifestação primordial do direito à liberdade pessoal e é inevitável, assim, que a discussão parta da premissa do direito fundamental à liberdade, seus limites e a dignidade da pessoa humana (gerador e gerado).

É interessante ressaltar também a questão do planejamento familiar, uma vez que cabe ao Poder Público auxiliar no pleno desenvolvimento da família, auxiliando na realização de um planejamento familiar responsável.

No que tange à reprodução medicamente assistida, convém ressaltar a importância – ou dever – do controle estatal, na medida em que deve proteger não apenas o interesse dos pais, mas também, resguardar o interesse do filho que está para nascer.

Estes e outros aspectos atinentes ao direito à procriação – liberdade de procriar – é que merecerão desenvolvimento ao longo do trabalho que ora se propõe, por meio de reflexões baseadas no interesse primordial do ser humano que é a busca da felicidade, e para que se possa contribuir com a pesquisa científica referente à situação jurídica da pessoa humana no que atine à liberdade de procriação.

1. Noção de Procriação e a Família

Inicialmente, faz-se necessário um breve comentário acerca da evolução cultural e legislativa acerca do conceito de família, bem como a ascendência da procriação – aqui entendida como prole – de membros da família sem direitos para membros da família com direitos e mais, como foco de preservação da sua integridade e proteção jurídica.

A família sempre existiu. Isso é uma verdade incontestável. Família no sentido de pessoas próximas que se amam e se protegem. Entretanto, convém ressaltar que nem sempre foi assim.

Em verdade, não existe uma teoria sólida a respeito da origem da família, o que temos são indicações de que a família organizada tenha surgido na época romana, antes disso, criaram-se teorias acerca da possível existência de uma família matriarcal, mas sem organização, assim, apenas para ressaltar a evolução e as modificações sofridas, passaremos a cuidar da família a partir da era romana.

A família romana era baseada no conceito de grupo de pessoas subordinadas ao *pater familias*, ou seja, pessoas que se achavam subordinadas ao poder do pai, o chefe da família. Essa subordinação se dava através do chamado parentesco, que era uma construção jurídica que subordinava determinadas pessoas a outras, nem sempre havendo laços consangüíneos entre essas mesmas pessoas.

Esse modelo de família perdurou por muito tempo, sendo o *pater familias* o representante mor da instituição familiar, a mulher estava relegada a segundo plano e os filhos nada mais eram do que seres sem direitos e sem voz.

Caio Mário da Silva Pereira nos dá uma brilhante idéia da família romana:

> *"O pater exercia sobre os filhos direito de vida e de morte (ius vitae ac necis), podia impor-lhes pena corporal, vendê-los, tirar-lhes a vida. A mulher vivia in loco filiae, totalmente subordinada à autoridade marital (in manu mariti), nunca adquirindo autonomia, pois que passava da condição de filha para à de esposa, sem alteração na sua capacidade; não tinha direitos próprios [...]. Podia ser repudiada por ato do marido."*[1]

Foi com o cristianismo que a família começou a sofrer algumas alterações relevantes, posto que, com sua doutrina que prega a igualdade entre os homens, deu início a uma equidade entre os poderes do homem e da mulher no núcleo familiar patriarcal, abalando-o e, conseqüentemente, atribuindo uma doutrina de igualdade de direitos e de deveres entre a mulher e o homem no casamento.

Ocorre que, com a Revolução Industrial ocorreram outras diversas mudanças na concepção social de família e a mais importante delas foi que a mulher foi lançada ao mercado de trabalho, necessitando assim de um reconhecimento como sujeito de direitos.

---

[1] PEREIRA, Caio Mario da Silva. *Direito de Família*. 13.ª ed. 5v. Rio de Janeiro: Forense, 2002. p. 18.

Houve ainda a Revolução Tecnológica que apresentou diversas facetas de uma realidade antes desconhecida pela humanidade, como, por exemplo, a Internet. A partir dessa Revolução Tecnológica, surgiram os primeiros passos rumo à uma revolução etária, onde houve uma liberalização do jovem e uma proteção da menoridade.

Nessa esteira de acontecimentos observamos a família, que antes era entendida como um núcleo complexo de relações entre o *pater familias* e os vários componentes dessa instituição, passar a ser composta, essa mesma família apenas pelo pai, mãe e filhos, chama-se essa mudança de caráter nuclear da família.

Assim, a instituição familiar passou a ser organizada em torno de um número restrito de pessoas, a família extensa, nos moldes da família romana foi superada pela família nuclear que, dentre outras mudanças, era agora baseada numa igualdade entre homem e mulher e na proteção dos menores.

Ainda com relação à família moderna, podemos relacionar as "famílias" dependendo de sua constituição em: monoparental, qual seja, a família constituída apenas por um dos genitores e seus filhos, tal espécie de família é muito comum atualmente em razão do alto número de separações e divórcios em nossa sociedade. Família unilinear que quer significar a filiação que somente possui um dos progenitores, como por exemplo, os casos de mães solteiras ou não reconhecimento dos filhos. Família eudemonista conceito novo e que expressa uma nova visão para o caráter da família a qual tem, agora, por concepção o fato de não ser o indivíduo que existe para a família e para o casamento, mas a família e o casamento existem para o seu desenvolvimento pessoal, em busca de sua aspiração a felicidade.

Esse modelo de família – eudemonista – tem por característica principal o individualismo de cada ente dentro desse grupo social, pois a proteção Estatal não é mais voltada à família como um todo, mas para cada pessoa que a integra.

"Não se tutela mais a família como ente *transpessoal*, vinculada à relação de produção e procriação, mas sim como garantidora de realização pessoal, de caráter íntimo e afetivo dos indivíduos".[2]

Com relação aos filhos, devemos ressaltar que também houve um salto cultural e legislativo no reconhecimento destes – prole – como

---

[2] Matos, Ana Carla Harmatiuk. *Aspectos sociais e jurídicos relativos à família brasileira – de 1916 a 1988.* Disponível em: <http://www.unibrasil.com.br/publicacoes/critica/17/R.pdf>. Acesso em: 05/mar/06.

sujeitos de direitos e titulares de uma necessária proteção especial, bem como, houve ainda uma modernização e ampliação do conceito de família, de seus direitos e de sua importância para a sociedade.

A procriação, em verdade, sempre esteve intimamente ligada à idéia de família, posto ser na família onde os filhos nascem e é com os filhos que as famílias se perpetuam, daí nascerem juntamente com os filhos, relações jurídicas fundamentais para o ser humano.

Diante disso, é de se ressaltar que a família até pouco tempo atrás esteve ligada ao conceito de casamento formal, há não muito tempo os filhos ainda eram classificados em legítimos ou ilegítimos, dependendo da existência ou não de casamento entre os progenitores.

Atualmente, porém, encontra-se ultrapassado esse conceito discriminatório de filiação ilegítima. Os tempos mudaram e mesmo a família passou a existir e ser aceita sem necessariamente ter uma base matrimonial.

Diante dessa nova realidade houve uma ruptura entre a procriação e o casamento, tendo essa ruptura traços interessantes e fundamentais no que tange ao estudo da procriação, vez que desloca a questão dos interesses tutelados para fora do âmbito meramente matrimonial, focando-se agora os interesses dos titulares da relação.

O objetivo agora em todas as áreas é estudar os personagens da família e não apenas e tão somente a roupagem apresentada com o casamento – família eudemonista. A procriação deve ser vista e analisada de forma única e individual, sem preocupação com o formalismo do matrimônio, pois caso assim não seja, corre-se o risco de prejudicar inocentes.

Assim também deve ser atualmente o enfoque do conceito de família, "que deixou de ser, essencialmente, um núcleo econômico e de reprodução, passando a ser o espaço do amor, do companheirismo e do afeto, os novos elementos da organização jurídica da família".[3]

Para elucidar e ajudar no estudo proposto devemos ter em mente alguns princípios inerentes ao tema, quais sejam, o princípio da igualdade entre homens e mulheres, o direito à vida, o direito à liberdade, e, especialmente, o princípio da dignidade da pessoa humana.

A família moderna deixa de ser entendida como mera instituição jurídica para assumir uma nova roupagem, voltada para a promoção da personalidade humana, mais contemporânea e afinada com o princípio da

[3] SILVA, Maria de Fátima Aflen. *Direitos fundamentais e o novo direito de família.* Sergio Antonio Fabris Editor: Porto Alegre, 2006. p. 82.

dignidade da pessoa humana. A família não pode mais ser entendida como um fim em si mesmo, ninguém casa ou nasce para família, ao contrário, a família agora deve ser entendida como ninho familiar, lugar privilegiado, onde a pessoa casa ou nasce para desenvolver a sua personalidade em busca da felicidade, para a construção de um mundo melhor.[4]

2. Relevância do Princípio da Dignidade da Pessoa Humana na Família

Apenas a título de esclarecimento, cabe aqui uma pequena digressão acerca da origem do conceito ou idéia sobre a "dignidade da pessoa humana", apenas para que possamos nos situar dentro do tempo histórico e cultural.

A noção de valor intrínseco da pessoa humana possui suas raízes basicamente no pensamento clássico e no pensamento cristão. Foi essencialmente a religião cristã que trouxe o entendimento de que todos os seres humanos, e não apenas os cristãos, são dotados de um valor próprio, que lhe é intrínseco, não podendo ser transformado em mero objeto ou instrumento, pensamento este que rompia com a idéia antiga de superioridade de determinadas pessoas em razão de sua posição social, podendo existir pessoas menos dignas e mais dignas.

Continuando com o pensamento de valorização do ser humano como pessoa o jusnaturalismo afirmava que, em princípio, os homens eram todos livres e iguais, sendo todos sujeitos de direitos.

Atualmente temos presenciado a valorização do princípio da dignidade da pessoa humana como nunca antes, estando presente em várias constituições[5] e legislações, bem como na Declaração Universal dos Direitos do Homem[6].

---

[4] SILVA, Maria de Fátima Aflen. op. cit., p. 86.

[5] Constituição da República Portuguesa: "Portugal é uma República soberana, baseada, entre outros valores, na dignidade da pessoa humana e na vontade popular e empenhada na construção de uma sociedade livre, justa e solidária." (art. 1.º) (3). Constituição da República Italiana (1947): "Todos os cidadãos têm a mesma dignidade social e são iguais perante a lei sem distinção de sexo, raça, língua, religião, opinião política e condições pessoais e sociais." (art. 3.º, 1a parte). "Lei Fundamental" da Alemanha (1949): "A dignidade do homem é intangível. Respeitá-la e protegê-la é obrigação de todo o poder público." (art. 1.1).

[6] Declaração Universal dos Direitos do Homem (1948): art. 1.º. "Todos os homens nascem livres e iguais em dignidade e direitos. São dotados de razão e consciência e devem agir em relação uns aos outros com espírito de fraternidade."

Nos últimos tempos, a evolução da ciência tem desencadeado diversas discussões no campo da Ciência do Direito, mais precisamente no campo da Bioética e do Biodireito. A reprodução medicamente assistida tem desencadeado efeitos que anseiam a criação de mecanismos de controle e uma legislação que atenda as necessidades sociais.

Os resultados alcançados pela experimentação em sede de reprodução humana têm obrigado o meio filosófico e científico a repensar seus valores e conceitos lançando destaque para uma parte sensível da ética.

O mundo ocidental tem colocado, nos últimos tempos, o ser humano como um valor ético fundamental, como já explanado. É de se ressaltar, então, a observação de Miguel Reale de que "o processo de objetivação histórica levou a uma conquista axiológica, qual seja, a do reconhecimento do valor da pessoa humana enquanto "valor-fonte" de todos os valores sociais e, destarte, o fundamento último da ordem jurídica, tal como formulado seja pela tradição do jusnaturalismo moderno, seja pela deontologia, no âmbito do paradigma da Filosofia do Direito."[7]

Em razão disso, nos últimos tempos a dignidade da pessoa humana foi elevada a princípio fundamental colocando o ser humano no ápice de todo e qualquer sistema jurídico. Tal princípio serve hoje como mola de propulsão da intangibilidade da vida do homem, dele decorrendo o necessário respeito à sua integridade física e psíquica e às condições básicas de igualdade e liberdade, além da afirmação da garantia de pressupostos materiais mínimos para que se possa viver.

Diante disso, dessa premissa insofismável de ser o ser humano o "valor-fonte" ou como preferimos "princípio-fonte" da ordem jurídica, evidencia-se então que as novas técnicas de manipulação genética e reprodução medicamente assistida desafiam o equilíbrio existente até então no campo da reprodução humana, pois passa a oferecer soluções antes nunca imaginadas na esfera de manipulação genética e perpetuação da espécie.

O princípio mor da dignidade da pessoa humana é um princípio inarredável para avaliação desses problemas enfrentados pela sociedade, especialmente no que se refere à reprodução humana assistida e a clonagem de qualquer indivíduo. E tendo sido a dignidade da pessoa humana, elevada ao conceito de princípio, não comporta qualquer relativização, pois qualquer princípio deve ser absoluto no campo da ciência.

---

[7] REALE, Miguel. *Pluralismo e Liberdade.* Saraiva: São Paulo, 1963. Cap. 2. nota 57, p. 63/80.

Em sede de família o princípio da dignidade da pessoa humana se apresenta sob três aspectos: "*em primeiro lugar, a funcionalização das entidades familiares à realização da personalidade de seus membros, em particular dos filhos; em segundo lugar, a despatrimonialização das relações entre os consortes e entre pais e filhos; e, em terceiro lugar, a desvinculação entre a proteção conferida aos filhos e a espécie de relação existente entre os genitores*".[8]

Tendo em vista essa relevância da aplicação do princípio da dignidade da pessoa humana na área do Direito de Família e a necessária despatrimonialização desse mesmo Direito de Família, com a valorização do ser humano como pessoa, certo é que estamos caminhando diante de um fenômeno novo chamado de 'constitucionalização do Direito Civil', acerca desse tema, Gustavo Tepedino assim se manifesta: "*as novas tecnologias, como se veio de demonstrar, rompem com os compartimentos do direito público e do direito privado, invocando regulação a um só tempo de natureza privada e de ordem pública.*"[9]

É a família como instrumento de realização do ser humano, como meio e não como fim dos indivíduos que a compõe.

Diante disso, é a função serviente da família o objetivo maior, ou seja, o reconhecimento do primado da pessoa, colocando-se a família como instrumento e espaço para a realização do indivíduo dentro da sua dignidade, seja no relacionamento conjugal, seja no relacionamento entre pais e filhos, etc. A família é agora considerada como instrumento primordial de proteção e desenvolvimento da dignidade da pessoa humana, devendo esse entendimento ser utilizado para a leitura de todos os outros laços jurídicos que envolvam as relações familiares.[10]

2.1. *Constitucionalização do direito civil*

No momento atual, diante da nova perspectiva acerca dos direitos fundamentais, verificamos uma constitucionalização do Direito Civil, posto

---

[8] SILVA, Maria de Fátima Aflen. op. cit., p. 82.

[9] TEPEDINO, Gustavo. *Normas constitucionais e direito civil.* Revista da Faculdade de Direito de Campos. Ano IV, n.º 4 e Ano V, n.º 5. Disponível em: <http://www.fdc.br/revista/docente/10.pdf> Acesso em: 12/jan/06.

[10] SILVA, Eduardo. *A dignidade da pessoa humana e a comunhão plena de vida: o direito de família entre a Constituição Federal e o Código Civil.* in A Reconstrução do Direito Privado, org. Judith Martins Costa. São Paulo: Revista dos Tribunais, 2002. p. 460.

que o Direito Civil se afasta da concepção individualista, tradicional e conservadora do século passado para se apresentar, agora, sob uma nova roupagem de fundamento de validade, qual seja a interpretação axiológica constitucional.

É certo que a constitucionalização do Direito Civil não é uma teoria completamente nova tendo suas origens na publicização do Direito Civil e na revalorização do ser humano como indivíduo e ainda a responsabilidade do Estado no bem-estar do cidadão. Entretanto, é nítida e fecunda a preocupação atual dos juristas em estudar essa nova roupagem do Direito Civil e suas conseqüências, neste pequeno esboço sobre a liberdade de procriar, o que importa é saber o que significa esse fenômeno em linhas gerais e os efeitos que essa "constitucionalização" apresenta no seio do Direito de Família.

Paulo Luiz Netto Lôbo assim se manifesta, com imensa propriedade, acerca do termo constitucionalização do Direito Civil: "é o processo de elevação ao plano constitucional dos princípios fundamentais do Direito Civil, que passam a condicionar a observância pelos tribunais, da legislação infraconstitucional".[11]

Verificamos que numa perspectiva civil-constitucional, a interpretação e a eficácia de qualquer norma relativa ao Direito de Família só poderá ser realizada com justiça e segurança tendo por base o fundamento de validade constitucional, qual seja, os princípios norteadores presentes na Constituição de qualquer Estado, como pressuposto de validade.

Assim, podemos facilmente concluir que numa interpretação acerca de questões relativas ao Direito de Família, devemos sempre ter em mente o princípio da igualdade entre homens e mulheres, isonomia dos filhos, liberdade, direito à vida e, primordialmente, o princípio da dignidade da pessoa humana, unificador de todos os direitos fundamentais, como já visto em linhas anteriores.

O Código Civil não pode mais prosperar sob a ótica de uma constituição privada, posto que a Constituição deixou de regular apenas interesses gerais e passou a regular também direitos que dizem respeito à segurança, justiça, liberdade, igualdade, e mais um tanto de relações sociais-privadas, antes destinadas a pertencer ao ramo do direito estritamente privado, hoje fazem parte da própria Constituição, mesmo o Direito de Família, antes

---

[11] Lôbo, Paulo Luiz Netto. *Constitucionalização do Direito Civil.* Jus Navigandi, Teresina, a. 3, n. 33, jul. 1999. Disponível em: <http://jus2.uol.com.br/doutrina/texto.asp?id=507>. Acesso em: 12/jan/06.

meramente patrimonializado, que por muito tempo figurou exclusivamente dentro do direito privado, ganhou status constitucional. Estamos frente ao fenômeno chamado constitucionalização do Direito Civil.

Faz-se necessário lançar um novo olhar sobre a família e seus direitos, tendo em consideração o princípio da dignidade da pessoa humana como norteador do desenvolvimento saudável da família e de seus membros.

Em verdade, a constitucionalização do direito civil é a etapa mais importante do processo de transformação e de mudanças de paradigmas por que passou o direito civil no âmbito de passagem do Estado liberal para o Estado social.[12]

Entretanto, é de salutar importância as palavras de Joaquim de Souza Ribeiro quando assim se manifesta:

> *"... a qualificação do direito civil como "direito constitucional concretizado" não retrata, com fidelidade, a complexidade das relações entre ambos os complexos normativos. A fórmula encerra incorreções epistémicas e valorativas evidentes, tanto na representação do direito constitucional como na do direito civil. (...) Essas duas facetas*[13] *compõem também o rosto moderno do direito civil, um direito civil que abre à pessoa, como condição da sua plena realização, amplos espaços de livre agir negocial, mas simultaneamente se deve mostrar atento à sua defesa contra todos os riscos que o viver social engendra."*[14]

Vê-se que a constitucionalização do Direito Civil é matéria fecunda para estudos e debates, tendo em vista as implicações que oferece e a importância do tema, aqui nos basta compreender o fenômeno como um fato que provocou, ainda provoca e continuará provocando uma mudança na interpretação e aplicação do direito civil no que tange aos aspectos ligados à dignidade da pessoa humana e a família.

---

[12] Lôbo, Paulo Luiz Netto. op. cit.

[13] Dialética entre a função defensiva contra os poderes públicos e a função tuteladora dos direitos fundamentais.

[14] Ribeiro, Joaquim de Souza. *Constitucionalização do Direito Civil*. In Boletim da Faculdade de Direito da Universidade de Coimbra. Vol. LXXIV (separata). Coimbra: 1998.

3. Liberdade de Procriar

Como já ressaltado em linhas anteriores, a procriação representa para a espécie humana – e para qualquer outra espécie – seu futuro no planeta, como símbolo de perpetuação e manutenção da raça humana sobre a Terra.

> *"Procriar implica na noção da mortalidade. Prever a descendência, é também reconhecer o efêmero da passagem. Porque somos racionais, temos consciência da morte, e por ter essa consciência, a recusamos. Queremos a imortalidade, buscamos meios de nos perpetuar. A paternidade/ maternidade é a grande tentativa humana de superação da finitude, uma busca de imortalização, e a mais clara recusa da morte."*[15]

Ocorre, que a liberdade de procriar, de gerar descendentes sempre foi percebida nas sociedades modernas como um direito ou liberdade atrelado ao casamento, tendo em vista que o casamento, até anos atrás, era a fonte única de relações sexuais legais e dessa forma, a única fonte de procriação e perpetuação da espécie de uma forma legal.

Referida liberdade de procriar encontra-se assentada no direito à liberdade como um todo, ou seja, em sentido amplo. Assim, exercer esse direito à liberdade, portanto, no que tange à procriação, permite fazer ou não fazer, agir ou não agir. Daí falar-se em liberdade positiva e em liberdade negativa no que toca ao direito à procriação.

As novas técnicas de reprodução medicamente assistida, a facilitação da reprodução, viabilizando até mesmo procriação sem relações sexuais, nos fazem repensar e refletir sobre o tema da liberdade de procriar e a licitude ou dever do Estado em intervir, através de controles públicos, na própria procriação.

Não sem razão, a procriação natural parece não estar sujeita a qualquer tipo de controle estatal, sendo mesmo ilegal qualquer intervenção em relação a este tipo de procriação, entretanto, já no que tange à procriação artificial não podemos fazer a mesma afirmação, tendo em vista as complicações que podem surgir deste novo tipo de concepção.

Para aprofundar o problema, pode-se começar observando que também a liberdade de procriação comporta dois aspectos diferentes: a liberdade

---

[15] Caridade, Amparo. *Sexo, reprodução, amor e erotismo.* In Revista Brasileira de Sexualidade Humana. Vol. 6. n. 1. jan-jun/1995. p. 53.

de procriar (ou liberdade positiva), que permite à pessoa ter filhos quando decide tê-los; e a liberdade de não procriar (ou liberdade negativa), que tem o efeito da pessoa não ter filhos quando decide não tê-los.

As conseqüências jurídicas do exercício de tal liberdade são inúmeras, ter ou não ter um filho atualmente, não pode ser exclusivamente a expressão de vontade do indivíduo, mas sim, a conexão desse desejo de procriar com a análise das condições sócio-econômicas para fazê-lo, e ainda, a percepção do meio familiar que receberá o futuro descendente, a procriação deve ser um ato pensado, desejado e avaliado e não apenas um ato cumprido.[16]

3.1. *Liberdade de procriar no casamento*

Há quem vislumbre no exercício do direito à liberdade sexual, de forma mais específica, a verdadeira legitimação para a prática do ato de procriação natural. Aqui vigoraria de forma plena o direito à liberdade, tanto no sentido positivo como no sentido negativo.

Todavia, também há quem entenda que, no casamento, não existe a liberdade negativa, haja vista que a prática de atos sexuais com vistas à procriação seria um dever matrimonial. Não é, todavia, este o entendimento que deve prevalecer, sob pena de restar tolhida de forma injustificada a liberdade de autodeterminação do ser humano, já que a procriação, ainda que possa ser uma das finalidades do casamento, não é a única e nem a essencial.

Tampouco o fato de o homem não haver consentido com a reprodução não pode eximi-lo de suas responsabilidades como pai, dada a voluntariedade e a consciência com que praticado o ato sexual que pode levar à criação de uma nova vida humana.

Devemos lembrar os inúmeros casos previstos em lei de presunções de paternidade decorrentes do casamento, como, por exemplo, as questões temporais.[17]

No entanto, em matéria de reprodução assistida, justamente porque o casamento não implica a abstenção do direito à liberdade negativa de procriar, não é razoável que um cônjuge possa pretender impor ao outro a procriação.

---

[16] Caridade, Amparo. op. cit. p. 53.

[17] Ver como exemplo o artigo 1.826.º do Código Civil português.

3.2. *Liberdade de procriar fora do casamento*

Atualmente, nas culturas modernas, não há que se falar em filiação legítima ou ilegítima, tendo em vista a proibição de discriminação que vigora nas legislações atuais, sendo assim, não há que se diferenciar se a procriação tem origem numa relação dentro ou fora do casamento, entretanto, algumas questões interessantes se apresentam ainda hoje com relação à procriação fora do casamento.

Em primeiro lugar, há que se ressaltar que em muitas legislações existe ainda a presunção de paternidade quando a filiação tem origem dentro do casamento, o que não ocorre com a filiação oriunda de uma relação não matrimonial, como exemplo podemos citar a legislação portuguesa nos artigos 1.826.º e seguintes do Código Civil, bem como a legislação brasileira nos artigos 1.597 e seguinte, do Código Civil brasileiro.

Tais dispositivos acima citados refletem ainda hoje uma proteção dos filhos nascidos de uma relação matrimonial, proteção essa que parte de presunções originadas anos atrás e, muitas das vezes, não refletem a verdadeira identidade dos genitores.

No que tange à união estável ou união de fato devemos apenas lembrar que estas não se apresentam como casamento e assim não estão protegidas pelas presunções contidas nos artigos acima citados, ressalvando as posições doutrinárias em contrário.

A par disso, devemos lembrar que essas presunções não afastam em nenhum momento a possibilidade da geração de filhos em relações não--matrimonializadas, ou seja, relações que não se baseiem em casamento, vez que é possível a existência de filhos fora do casamento e esses filhos tem tantos direitos quanto os tem os filhos matrimoniais.

O que intriga na questão relativa à liberdade de procriar fora do casamento é a questão das condições dos pais para receberem de forma natural e saudável a nova prole.

Questiona-se nesse momento o futuro afetivo da criança que nasce fora de uma relação matrimonializada, entendida ainda pelos mais conservadores como modelo de família. Muitos podem defender a posição dizendo que o casamento é o único que autoriza a formação de uma família "decente", entretanto, e a prática nos demonstra isso, muitas pessoas se unem sem laços de casamento e geram famílias felizes e saudáveis, em verdade, o laço jurídico pouco importa, o que importa são os sentimentos de responsabilidade, carinho e doação entre os entes componentes da família.

Aqui também se ressalta que o homem não pode se eximir da obrigação de pai quando, após a prática do ato sexual, surge uma gestação, tendo em vista que, com a prática do ato sexual o homem assume o risco de gerar descendentes, assim, o homem poderá até mesmo investigar se realmente é pai da criança através de testes de DNA e outros, entretanto, se constatada a paternidade, não poderá se eximir das obrigações de pai, mesmo que com a mãe da criança não seja casado.

3.3. *Liberdade de procriar e planejamento familiar*

O planejamento familiar, hoje uma fonte de preocupação do Estado, é outro marco para a afirmação do direito à liberdade de procriar. De qualquer forma, a liberdade de que se cogita deve ser exercida de forma responsável e consciente, cabendo ao Poder Público a adoção de políticas de esclarecimento acerca das responsabilidades decorrentes do ato de reprodução, que também se projetam para o momento posterior ao nascimento do filho.

Não estamos aqui nos referindo a políticas públicas compulsórias no que tange ao planejamento familiar, como, por exemplo, a esterilização em massa, mas sim estamos nos referindo a políticas públicas de esclarecimento e educação sexual e familiar, estamos aqui tratando de facilitar e disponibilizar o acesso para a população como um todo ao serviço médico, psicológico e de orientação na busca da realização familiar – planejamento, estamos aqui tratando de viabilizar, por meio de políticas públicas conscientes, a maternidade e paternidade responsável.

Cabe ressaltar que a medicina também busca a maternidade e paternidade responsável, tendo em vista que proporciona às famílias métodos que auxiliem na decisão de terem filhos que possam criar e educar com dignidade, utilizando-se de métodos anticoncepcionais, ou seja, para evitar filhos, como, por exemplo, pílulas, injetáveis, DIU (dispositivo intra-ulterino), adesivo, anel vaginal, implante, preservativo, diafragma, espermaticidas, contracepção cirúrgica, anticoncepção de emergência e métodos comportamentais, bem como disponibilizando as técnicas de reprodução assistida nos casos de infertilidade.

Em verdade, o desenvolvimento da biomedicina, através da engenharia genética e procriação medicamente assistida, está possibilitando as mulheres, homens e casais, com problemas de infertilidade a terem seus filhos, ou melhor, planejar sua família, por meio da reprodução assistida, como, por exemplo, na inseminação artificial, fecundação in vitro, transferência intratubárica de gametas, transferência de zigotos nas trompas de falópio, inseminação vaginal intratubárica, inseminação intraperitoneal direta e transferência peritoneal de óvulos e espermatozóides, como garantia da plena realização familiar baseada no princípio da dignidade da pessoa humana.

3.4. *Liberdade de procriar e esterilização compulsória*

Em razão do alto crescimento demográfico populacional e em atendimento ao princípio da dignidade da pessoa humana, a liberdade negativa de procriar, ou seja, a liberdade de não procriar parece mais aceita nos dias atuais, a dispensa do casamento e mesmo do sexo no ato da fecundação e procriação, possibilita à pessoa optar pela procriação sem necessidade de maiores complicações legais e afetivas.

Por outro lado, a separação entre o sexo e a procriação, proporcionou uma realização afetiva, do ponto de vista sexual, sem maiores preocupações com um futuro nascimento, esse fato disseminou o uso de métodos contraceptivos, bem como aumentou a procura pela esterilização voluntária, como meio de exercer seu direito de não procriar.

De fato, a esterilização é um dos meios de evitar a concepção e a gravidez que em tempos atuais vendo sendo utilizado de forma ampla, tendo em vista os avanços da tecnologia, porém, aqui não nos interessa a questão da esterilização voluntária, uma vez que a esterilização voluntária nos remete ao tema "liberdade de não procriar". Aqui o que nos interessa pesquisar no que tange à esterilização e a liberdade de procriar é a esterilização compulsória, como já iremos ver.

A preocupação com a superpopulação e a necessidade premente de planejamento familiar coloca o Estado numa situação onde se faz necessário políticas populacionais efetivas, uma idéia dessa problemática está no texto de Garrett Hardin chamado "A tragédia do bem comum" que traduz a seguinte idéia: "*O aspecto mais importante da necessidade que agora precisamos reconhecer é a necessidade de abandonar o espaço comum com relação à procriação. Nenhuma solução técnica pode nos salvar da desgraça da superpopulação. A liberdade de procriar nos trará a todos a ruína*".[18]

---

[18] HARDIN, Garrett. *A tragédia do bem comum.* Trad. Tabajara Lucas de Almeida. Disponível em: <http://lula.dmat.furg.br/~taba/tragcomum.htm> Acesso em: 15/jan/06.

Esterilização significa o conjunto de atos ou técnicas, cirúrgicas ou não, empregados no homem ou na mulher, com o objetivo de impedir a procriação, ou seja, fazer cessar a capacidade reprodutiva da pessoa.

Esterilização compulsória é a esterilização obrigatória, imposta, e esterilização eugênica quer significar a esterilização efetuada para impedir a transmissão de doenças hereditárias, graves ou contagiosas, prevenindo assim uma eventual prole com deficiências, inválida ou inútil. É também considerada esterilização eugênica aquela efetivada em criminosos portadores de desvios sexuais.

Dentro da esterilização compulsória, a esterilização dita eugênica, ou seja, aquela com o objetivo de impedir a transmissão de doenças hereditárias, é a que revela uma importância salutar no desenvolvimento do presente trabalho, posto na maioria das vezes se revelar violadora do princípio da dignidade da pessoa humana.

A esterilização eugênica teve sua fama aumentada e reconhecida sua importância – e até mesmo defendida – por volta do ano de 1889 com os Estados Unidos lançando mão de uma política de esterilização eugênica dos doentes mentais, dos jovens recolhidos em reformatórios e criminosos reincidentes em crimes sexuais, tal prática se delongou até por volta da década de quarenta quando foi reconhecido pela Suprema Corte Americana que o direito à procriação faz parte dos direitos básicos do ser humano.[19]

Sobre esse mesmo tema, temos na Europa o mais significativo ato de esterilização compulsória no tempo da ditadura de Hitler, que, com o intuito de criar e aperfeiçoar a raça ariana esterilizou compulsoriamente na Alemanha nazista mais de 300.000 pessoas, dentre as quais, débeis mentais, esquizofrênicos, epiléticos, dentre outros[20], baseado um tanto na Lei de Nuremberg que proibia o casamento e o contato sexual de alemães com judeus, o casamento de pessoas com deficiências mentais e doenças contagiosas ou hereditárias.[21]

Atualmente os países mais desenvolvidos e preocupados com o princípio da dignidade da pessoa humana, com respeito ao primado da vida humana proíbem qualquer tipo de esterilização eugênica, usando de outros tipos de políticas públicas para solução de problemas no que se refere aos deficientes mentais.

---

[19] Diniz, Maria Helena. *O estado atual do biodireito.* 2.ª ed. São Paulo: Saraiva, 2002. p. 144-147.

[20] Agostino, Carlos Gilberto Werneck. *Operação eutanásia.* Disponível em: <http://www.ifcs.ufrj.br/tempo/dcpd32.html> Acesso em: 25/jan/06.

[21] Goldin, José Roberto. *Eugenia.* Disponível em: <http://www.bioetica.ufrgs.br/eugenia.htm> Acesso em: 25/jan/06.

Entretanto, alguns países ainda utilizam desse mecanismo em suas legislações e são exemplos a própria Alemanha, que autoriza a esterilização eugênica para pessoas maiores nos casos em que uma gestação possa oferecer riscos a sua própria saúde; Áustria, onde a esterilização eugênica é efetuada em pessoas portadoras de anomalias mentais; Suíça, nos cantões de Wyll e Vaud; Canadá no Estado de Albert; Dinamarca; Espanha; Paraguai; e o exemplo mais grave é a China, onde, após uma grande campanha de controle de natalidade, as mulheres doentes mentais só podem se casar após a esterilização e se ficarem grávidas são obrigadas a praticar o aborto.[22]

No que se refere à esterilização compulsória dos incapazes por força de deficiência mental é de se ressaltar situações inquietantes, posto que se o exercício do direito à procriação pressupõe a autodeterminação da pessoa humana, se afigura insuficiente para a sua configuração a mera conduta voluntária destituída de consciência. Ainda que não se possa negar aos incapazes de fato a capacidade de direito, parece que neste caso estaria relativizada a plena liberdade positiva à procriação.[23]

4. Reprodução Assistida como Reflexo da Liberdade de Procriar e alguns efeitos Relevantes

A reprodução assistida tem dado saltos de inovação a cada década que se passa, cada vê mais nos surpreendemos com as novidades em matéria de procriação, o bebê de proveta, a manipulação dos genes, a barriga de aluguel, a doação de material genético, tudo isso tem gerado uma grande confusão na cabeça não só dos juristas e dos médicos, mas também da população em geral, pense-se na seguinte questão: uma mulher quer ter um filho (liberdade de procriar), mas não pode realizar esse sonho porque é infértil, então consegue uma doadora de óvulos e realiza uma inseminação artificial com o sêmen de seu marido, entretanto, essa mesma mulher não pode levar adiante uma gravidez, consegue então uma barriga de aluguel.

Pergunta-se: quem é a mãe dessa criança? A doadora do óvulo? A mulher que levou adiante a gravidez? Ou a mulher que desejou ser mãe?

---

22 DINIZ, Maria Helena. op. cit. p. 146.

23 QUEIROZ, Victor Santos. *Direito à procriação: fundamentos e conseqüências.* **Jus Navigandi**, Teresina, a. 10, n. 943, 1 fev. 2006. Disponível em: <http://jus2.uol.com.br/doutrina/texto.asp?id=7905>. Acesso em: 20/fev/06.

Várias são as respostas para essas questões dependendo dos critérios examinados: a doadora do óvulo é a mãe biológica, pois tem seu DNA presente na criança; a mulher que carregou a criança no ventre é sua mãe biológica pelo fato de ter dado a luz a essa criança; e a mulher que desejou essa criança? Algum direito tem? E se essa criança fosse criada por uma terceira pessoa alheia aos fatos?

Não temos aqui a pretensão de responder as questões acima levantadas, mesmo porque existe uma gama de fatores que podem acarretar a uma ou outra resposta, nossa pretensão é apenas a de demonstrar como a reprodução assistida pode gerar diversos efeitos na questão da liberdade de procriar traçando alguns parâmetros para um posicionamento um tanto quanto relativo na tomada de decisão, pois nem a lei nem a medicina ainda compreendem muito bem as mudanças ocorridas e os efeitos gerados pelo avançado estágio da manipulação genética.

Um outro ponto a considerar é a questão relativa à doação de sêmen, pode o homem doador de sêmen depois de nascida a criança pretender sua perfilhação? Ou ao contrário, pode a criança pretender buscar sua identidade genética?

Temos também um problema não menos grave ou talvez apenas intrigante (para os mais práticos) que é o do destino dos embriões excedentários, o que fazer com os embriões que "sobram" depois de uma tentativa de procriação medicamente assistida?

E o que se falar dos diagnósticos pré-implantatórios? Aqueles que realizam testes genéticos precisos quando o embrião se encontra num estágio de apenas oito células. É aceitável o fato de abortamento até determinada semana (seja ela qual for) apenas pelo feto apresentar um tipo qualquer de anomalia detectada pelo diagnóstico pré-implantatório? Não estamos aqui falando de risco de vida da mulher, mas sim apenas um tipo de anomalia que, por exemplo, cause uma diminuição na capacidade mental do ser humano gerado.

Dentro dessas questões que se apresentam frente à nova realidade das técnicas de reprodução assistida e manipulação genética, "devemos considerar a possibilidade (...) de intervir no genoma humano como um aumento de liberdade, que precisa ser normativamente regulamentado, ou como autopermissão para transformações que dependem de preferências e que não precisam de nenhuma autolimitação?".[24]

---

[24] HABERMAS, Jügen. *O futuro da natureza humana. A caminho de uma eugenia liberal?* trad. Karina Jannini. São Paulo: Martins Fontes, 2004. p. 18.

Diante disso desse novo panorama, é de se perguntar se é compatível com o princípio da dignidade da pessoa humana ser criado um embrião para que, após um exame genético, se conclua pela dignidade ou não desse ser gerado de seguir seu caminho para o desenvolvimento e existência ou ser simplesmente descartado por apresentar alguma característica que não se enquadre nos padrões esperados.[25]

Essas e muitas outras são questões tortuosas que envolvem a procriação medicamente assistida e que para sua solução devem prevalecer sempre o princípio da dignidade da pessoa humana.

Como vimos, o exercício da liberdade positiva ou negativa de procriar em razão da procriação medicamente assistida pode gerar uma série de conseqüências jurídicas que devem ser levadas em conta para efeito de verificação dos seus limites.

Analisando a questão pela ótica jurídica, podemos concluir que há um direito de procriar através das técnicas de procriação medicamente assistida, tendo em vista o conteúdo da Declaração Universal dos Direitos do Homem que preleciona o direito à igualdade e à dignidade da pessoa humana, prevendo ainda um direito de fundar uma família nos artigos III, VII e XVI, 1.

Em Portugal e no Brasil, além do princípio da dignidade da pessoa humana, existe ainda uma proteção do direito à procriação previsto na Constituição desses países como decorrente do direito à liberdade, à intimidade, à vida privada, direito à autodeterminação, bem como proteção e amparo estatal.

Assim, não teria lógica a proibição de procriar através das técnicas de reprodução assistida, uma vez que decorrem de avanços técnico-científicos e garantem o surgimento de uma família cujos pais sentem-se plenamente satisfeitos com a chegada do filho, o que proporciona à criança crescer num ambiente familiar sadio. O Estado não pode negar à suas pessoas que se beneficiem dos avanços advindos de áreas que ele mesmo dá especial proteção.

O fato é que a regulamentação da questão relativa à procriação medicamente assistida é acanhada em razão de que o tema ainda não está suficientemente esclarecido e debatido, apresentando ainda algumas questões sem respostas, a própria sociedade ainda não se manifestou de forma conclusiva sobre algumas questões relativas à procriação medicamente assistida.

---

[25] Habermas, Jügen. op. cit. p. 29.

CONSIDERAÇÕES FINAIS

Discorrer sobre liberdade de procriar é falar sobre o mecanismo de perpetuação da espécie humana e o seu significado no mundo jurídico, é entrar por um mundo desconhecido que o homem está descobrindo de uma forma rápida e descontrolada, é falar sobre um tema que ainda apresenta tabus e preconceitos.

Falar sobre a liberdade de procriar é se aventurar por um caminho tortuoso e cheio de limites, mas lindo e significativo para a espécie humana. É o fundamento único que possibilitou a nossa existência até agora na face da Terra, é o fundamento da vida no exercício do direito mais íntimo de liberdade e realização da pessoa.

Em verdade a liberdade de procriar reflete mesmo a justificativa da possibilidade de escrita e leitura dessas linhas.

É intrigante, instigante e místico.

Poderíamos escrever várias linhas acerca da conclusão do presente estudo, porém, apenas um item merece aqui ser levantado, senão vejamos: antes da concepção os interesses dos futuros pais são plenamente identificáveis, vez que são os únicos envolvidos na relação até o momento, tomando por conta própria os atos relativos a existência de uma futura prole. Prevalece a autonomia da vontade dos pais.

Ocorre, porém, que depois da concepção existe um ser em formação e desenvolvimento no útero da mulher e assim, surgem outros interesses identificáveis, quais sejam, o do nascituro, que podem ou não entrar em conflito com os interesses dos pais na medida em que este ser em desenvolvimento já é independente como ser humano em desenvolvimento (ou será que não? Lembremos da questão dos embriões).

Aqui ocorre uma verdadeira limitação na autonomia da vontade dos pais que agora encontra sua fronteira na função social da maternidade e paternidade responsável e na dignidade da pessoa humana.

A liberdade de procriar ou o direito à procriação que toca aos pais funciona, portanto, como premissa do direito à vida digna que se reconhece aos filhos, nascidos ou não.

O tema é, como já ressaltado, rico e intrigante e remexe com questões encravadas na cultura dos homens, revelando assim a importância da releitura da compreensão que se deve ter em relação à pessoa humana e sua perpetuação, a sua dignidade e a dignidade dos outros e a função exercida pela espécie humana na sua passagem pela Terra.

Há que se ressaltar por fim a responsabilidade não só dos pais e da ciência, mas também a responsabilidade social e estatal para com a liberdade de procriar.

BIBLIOGRAFIA

AGOSTINO, Carlos Gilberto Werneck. *Operação eutanásia.* Disponível em: <http://www.ifcs.ufrj.br/tempo/dcpd32.html> Acesso em: 25/jan/06.

Campos, Diogo Leite de. *Nós – Estudos sobre o direito das pessoas.* Coimbra: Almedina, 2004.

CANOTILHO, José Joaquim Gomes. *Estudos sobre direitos fundamentais.* Coimbra: Coimbra Editora, 2004.

CARIDADE, Amparo. *Sexo, reprodução, amor e erotismo. in* Revista Brasileira de Sexualidade Humana. Vol. 6. n. 1. jan-jun/1995.

COELHO, Francisco Pereira; OLIVEIRA, Guilherme de. *Curso de direito da família.* 3.ª. Ed. Vol. I. Coimbra: Coimbra Editora, 2003.

Dias, Maria Berenice. *Manual de direito das famílias.* 2.ª ed. Porto Alegre: Livraria do Advogado, 2005.

DINIZ, Maria Helena. *O estado atual do biodireito.* 2.ª ed. São Paulo: Saraiva, 2002.

GOLDIN, José Roberto. *Eugenia.* Disponível em: <http://www.bioetica.ufrgs.br/eugenia.htm> Acesso em: 25/jan/06.

HABERMAS, Jügen. *O futuro da natureza humana. A caminho de uma eugenia liberal?* trad. Karina Jannini. São Paulo: Martins Fontes, 2004.

HARDIN, Garrett. *A tragédia do bem comum.* Trad. Tabajara Lucas de Almeida. Disponível em: <http://lula.dmat.furg.br/~taba/tragcomum.htm> Acesso em: 15/jan/06.

LÔBO, Paulo Luiz Netto. *Constitucionalização do Direito Civil.* Jus Navigandi, Teresina, a. 3, n. 33, jul. 1999. Disponível em: <http://jus2.uol.com.br/doutrina/texto.asp?id=507>. Acesso em: 12/jan/06.

MATOS, Ana Carla Harmatiuk. *Aspectos sociais e jurídicos relativos à família brasileira – de 1916 a 1988.* Disponível em: <http://www.unibrasil.com.br/publicacoes/critica/17/R.pdf>. Acesso em: 05/mar/06.

MIRANDA, Jorge. *Manual de direito constitucional.* Tomo IV. 3.ª ed. Coimbra: Coimbra Editora, 2000.

OTERO, Paulo. *Direito da Vida. Relatório sobre o programa, conteúdo e métodos de ensino.* Coimbra: Almedina, 2004.

PEREIRA, Caio Mario da Silva. *Direito de Família.* 13.ª ed. 5v. Rio de Janeiro: Forense, 2002.

QUEIROZ, Victor Santos. *Direito à procriação: fundamentos e conseqüências.* Jus Navigandi, Teresina, a. 10, n. 943, 1 fev. 2006. Disponível em: <http://jus2.uol.com.br/doutrina/texto.asp?id=7905>. Acesso em: 20/fev/06.

RODRÍGUEZ, José Antônio Seoane. *La esterilización: derecho español y derecho comparado.* Madrid: Dykinson, 1998.

SARLET, Ingo Wolfgang. *Dignidade da pessoa humana e direitos fundamentais.* 4.ª ed. Porto Alegre: Livraria do Advogado, 2006.

___ (org.). *Constituição, direitos fundamentais e direito privado.* 2.ª ed. Porto Alegre: Livraria do Advogado, 2006.

SILVA, Eduardo. *A dignidade da pessoa humana e a comunhão plena de vida: o direito de família entre a Constituição Federal e o Código Civil. in* A Reconstrução do Direito Privado, org. Judith Martins Costa. São Paulo: Revista dos Tribunais, 2002.

SILVA, Maria de Fátima Aflen. *Direitos fundamentais e o novo direito de família.* Sergio Antonio Fabris Editor: Porto Alegre, 2006.

TEPEDINO, Gustavo. *Normas constitucionais e direito civil.* Revista da Faculdade de Direito de Campos. Ano IV, n.º 4 e Ano V, n.º 5. Disponível em: <http://www.fdc.br/revista/docente/10.pdf> Acesso em: 12/jan/06.

REALE, Miguel. *Pluralismo e Liberdade.* Saraiva: São Paulo, 1963. Cap. 2. nota 57. p. 63/80.

RIBEIRO, Joaquim de Souza. *Constitucionalização do Direito Civil.* In Boletim da Faculdade de Direito da Universidade de Coimbra. Vol. LXXIV (separata). Coimbra: 1998.

UMA VISÃO INTIMISTA DO DIREITO DE VISITA DOS AVÓS CONSTRUÍDA SOB OS PILARES DA FAMÍLIA MODERNA E DO NOVO RELACIONAMENTO ENTRE PAIS E FILHOS

Daniele Gervazoni Delanheze

> "O direito de visita tem uma forte componente humana e subjazem-lhe realidades afectivas que o direito não pode ignorar".[1]

Considerações Introdutórias

A família pode ser definida como um núcleo formado por pessoas ligadas, intrínseca ou ocasionalmente, através de laços genéticos ou por vínculos civis.[2] Sem embargo, quando se trata da família, o primeiro e mais importante quesito a ser observado e valorado será o afeto, restando-nos impossível dissociar a família do amor. Com efeito, DIOGO LEITE DE CAMPOS é preciso em afirmar que "quem se ocupa da família fala de amor, pois a família é uma sede privilegiada do dar, do ser para os outros e com os outros", não restando dúvidas de que o amor integre o juízo que todos temos da família. É nesse sentido, que a visão intimista do relacionamento familiar servirá de pano de fundo à questão do direito de visita dos avós aos menores, visto que o tema não merece ser exaurido a meras considerações legais.

---

[1] V.d. Maria Clara Sottomayor. "Exercício do Poder Paternal Relativamente à Pessoa do Filho Após o Divórcio ou Separação de Pessoas e Bens". Porto: Publicações Universidade Católica Portuguesa, 2003, p. 275.

[2] ANTUNES VARELA. *Direito da Família*, 5.ed. Lisboa: Liv. Petrony, 1999, v.1, p.18.

Dessa maneira, tendo em vista o objetivo proposto, procuraremos primeiramente, tecer algumas considerações genéricas sobre o direito de visitas, objetivando a caracterização do instituto como um todo, bem como direcionando, a princípio de forma tênue, o foco das atenções para este direito quando titularizado pelos avós.

Em segundo lugar, traçaremos os contornos do relacionamento entre avós e netos, apontando os aspectos objetivos e, sobremaneira, subjetivos que compõem essa relação.

Num terceiro momento, analisaremos a postura normativa de Portugal e Brasil em relação ao tema em questão, assim como, comentaremos a tendência doutrinária e jurisprudencial, destes dois países, como também de outros países que fazem parte do cenário internacional.

Em quarto lugar, abordaremos as transformações sociais que influenciaram a nova forma de pensar a família e seus elementos, bem como o novo modelo de relações entre pais e filhos. Arguiremos ainda sobre o necessário papel do Estado como mantenedor da integração familiar e dos valores sociais.

Por fim, comentaremos a atual postura do Estado em relação ao menor, como também, o reflexo desta postura em todo o ordenamento jurídico. Avaliaremos a importância do "Princípio do Interesse Superior do Menor" como elemento constitutivo do direito de visitas e cingiremos ainda, algumas considerações sobre o valor prático da vontade do menor, nomeadamente sua aquiescência ou negação em ser visitado.

1. **O Direito de Visita: Generalidades**

A primeira notícia da utilização deste instituto data de 8 de julho de 1857 e é proveniente de uma sentença da Corte de Cassação Francesa[3]. Coincidentemente ou já demonstrando o prelúdio das hipóteses que esse direito abarcaria, essa figura surgiu como a possibilidade de os avós paternos ver e visitar seu neto que vivia com a mãe, por ocasião da morte do pai.

A partir daí, o direito de visita vem sofrendo inúmeras alterações estruturais, sendo inclusive objeto de críticas semânticas. Em relação à

---

[3] Registre-se que a França, ademais de ter sido a pioneira, por via jurisprudencial, em reconhecer o direito de visita dos avós, também foi um dos primeiros países a abrigar tal direito em seu Código, pela lei de 4 de junho de 1970. – RIVERO HÉRNANDEZ, Francisco. *El Derecho de Visita*. Barcelona: J.M.Bosch Editor, S. L., 1997, p. 122.

terminologia empregada consta que a denominação clássica, direito de visita, é substancialmente pobre e incompleta, sendo que os textos legais, bem como a doutrina de países como a Suíça, a Alemanha, a Inglaterra, a Espanha, entre outros, têm preferido o uso de expressões mais amplas e significativas, como o direito de relacionar-se.[4]

A maioria dos manuais de Direito de Família descrevem a expressão Direito de Visita como o direito daquele progenitor não detentor da guarda principal, de ter em sua companhia o filho menor, por um lapso de tempo e mediante acordo previamente estabelecido perante o juiz. Sem embargo, postulamos que tal entendimento padece de juízo restritivo, posto que além de limitar aos pais a titularidade desse direito, não o observa em sua amplitude, como um direito genuíno do menor. Nesse sentido, o direito de visita encontra seu fundamento no amor, na afeição, na amizade e no convívio, consistindo no direito, faculdade ou possibilidade que têm as pessoas – incluindo o menor, que também tem o direito de ser visitado[5] – unidas entre si por laços familiares ou afetivos, de estabelecerem relações pessoais. Dito isso, propomos que o direito de visita não deve, por regra, pertencer somente ao genitor não guardião, mas sim e essencialmente, aqueles que desenvolveram laços afetivos e benéficos com o menor, com destaque especial neste estudo, aos avós.

Maria Clara Sottomayor corrobora a idéia supra citada dizendo que "o direito de visita tem uma forte componente humana e subjazem-lhe realidades afectivas que o direito não pode ignorar".[6] Nesse contexto, tendo-se claro que entre o menor e o / os titular / titulares do direito de visita, haja relações recíprocas de afetividade, amizade, apoio, compreensão e carinho, faz-se mister viabilizar que tais relações continuem a ser partilhadas, em benefício do menor. Logo, o regime de visitas, a favor de quem quer que seja está sempre condicionado ao interesse do menor.

Também condicionado ao interesse do menor está o conteúdo do direito de visitas, podendo o juiz determinar, mediante análise do caso concreto[7], desde simples visitas, *stricto sensu,* até permanências de várias

---

[4] Rivero Hérnandez, Francisco, *op. cit.*, pp. 20-22.

[5] Maria Clara Sottomayor, na página 100 de seu estudo, "Exercício do Poder Paternal Relativamente à Pessoa do Filho após o Divórcio ou a Separação de Pessoas e Bens", afirma que o menor, quando representado por seu Curador, tem legitimidade para propor uma ação contra os pais, a fim de poder conviver com os avós, após decisão judicial neste sentido.

[6] V.d. Maria Clara Sottomayor, *op.cit.,* p. 275.

[7] Dentre os fatores que deverão ser avaliados pelo juiz quando da escolha da modalidade de visitas, podemos citar, ilustrativamente: a idade do menor; a saúde do

semanas, sempre atentando à finalidade de fomentar e favorecer as relações humanas, através do convívio em situações concretas e cotidianas.[8]

Desta feita, cumpre salientar que, as questões que legitimam o direito de visitas são cotidianas e estão intimamente relacionadas à natureza humana e aos conflitos que essa convivência enseja, tendo lugar, geralmente, quando o afeto e o respeito já não presidem as relações familiares, seja em virtude de crise conjugal, desentendimento entre seus membros ou qualquer outra situação que impeça a convivência.[9]

Logo, é nesse contexto de caos que traçaremos as conjecturas que confirmarão um verdadeiro direito de visitas em favor dos avós, desmantelando qualquer *part pris* tradicional e individualista que, reconhece aos pais do menor, o monopólio da sua afeição.

2. Delineando os Contornos na Relação Avós – Netos

O envelhecer, ao mesmo tempo em que enseja o aumento da emotividade, sensibilidade e consciência, traz, inevitavelmente consigo, a diminuição ou ruptura das atividades laborais e / ou sociais[10]. Assim, a família não só representa o suporte para a realização afetiva do individuo, como, em muitos casos, a única amarra que o prende à sociedade. Logo, a significativa necessidade dos avós de relacionar-se com os netos e

---

visitante e do visitado; o tipo de relação existente (intensidade); a distância entre a residência de ambos; a disponibilidade do menor; as condições do titular do direito de visitas (condições de saúde: física e mentais, condições sociais, econômicas, culturais, etc.). Dessa maneira, nem sempre os avós podem aspirar ou exigir, o mesmo conteúdo do direito de visitas que normalmente é atribuído aos pais do menor, dependendo sempre da análise do caso em concreto.(V.d RIVERO HÉRNANDEZ, Francisco in *op. cit.*, p. 119.)

[8] RIVERO HÉRNANDEZ, Francisco, *op. cit.*, pp. 18-19;109.

[9] *Idem Ibidem.*, pp. 16; 23.

[10] Observa-se que a sociedade moderna conta, cada vez mais, com avós também modernos, no entanto, mesmo os avós mais modernos, que ainda trabalham, estudam, fazem academia, Inglês, usam biquíni e / ou namoram, ainda dispõem de mais tempo para seus netos que seus filhos, confirmando os dados de que muitas vezes os avós substituem os pais na ausência destes, quer durante o exercício de suas atividades profissionais, quer em momentos de lazer, exercendo uma função educativa de primordial importância. (Vd. Isabel Cristina Hierro Parolin in *Avó, mãe com açúcar?* Disponível em: < http://www.psicopedagogia.com.br/opiniao/opiniao.asp?entrID=88>. Acesso em 9 de maio de 2006.)

preocupar-se com seu bem estar e felicidade. Nesse sentido, Edgard de Moura Bittencourt, sabiamente diz: "A afeição dos avós pelos netos é a última etapa das paixões puras do homem. É a maior delícia de viver a velhice".[11]

Roberto Damatta em crônica entitulada "Ave, avô" e publicada no jornal O Estado de São Paulo em 10.01.2002, define a relação fraterna existente entre avós e netos, classificando-a como uma relação açucarada, daí diz: "ser avô é ser pai com açúcar", continua seu raciocínio dizendo que, "é da vivência desse espaço que faz laços entre netos e avoengos algo terno e amistoso". Finaliza concluindo que a relação da criança com seus avós se exercita pelo prazer e amizade que os une[12], fluindo assim, de modo mais natural, visto que o papel dos avós é sobremaneira afetivo, satisfazendo a necessidade emocional da criança de se sentir amada e valorizada.

Nota-se aqui, o quão importante é o relacionar-se para o menor. São as relações pessoais que ampliam o horizonte pessoal do menor e enriquecem a sua esfera psíquica e afetiva, contribuindo para o seu amadurecimento, na medida em que se sente amado[13]. Daí a importância do relacionamento entre avós e netos nos dizeres de Maria Clara Sottomayor:

> "o relacionamento do menor com os avós contribui decisivamente para sua formação moral e da sua personalidade ainda em embrião e constitui um meio de conhecimento das suas raízes e da história da família, de exprimir afeto e de partilhar emoções, ideais e sentimentos de amizade".[14]

Em contrapartida, há circunstâncias em que os avós e os netos são impedidos de manter esse vínculo estreito e natural de afeição, circunstâncias estas em que, movidos pelo egoísmo, o guardião, pai / mãe da criança, impedem os avós de visitarem seus netos, buscando vingar-se nos

---

[11] EDGARD DE MOURA BITTENCOURT. *Guarda de Filhos*, 2.ed. São Paulo: Editora Leud, 1981, pp. 123- 124.

[12] V.d Euclides Benedito de Oliveira in *Direito de Visitas dos Avós aos Netos*. Disponível em: http://www.pailegal.net/fatpar.asp?rvTextoId=354748601. Acesso em 10 de maio de 2006.

[13] RIVERO HERNÁNDEZ, Francisco, *op.cit.*, p. 129.

[14] SOTTOMAYOR, Maria Clara. *Exercício do Poder Paternal nos Casos de Divórcio*, 4.ª Edição, Coimbra: Almedina, 2002, p. 21.

velhos os ressentimentos do casamento fracassado ou do passado do morto[15], ademais, dos casos de desentendimentos entre pais e filhos ainda em vida.

Neste diapasão, Edgard de Moura Bittencourt em defesa do interesse do menor e da convivência entre avós e netos, ilustra a trajetória dramática da separação forçada, dizendo: "Do lar, outrora unido, brotou o afeto dos avós e dos netos, que se separaram, sobretudo quando o genro ou nora é que leva consigo os filhos. Desse lar esfacelado nasceu uma situação inconveniente para os filhos, que se privam de ambiente saudável. A compreensão e o respeito recíproco que os pais, ou pelo menos um deles, não souberam manter, precisam ser substituídos pelo exemplo de outro lar. O mais próximo é o dos avós. Bem razoável, portanto, é que a companhia e a casa destes venham atenuar o vazio da vida sentimental que as crianças percebem e sofrem".[16] Não obstante, cada caso deve ser avaliado de modo singular.

Por fim, vê-se que, ademais dos vínculos salutares de afetividade já evidenciados, cinge-se que o direito de visitas dos avós, também se justifica pelo vínculo sanguíneo, pelos laços de parentesco que os une, ressaltando-se que, com exceção dos pais, são os parentes mais próximos do menor.

3. O Panorama Normativo (Portugal e Brasil)

Muitos são os ordenamentos jurídicos que reconhecem em sede legislativa e / ou jurisprudencial, o direito dos avós relacionarem-se com seus netos. Países como a França, Espanha, Suíça, Bélgica, Brasil, Portugal e os Estados Unidos, com exceção do Distrito da Columbia, partilham da tendência mundial de reconhecer esse direito como legítimo. Em contrapartida, na Alemanha, tanto os Tribunais como os legisladores têm rechaçado expressamente a idéia de que os avós também são titulares desse direito, apesar de a doutrina alemã já se manifestar em sentido contrário.[17]

No que diz respeito ao Direito Português, faz-se necessário desmembrar a disciplina da questão em dois momentos, sendo a Lei n.º 84/95, de 31

---

[15] V.d Segismundo Gontijo in *Netos, Filhos com Açúcar.* Disponível em: < http://www.gontijo-familia.adv.br/sg87-33.html>. Acesso em 9 de maio de 2006.

[16] Edgard de Moura Bittencourt, *op. cit.,* pp. 123-125.

[17] Rivero Hernández, Francisco, *op.cit.*, pp. 122-124.

de Agosto este divisor de águas. Anteriormente a esta lei, o ordenamento jurídico português não concedia qualquer direito de visita aos avós, sendo que aos avós e aos netos apenas era reconhecido o direito a relacionarem--se entre si quando a vida, saúde, segurança, formação moral e / ou educacional do menor se encontrasse em perigo. De tal sorte, inexistindo o caso de perigo concreto proclamado no art. 1918° do C.C, não haveria também, fundamento legal que justificasse o regime de visitas a favor dos avós. Sem embargo, analisando o contexto legislativo posterior a 1995, verifica-se que tal problema está solucionado, posto que a lei n.º 84/95 aditou ao C.C o art. 1887.º-A, que consagra um verdadeiro direito de visita aos avós, cujo reconhecimento já não está condicionado aos pressupostos do art. 1918.º.

Ora, o Supremo Tribunal de Justiça em 03-03-1998 proferiu um Acórdão clarificando o alcance, bem como a aplicação do referido artigo, onde assevera:

> "I – O Art.º 1887.º-A do CC, aditado pela Lei n.º 84/95, de 31/08, consagrou não só o direito do menor ao convívio com os avós, como reconheceu, também, um direito destes ao convívio com o neto, que poderá designar-se por «direito de visita». II – Em caso de conflito entre os pais e os avós do menor, o interesse deste último será o critério decisivo para que seja concedido ou denegado o «direito de visita». III – Presumindo a lei que a ligação entre os avós e o menor é benéfica para este, incumbirá aos pais – ou ao progenitor sobrevivo ou que ficou a deter o poder paternal – a prova de que, no caso concreto, esse relacionamento ser-lhe-á prejudicial".[18]

Entendemos, dessa maneira, que o reconhecimento do direito de convivência entre avós e netos, está inserido num preceito ainda maior, qual seja, o da preservação da comunidade familiar, em que pese ao Estado e à sociedade assegurar ao menor essa integração à convivência familiar e comunitária[19]. Neste mesmo sentido, Washington de Barros Monteiro assevera que: "sem dúvida alguma, o direito dos avós se compreende hoje como decorrência do direito outorgado à criança e ao adolescente de gozarem de convivência familiar, não sendo demais entender que nesse relacionamento podem ser encontrados os elementos que caracte-

---

[18] Ac. do STJ de 03-03-1998, CJ, Ano VI, Tomo I, p. 119 e ss.

[19] A esse respeito v.d o art. 227 do CF brasileira, bem como o art. 16, inciso V do Estatuto da Criança e do Adolescente.

rizam a família natural, formada por aquela comunidade familiar constituída de um dos pais e seus descendentes (...)."[20]

Em relação à disciplina do assunto no Direito Brasileiro, observamos que o Código Civil vigente é omisso quanto ao direito de visitas pelos avós, cuidando apenas do direito de visitas do pai ou da mãe, quando na posição de progenitor não-guardião. Não obstante à falta de previsão legal específica, a doutrina e a jurisprudência, vêm admitindo como lícita, possível e legítima a convivência dos avós com seus netos, bem como de outros parentes próximos do menor, apoiando-se numa interpretação extensiva do art. 1.584 do CC.

O artigo em questão dispõe sobre a guarda dos filhos em casos de separação e divórcio, estipulando que, na falta de acordo dos pais, o juiz concederá a guarda a quem revelar melhores condições para exercê-la. (grifo nosso). Neste contexto, o mesmo princípio se aplica ao direito de visitas, possibilitando não somente aos avós, como a terceiros relacionar-se com o menor, desde que atendido o interesse[21] deste.

Também Euclides Benedito de Oliveira, em análise ao CC. brasileiro pontua alguns artigos que demonstram que ademais dos laços de parentesco, há significativos liames jurídicos entre avós e netos[22]. Podem os avós, por exemplo, requerer ao juiz medidas de proteção ao menor no caso de abuso de poder por parte dos pais[23]; obrigam-se à prestação de alimentos ao neto, sempre que falte o genitor[24]; são tutores legítimos preferenciais, bem como podem nomear tutor ao neto, no caso de falta ou incapacidade dos

[20] V.d Washington de Barros Monteiro in *Curso de Direito Civil, Direito de Família*, vol. 2, São Paulo: Editora Saraiva, 1997, 34 ed., p. 235.

[21] Ressalva-se que o Princípio do Melhor Interesse do Menor está sempre presente no momento da aferição da guarda ou visita.

[22] No mesmo sentido está o Agravo de Instrumento N.º 590007191 da Terceira Câmara Cível do Tribunal de Justiça do RS, julgado em 29-03-1999 e Relatado por: Flávio Pancaro da Silva. "**DIREITO DE VISITA ENTRE AVÓS** E NETO. EMBORA O CÓDIGO CIVIL NÃO CONTEMPLE, DE MODO EXPRESSO, ESSE DIREITO RESULTA NÃO APENAS DE PRINCÍPIOS DE DIREITO NATURAL, MAS DE IMPERATIVOS DO PRÓPRIO SISTEMA LEGAL, QUE REGULA E ADMITE ESSAS RELAÇÕES, COMO EM MATÉRIA DE PRESTAÇÃO DE ALIMENTOS (ART-397), DE TUTELA LEGAL. (ART-409, I) E DE SUCESSÃO LEGITIMA (ART-1603), ALEM DE OUTROS PRECEITOS. O DIREITO DOS AVOS DE VISITAREM OS NETOS E DE SEREM POR ELES VISITADOS CONSTITUI, ASSIM, COROLÁRIO NATURAL DE UM RELACIONAMENTO AFETIVO E JURÍDICO ASSENTE EM LEI. DECISÃO MANTIDA. AGRAVO IMPROVIDO."

[23] Cfr. art. 394.

[24] Cfr. art. 397.

pais[25]; por fim, posicionam-se na linha de vocação hereditária entre si e se qualificam como sucessores legítimos necessários[26]. Dessa maneira, conclui o autor que, não faz sentido proibir que integrantes próximos, com direitos e obrigações recíprocos e com tamanha vinculação jurídica nos planos pessoal e patrimonial, sejam impedidos de conviver.[27]

Por todas essas premissas verificamos que, mesmo quando não há previsão legal expressa, a maioria dos países, seja jurisprudencialmente ou em nível doutrinário, consagram a convivência entre avós e netos, com vistas à integração da comunidade familiar.

4. **Estado vs Pátrio Poder**

Desde o momento de sua aparição na civilização romana como *paterfamilias,* até os dias atuais, é que o pátrio poder, poder parental ou poder familiar, como sugere a nomenclatura de diferentes países, vem sofrendo alterações. Sua primeira significativa modificação ocorreu com a entrada em vigor do Código de Napoleão, cuja missão foi a de introduzir um novo modelo de relação paterno-filial[28], privilegiando o interesse do menor em detrimento ao antigo modelo baseado no autoritarismo X submissão.

Nestes termos, o final do século XIX marca uma fase de maior respeito e consideração acerca dos valores pessoais que integram o grupo familiar, bem como da importância das relações individuais e sociais no desenvolvimento pleno da personalidade dos cidadãos. Concomitantemente, observou-se uma nova visão do menor, que conjuga elementos objetivos, como a consciência de seus direitos e da sua posição na família e no mundo, com elementos subjetivos como a afetividade e emotividade.[29]

---

[25] Cfr. arts. 409, I e 407, respectivamente.

[26] Cfr. arts. 1.603 e 1721.

[27] V.d Euclides Benedito de Oliveira in *op. cit.* Disponível em: http://www.pailegal.net/fatpar.asp?rvTextoId=354748601. Acesso em 10 de maio de 2006.

[28] Anália Cardoso Torres, autora do livro Divórcio em Portugal. Ditos e Interditos quando citada por Rosa Cândido Martins, denomina esse novo modelo de "modelo democrático". A última autora ainda considera que, tal classificação se dá em virtude dos novos papéis assumidos por pais e filhos e "pela participação deste último no processo de decisão das questões respeitantes aos assuntos da vida da família, pela concessão de espaços de autonomia aos filhos na condução da sua vida, mas também pela imposição de limites." (Vd. Martins, Rosa Cândido *op.cit.*, p. 65.)

[29] Rivero Hernández, Francisco, *op.cit.*, p. 25.

É nesse contexto de progressiva autonomia da criança e do adolescente em que traçaremos os contornos capazes de conciliar a autoridade parental com o direito de visita dos avós, dado que a imposição estatal deste direito de visitas, é suscitada, por alguns, como uma restrição à liberdade dos pais no exercício do poder familiar, que abarca o direito de regular as relações dos filhos com terceiros.

Desta feita, muitos dos que comungam em contra o direito de visitas dos avós sustentam que esse direito consiste num elemento integrante do pátrio poder, pertencendo portanto, apenas ao progenitor não guardião. Condescendentemente, Manuel de Cossío Martínez quando se refere ao direito do menor relacionar-se com terceiros salienta que, o direito de visitas quando têm por titulares sujeitos que não os pais, suporia a ruptura do princípio da autoridade destes e portanto, um perigo evidente. Aduz ainda que, tal convívio poderia somente ser admitido quando contemplasse o interesse do menor e mesmo assim com restrições e em situações excepcionais, como por exemplo, aos avós quando há falecido o filho.[30] Não pactuamos do mesmo entendimento, posto que, em nossa opinião, tal problemática foi desnaturada pela nova concepção de poder paternal que, nos dizeres de Guilherme de Oliveira, entendem a criança e o adolescente "(...) não apenas como um sujeito de direito susceptível de ser titular de relações jurídicas, mas como uma pessoa dotada de sentimentos, necessidades e emoções, a quem é reconhecido um espaço de autonomia e de autodeterminação, de acordo com sua maturidade[31]".

Para tanto, é cediço que aos pais, detentores do poder paternal, incumbe o poder – dever de realizar todo o possível, no interesse dos seus filhos, conforme dispõe o art. 1.878.°, n.° 1 do CC Português. Desta feita, "o cuidado parental é integrado por um conjunto de poderes-deveres, nomeadamente: o poder-dever de velar pela segurança e saúde dos filhos; o poder-dever de prover ao seu sustento; o poder-dever de dirigir a sua educação; o poder-dever de o representar e o poder-dever de administrar os seus bens".[32] Sendo o direito de representação, o mais significativo para o estudo em questão.

---

[30] MARTÍNEZ, Manuel de Cossío. *Las Medidas en los Casos de Crisis Matrimonial*. Madrid: Editora Ciencias Jurídicas, 1997, pp. 28, 29.

[31] Oliveira, Guilherme de. "O acesso dos menores aos cuidados de saúde", *R.L.J.*, Ano 132, 1999, n 3898, p.16-17

[32] V.d Rosa Cândido Martins. Poder Paternal vs Autonomia da Criança e do Adolescente? in *Lex Familiae*, Coimbra Editora, p. 68.

Dito isto, aflora *prima facie* o caráter altruísta da autoridade parental de promover a progressiva autonomia dos filhos[33], sendo sobremaneira influenciado, pelo princípio do superior interesse da criança. Assim, apesar de serem exercidos pelos pais e possuírem características de direito próprio, não são verdadeiros direitos subjetivos, visto que, objetivamente controlados e exercidos no interesse de outrem.[34]

Neste sentido, o poder familiar não é absoluto, sendo que qualquer conduta, por parte de quem o possua, que vá de encontro aos interesses do menor, constituir-se-ia em exercício abusivo do pátrio poder, pois, apesar do Estado transportar para os pais o dever de zelar pelo bem de seus filhos, se estes atuarem em sentido diverso, não se pode permitir que a sua vontade se sobreponha à felicidade e ao bem do menor.

Carla Fonseca sugere que a intervenção estatal tem função dúplice, objetivando não só a proteção do menor na célula familiar, como também lhe assegurando a oportunidade de concretização dos direitos sociais, culturais, econômicos e civis[35], já que "o desenvolvimento integral e o bem-estar das crianças e dos jovens passa, não apenas pela protecção, mas também pela oportunidade do exercício destes direitos."[36]

Desse modo, tendo-se presente que a tutela do menor também é de responsabilidade do Estado, resta a este, o papel de dedicar-se cada vez mais à família, almejando a sua integração e o resgate de sua função solidária e afetiva – ou é assim – ou os valores sociais mais elementares podem perder-se para sempre.

---

[33] Releva notar que a autonomia referida acima, não mais representa as relações hierárquicas de autoritarismo e medo, mas sim uma relação que repousa sobre os valores de afetividade, da solidariedade, da compreensão e respeito mútuos e da participação de todos os elementos na vida do grupo familiar. (Moitinho de Almeida, Jose Carlos. Efeitos da Filiação, in Reforma do Código Civil. Lisboa: Editora R.O.A., 1981, p. 140)

[34] Idem, pp. 67, 68.

[35] Assim, "falar dos direitos da criança é, antes de mais nada, reconhcer à criança o estatuto de pessoa, titular de direitos fundamentais e vê-la, no espaço social como uma pessoa dotada de sentimentos, necessidades e emoções, que em muitos aspectos se assemelham aos dos adultos" (Maria Clara Sottomayor. "O Poder Paternal como Cuidado Parental e os Direitos da Criança" in *Cuidar da Justiça de Crianças e Jovens – A Função dos Juízes Sociais*. Porto: Almedina, 2003, p. 9)

[36] V.d Carla Fonseca. A Protecção das Crianças e Jovens: Factores de Legitimação Objectivos in *DireitoTutelar de Menores.* Coimbra: Editora Coimbra, 2002, pp. 12, 13.

5. O Interesse do Menor

À luz do Direito Civil tanto Brasileiro como Português, é considerado menor de idade o individuo que ainda não completou 18 (dezoito) anos, e, portanto, não possui capacidade para o exercício de alguns direitos, cabendo aos seus pais suprir essa carência[37], bem como ao Estado fiscalizar as escolhas dos pais e, quando necessário, atuar sempre primando pelo interesse do menor.

Ora, o princípio do interesse superior do menor, ademais de integrar as constituições e os códigos[38] da maioria dos países ocidentais, foi expressamente consagrado na Carta Européia dos Direitos da Criança e na Convenção das Nações Unidas sobre os Direitos da Criança, obrigando os Estados signatários, a respeitar o menor como sujeito de um conjunto de direitos, objetivando assegurar o seu normal, saudável e completo desenvolvimento físico, psíquico e intelectual.[39] Observamos assim, que a criança tem seu papel social fortemente sedimentado na idéia da proteção e do amor.

Rivero Hernández, neste mesmo sentido salienta que: "el menor es el primer interesado en las visitas y relaciones personales (...) en cuanto necesarias para el desarrollo pleno de su personalidad, y como destinatario y protagonista del afecto que se pretende fomentar y proteger con ellas".[40] Assim, o direito de visitas tem sua causa e fundamento no interesse do menor.

Nesse contexto, dentre os inúmeros fatores que devem ser sopesados pelo juiz quando se fala da concessão ou negação de um regime de visitas a favor dos avós, está o efetivo interesse do menor. Considera-se todavia, que esse interesse não se pode basear em generalidades, tampouco em abstrações, visto que não é um conceito estático, podendo variar de acordo com a época e a sociedade em que se insere, seus valores, tradições e costumes. Outrossim, tal aferição tem de ser casuísta, posto que cada caso tem suas peculiaridades, devendo ser analisado em sua concretude.

---

[37] V.d. arts. 122 e 123 do Código Civil Português e art. 5.º do Código Civil Brasileiro.

[38] O referido princípio está albergado na C.R.P como critério decisor, no C.C (n.º 1 do art.º 1878.º e n.º 2 do art.º 1905.º) e na Organização Tutelar do menor (art.º 180.º).

[39] V.d. em *A Família e o Interesse Superior da Criança Após a Separação dos Pais.* Disponível em: <http: / / www.geocities.com / Heartland / Prairie / 6589 / direitovisita.html). Acesso em: 10 de maio de 2006.

[40] Cfr. Francisco Rivero Hernández, *op.cit.*, p. 135.

Desta maneira, estando o juiz em face de um caso concreto, passará à valoração dos fatos, quais sejam, a vontade do menor[41]; o tipo de relacionamento existente entre o menor e os avós; acontecimentos relatados pelos pais, avós ou pelo menor; a vontade dos avós de terem os netos em sua companhia, bem como o modo como a manifestam; as inter-relações de carinho, afeto e apoio; a ajuda prestada pelos avós à educação do menor, entre outros aspectos de cunho psicológico como, a essencialidade das visitas para o desenvolvimento da personalidade do menor, ou ainda, as consequências advindas da falta de convivência com os avós, etc..

Destarte, a idéia que prevalece é a de que a convivência com os avós será do interesse do menor e, por conseguinte, desejada por ele, não obstante, nem sempre a criança se manifesta favoravelmente em relação a esse convívio. Logo, diante da recusa do menor, os Tribunais têm entendido que prevalece à vontade deste, visto que é contraproducente obrigar uma criança a cumprir uma decisão judicial contra sua vontade, além disso, contrariaria o fundamento do direito de visitas que reside no afeto de ambas as partes. Assim, se houver a possibilidade de as visitas acarretarem prejuízos ou afetar negativamente o menor, elas não são permitidas.

Dessa maneira, nos cumpre ressalvar que, do mesmo modo que há avós maravilhosos cuja convivência só vem a privilegiar o desenvolvimento de seus netos, também os há de comportamento condenável, cuja personalidade negativa põe em risco a higidez mental e /ou física dos netos[42], incumbindo aos pais, se for o caso, a prova de que o relacionamento com os avós lhes é prejudical.[43] Assim, o interesse do menor a ser preservado sobreleva o direito-dever de visitas que neste caso é irrelevante.

Por fim, faz-se mister ressaltar que o fato de haver conflitos entre os pais do menor e os avós deste não elide, por si só, a concessão do direito de visitas em favor dos avós, prevalecendo, como já exposto, a felicidade, o bem-estar pessoal, a estabilidade e paz psíquica da criança, enfim, o interesse do menor.

---

[41] Os Tribunais têm considerado a vontade do menor como um dos fatores mais relevantes na determinação do interesse deste, daí a razão de seus direitos de oitiva estarem salvaguardados pela Convenção sobre os Direitos da Criança, ratificada por Portugal. Contudo, o juiz deve considerar a idade, maturidade e livre determinação do menor, no momento de averiguar a veracidade de sua vontade.

[42] GONTIJO, Segismundo, *op. cit.* Disponível em: < http://www.gontijo-familia.adv.br/sg87-33.html>. Acesso em 9 de maio de 2006.

[43] V.d. Ac. do STJ de 03-03-1998, CJ, AnoVI, Tomo I, p. 119 e ss.

Considerações Finais

Como já exposto, não só a família moderna é diferente da de outrora como estabelece modelos relacionais também diferentes. Os filhos menores continuam vivendo sob a tutela e proteção de seus pais, sem embargo, são reconhecidos como sujeitos de direito, tendo suas opiniões e interesses respeitados e considerados. É assim, uma relação de concessão progressiva de autonomia, uma autonomia assistida!

Verifica-se todavia, que apesar da nova perspectiva encenada pelo pátrio poder, ainda há casos em que, os pais abusam de seus "poderes" discricionariamente, poderes que, na verdade, deveriam ser tidos como poderes-deveres. Logo, a necessidade da figura estatal, a fim de tutelar as legítimas expectativas dos menores e dos avós no que concerne ao seu desejável relacionamento, quando impedido de se concretizar por ação injustificada dos pais. Tudo se encontra justificado pela finalidade principal do real exercício do poder paternal – promover o INTERESSE DA CRIANÇA.

Resta demonstrado que o direito conferido aos avós de visitar e conviver com seus netos traz benefícios a ambos. Ao menor pois o mantém integrado na comunidade familiar, preservando o indispensável convívio com seus ancestrais, e aos avós pois não os priva de distribuir seu natural afeto aos descendentes.

Outrossim, é indispensável salientar que o interesse do menor é, indubitavelmente, o fator condicionante ao direito de visitas pelos avós, cabendo ao juiz uma cuidadosa investigação social no âmbito familiar a fim de determinar os benefícios e malefícios que o convívio poderia acarretar para então deferir a visita ou negá-la.

Desta feita, a preocupação na concessão do direito em causa incide fundamentalmente no bem-estar do menor, no seu desenvolvimento psíquico, que se pretende sadio e equilibrado, sendo que, na ausência de razões suficientemente fortes para proibir um eventual relacionamento entre avós e netos, este deve ser permitido. É assim que tem se comportado o ordenamento jurídico dos países que já regulamentam a extensão desse direito aos avós, como é o caso de Portugal, e também dos países que ainda não editaram lei acerca do tema, como é o caso do Brasil, que vem consolidando esse entendimento em sede jurisprudencial e doutrinária.

Dessa maneira, o direito de visita é o aproveitamento do patrimônio humano, cultural e social, que a integração familiar representa.

Bibliografia

ANTUNES VARELA. *Direito da Família*, 5. ed. Lisboa: Liv. Petrony, 1999, v.1, p. 18.

BARROS, Sérgio Resende de. Direitos Humanos da Família: Dos Fundamentais aos Operacionais in *Direito de Família e Psicanálise.* São Paulo: Editora Imago, 1.ª Edição, 2003. BITTENCOURT, Edgard de Moura. *Guarda de Filhos*, 2. ed. São Paulo: Editora Leud, 1981.

CUSTÓDIO DOS SANTOS, Purificação Fernandes. *A Depressão no Idoso: Estudo da Relação entre Factores Pessoais e Situacionais e Manifestações da Depressão.* Coimbra: Editora Quarteto, 2000.

DUARTE, Maria de Fátima Abrantes. *O Poder Paternal – Contributo para o Estudo do seu Actual Regime.* Lisboa: Editora AAFDL, 1989.

FERNANDES, Ana Alexandre. *Velhice e Sociedade: Demografia, Família e políticas Sociais em Portugal.* Oeiras: Celta Editora, 1997;

FONSECA, Carla. A Proteção das Crianças e Jovens: Fatores de Legitimação e Objetivos in *Direito tutelar de Menores: O Sistema em Mudança.* Coimbra: Coimbra Editora, 2002.

GOMES CANOTILHO E VITAL MOREIRA, *Constituição da República Portuguesa Anotada*, 3.ª Edição, Coimbra Editora, 1993;

LEITE DE CAMPOS, Diogo. *Lições de Direito da Família e das Sucessões*, 2.ª Edição, Coimbra: Almedina, 1997.

MARTINS, Rosa Cândido. Poder Paternal vs Autonomia da Criança e do Adolescente ? in *Lex Familiae – Revista Portuguesa de Direito da Família.* Coimbra: Coimbra Editora – Separata.

MARTÍNEZ, Manuel de Cossío. *Las Medidas en los Casos de Crisis Matrimoniales.* Madrid: Editora Ciencias jurídicas, 1997.

MIRANDA, Jorge. *Manual de Direito Constitucional*, Tomo IV, 3.ª Edição, Coimbra Editora, 2000;

OLIVEIRA, José Sebastião de. *Fundamentos Constitucionais do Direito de Família.* São Paulo: Editora Revista dos Tribunais, 2002;

OLIVEIRA, Guilherme de. *"A Criança Maltratada" e "Protecção de Menores / Protecção Familiar" – Temas de Direito da Família*, Coimbra Editora, 1999;
(procurar no texto do poder paternal – fotocópia)

____ "O acesso dos menores aos cuidados de saúde", *R.L.J.*, Ano 132, 1999, n. 3898;

PIMENTEL, Luísa Maria Gaspar. *O Lugar do Idoso na Família: Contextos e trajectórias.* Coimbra: Editora Quarteto, 2001.

RIVERO HÉRNANDEZ, Francisco. *El Derecho de Visita.* Barcelona: J.M.Bosch Editor, S. L., 1997.

SOTTOMAYOR, Maria Clara. "Exercício do Poder Paternal Relativamente à Pessoa do Filho Após o Divórcio ou a Separação de Pessoas e Bens". Porto: Publicações Universidade Católica Portuguesa, 2003.

____ "Exercício do Poder Paternal após o Divórcio: Algumas Reflexões Levantadas pela Lei 84/95" in *Scientia Iuridica*, Tomo 46, n. 265/ /267, 1997.

____ "Divórcio, Poder Paternal e Realidade Social: Algumas Questões" in *Direito e Justiça*, v. 11, Tomo 2, 1997.

____ *Exercício do Poder Paternal nos Casos de Divórcio*, 4.ª Edição, Coimbra: Almedina, 2002.

____ "O Poder Paternal como Cuidado Parental e os Direitos da Criança" in *Cuidar da Justiça de Crianças e Jovens – A Função dos Juízes Sociais*. Porto: Editora Almedina, 2003.

A RESPONSABILIDADE CIVIL DOS PAIS PELOS ATOS ILICITOS DOS FILHOS MENORES

Fernanda Matos de Oliveira

INTRODUÇÃO

Em um primeiro momento trataremos do poder paternal com o único e específico fim de demonstrar a origem da responsabilidade civil dos pais em relação aos seus filhos menores.

De plano, necessário registrar que o estudo abordará, ainda que superficialmente, mas concomitantemente, a situação luso-brasileira, de sorte que, mesmo não havendo aplicação sistemática do direito comparado[1], serão aprioristicamente inseridos elementos dos dois estados sob foco.

Em um segundo momento trataremos da responsabilidade civil diante das teorias que as rodeiam, trazendo à tona a grande diferença da responsabilidade civil no ambito familiar no ordenamento juridico português e brasileiro.

Por derradeiro traremos à baila, com fundamentos em baluartes sólidos, o tema do presente estudo, a responsabilidade civil dos pais pelos atos ilicitos dos filhos menores.

1. **Poder Paternal**

1.1. ***Origem***

Antes de adentrarmos na esfera deste estudo, faz-se mister apontar as diferenças de nomenclaturas de um ordenamento jurídico para o outro.

---

[1] Direito comparado é o método de investigação jurídica que confronta (a) institutos jurídicos, (b) ramos do direito, (c) direitos e (d), por fim, sistemas jurídicos. Eis o quádruplo objetivo do direito comparado.

Preocuparemo-nos com o Direito Brasileiro onde o "pátrio poder" referido no Código Civil de 1916 foi alterado com o advento da Lei 10.406/2002 para "poder familiar", e com o Direito Português o qual utiliza a terminologia "poder paternal". Ressalte-se, desde já, que em virtude da grande divergência encontrada nos ordenamentos jurídicos acerca da denominação dada aos direitos e deveres dos pais, utilizaremos nesse estudo apenas a expressão **poder paternal**.

Dinamarca, Bélgica e Holanda, por exemplo, utilizam a expressão "autoridade parental". Já na Alemanha é "cuidado parental". O Reino Unido utiliza, desde 1989, a nomenclatura "responsabilidade parental", que a nosso ver é a expressão que melhor agrupa, traduz e define o conjunto de deveres/direitos que a integram e a forma como deve ser exercido, ponto relevante a ser tratado no decorrer deste estudo.

O poder paternal encontra sua origem em épocas muito remotas, ultrapassando fronteiras culturais e sociais e seu surgimento se dá a partir do momento em que os homens passaram a conviver em grupos, clãs, e outros tipos de sociedade, surgindo assim a necessidade da existência de um "**poder familiar**" para garantir a paz social, ou seja, a harmonia da sociedade.

Segundo a teoria de "*Fustel de Coulanges*", esse poder familiar teve seu início através de um domínio religioso que prevalecia dentro das famílias, uma espécie de religião doméstica, no qual esse poder era delegado ao pai, considerado senhor do lar, de "*Deus*".[2]

Com o transcorrer da evolução, encontramos na Civilização Romana, considerada o berço da sociedade, o ponto de partida para o estudo do poder paternal. Havia um *paterfamilias,* cuja base era uma autoridade sem limites, em termos rígidos e severos, onde o *pater* tinha direito de vida e de morte sobre seus filhos e todos os membros da familia. Ademais, era responsável por todos atos de quem ao seu poder estava submetido.

No inicio da Idade Média a família era uma larga unidade social com uma organização estrutural definida, em que a coletividade se sobrepunha aos membros que a constituía. Representando, assim, uma unidade face a terceiros, que explicava uma responsabilidade absoluta do seu representante pelos danos causados por qualquer membro da familia, sendo para isso indiferente o estado de evolução mental do lesante. Com o declinio da Idade Media e advento da Renanscença, os laços familiares

---

[2] Revista de Teoria Política. Disponível em: http://teoriapolitica.blogspot.com/2006_02_01_teoriapolitica_archive.html. Acesso em: 30 de maio 2006.

foram abalados pelo crescente individualismo, enfraquecendo a comundiade familiar e, consequentemente, diminuindo a responsabilidade do representante da familia.

Foi com o Código de Napoleão, em suas primeiras alíneas, que encontramos a presunção *juris tantum,* onde o pai e o patrão, respectivamente, eram responsáveis pelos danos causados pelos filhos e pelos empregados.

Em conseqüência do que foi exposto acima, bem como até os dias de hoje observa-se, a instituição do *pátrio potestas* vem revelando inúmeras e fundamentais modificações, transformando-se, em um dever exercido mediante um poder regulamentado para garantir o bem-estar e a formação dos filhos.

1.2. *Conceito*

No que concerne ao conceito de poder paternal, faremos a partir de agora uma explanação acerca do tema.

Desta forma, nota-se uma grande evolução no que diz respeito ao poder paternal. Sendo assim, Maria Helena Diniz afirma em sua obra o seguinte entendimento: *"conjunto de direitos e obrigações, quanto à pessoa e bens do filho menor não emancipado, exercido, em igualdade de condições, por ambos os pais, para que possam desempenhar os encargos que a norma jurídica lhes impõe, tendo em vista o interesse e a proteção do filho".*[3]

Já Silvio Rodrigues conceitua poder paternal como o *"conjunto de direitos e deveres atribuídos aos pais, em relação à pessoa e aos bens dos filhos não emancipados, tendo em vista a proteção destes."*

Porém, após a análise das afirmações enunciadas acima, acreditamos ser a definição mais correta a de José Antônio Paula Santos Neto, que em sua brilhante obra define o instituto como: *"complexo de direitos e deveres concernentes ao pai e a mãe, fundado no Direito Natural, confirmado pelo direito positivo e direcionado ao interesse da família e do filho menor não emancipado, que incide sobre a pessoa e o patrimônio deste filho e serve como meio para manter, proteger e educar."*[4]

---

[3] Diniz, Maria Helena. Curso de Direito Civil Brasileiro – Direito de Família – vol. 5. São Paulo. Ed. Saraiva 1999. p. 372.

[4] Santos Neto, Jose de Paula. Do pátrio poder. São Paulo. Ed. Revista dos Tribunais, 1993. p. 55.

Os pais têm a responsabilidade pela formação e proteção dos filhos, possuindo não só o poder sobre eles, mas também dever de lhes garantir os direitos fundamentais; à vida, à alimentação e aos demais direitos essenciais que preservam a dignidade da pessoa humana.

1.3. *Conteudo*

Nota-se perfeitamente, diante das citações referidas supra, que os estudiosos do direito, ao conceituarem poder paternal, inevitavelmente falam de direitos e obrigações dos pais em relação aos filhos. **Porém, quais são os direitos?**

Para melhor visualização do seu conteúdo, transcrevemos os dispositivos de maior interesse.

No ordenamento jurídico português o conteúdo do poder paternal está previsto no artigo 1878, 1 e 2 do Código Civil:

> Art. 1878
>
> 1. Compete aos pais, no interesse dos filhos, velar pela segurança e saúde destes, prover ao seu sustento, dirigir sua educação, representá-los, ainda que nascituros, e administrar os seus bens.
> 2.Os filhos devem obediência aos pais; estes, porém, de acordo com a maturidade dos filhos, devem ter em conta a sua opinião nos assuntos familiares importantes e reconhecer-lhes autonomia na organização da própria vida.
>
> Ainda depara-se na Constituição da República Portuguesa, de 2 de Abril de 1976, mais especificamente no artigo 36:
>
> (...)
>
> 5. Os pais têm o direito e o dever de educação e manutenção dos filhos.

Esses direitos e deveres também encontram respaldo no ordenamento jurídico brasileiro onde, na Constituição da Republica Federativa do Brasil em seu artigo 227, o legislador elenca uma série de direitos como sendo dever da família assegurar à criança e ao adolescente. Dentre eles podemos destacar: "(...) *direito à vida, à saúde, à alimentação, à educação, ao lazer, à profissão, à cultura, à dignidade, ao respeito, à liberdade e à convivência familiar e comunitária (...)*".

Neste diapasão o artigo 229 prevê:

Art. 229. Os pais têm o dever de assistir, criar e educar os filhos menores (...)

Diante deste contexto, o Código Civil Brasileiro, promulgado em 2002, em seu artigo 1634 e incisos, declara:

Art. 1634. Compete aos pais, quanto à pessoa dos filhos menores:

I – dirigir-lhes a criação e educação;
II – tê-los em sua companhia e guarda;
III – conceder-lhes ou negar-lhes consentimento para casarem/
IV – nomear-lhe tutor por testamento ou documento autêntico, se o outro dos não lhe sobreviver, ou o sobrevivo não puder exercer o poder familiar;
V – representa-los, até aos 16 (dezesseis) anos, nos atos da vida civil, e assisti-los, após essa idade, nos atos que forem partes, suprindo-lhes o consentimento;
VI – reclama-los de quem ilegalmente os detenha;
VII – exigir que lhes prestem obediência, respeito e os serviços próprios de sua idade e condição.

Estabelecidas as bases da trama proposta para o presente estudo, no capítulo a seguir abordaremos a responsabilidade civil dos pais em decorrência do dever do poder paternal.

2. **Responsabilidade Civil**

2.1. ***Breves Considerações***

A história comparada mostra que todos os sistemas jurídicos sofreram idêntica evolução.

O berço da responsabilidade civil encontra-se na Lei de Talião, onde a idéia de reparar o dano injustamente causado baseava-se na retribuição do "mal pelo mal". Trata-se de um instinto natural de todo ser humano reagir a qualquer mal injusto causado contra si e, principalmente, contra seus familiares ou grupo social. *"O anseio de obrigar o agente, causador do dano, a repará-lo inspira-se no mais elementar sentimento de justiça."*[5]

---

[5] Cavalieri Filho, Sérgio. Programa de responsabilidade civil. 2. ed. São Paulo: Malheiros, 2000. p. 24.

Como observam os brilhantes professores Pablo Stolze Gagliano e Rodolfo Pamplona Filho: "*De fato, nas primeiras formas organizadas de sociedade, bem como nas civilizações pré-romanas, a origem do instituto esta calcada na concepção da vingança privada, forma por certo rudimentar, mas compreensível do ponto de vista humano como lídima reação pessoal contra o mal sofrido.*"[6]

Em resumo, tratava-se de uma responsabilidade predominantemente objetiva e coletiva, sobretudo de índole penal.

Com o advento da Lei das XII Tábuas (meados do século V a.C.) admitiu-se que o autor do prejuízo pudesse escapar à vingança privada da vítima, entregando-lhe uma soma em dinheiro, que continuava a ter o simultâneo alcance de reparação e de punição. Nota-se, entretanto, uma sensível evolução na responsabilidade civil.

Porém foi com a *Lex Aquilia* que surgiu o princípio pelo qual se pune a culpa por danos injustamente provocados, independentemente de relação obrigacional preexistente, o qual deu origem à denominação responsabilidade civil extracontratual ou responsabilidade civil aquiliana.

A concepção de pena foi, então, aos poucos, sendo substituída pela idéia de reparação do dano sofrido, finalmente incorporada ao Código Civil de Napoleão.

A teoria da reparação de danos somente começou a ser perfeitamente compreendida quando os juristas equacionaram que o fundamento da responsabilidade civil situa-se na quebra do equilíbrio patrimonial provocado pelo dano,[7] ao mesmo tempo que, superando a concepção arcaica da responsabilidade objetiva e coletiva, encaminharam-se para uma responsabilidade subjetiva e individual.

Trataremos, a seguir, dessas duas modalidades de responsabilidade.

2.2. *Responsabilidade Objetiva e Responsabilidade Subjetiva*

Na vida em sociedade os comportamentos dos seres humanos, seja por ações ou por omissões, muitas vezes acabam trazendo prejuízos a outrem. São inesgotáveis os exemplos que ocorrem no dia a dia e com estes, a indagação, quem deve arcar com o dano sofrido?

---

[6] Gagliano, Pablo Stolze e Pamplona Filho, Rodolfo. Novo curso de Direito Civil. São Paulo: Saraiva, 2003, v. 3. p. 10.

[7] Venosa, Silvio de Salvo. Direito Civil: Responsabilidade Civil. 5. ed. São Paulo: Atlas, 2005. p. 28.

Quando os ordenamentos jurídicos luso-brasileiros impõem ao autor a obrigação de reparar os danos causados a outrem, estamos diante da responsabilidade civil[8]. Portanto, a responsabilidade civil está diretamente ligada à obrigação de indenização.

Ao tratarmos desse instituto nos deparamos-nos com duas teorias, formando os sistemas mistos de responsabilidade.

A primeira é a teoria clássica ou teoria da culpa ou ainda teoria subjetiva, onde se pressupõe a culpa do agente como fundamento da responsabilidade civil, a qual irá gerar a obrigação indenizatória.

A segunda é a teoria do risco ou objetiva, conhecida como legal, porque só poderá ser aplicada quando existir lei expressa que a autorize. Satisfaz-se apenas com o dano e o nexo de causalidade, partindo do princípio de que todo dano é indenizável e deve ser reparado por quem a ele se liga por uma relação de causa e efeito, independente de culpa.[9]

Muito cedo notou-se no curso da história que os princípios da responsabilidade com culpa eram insuficientes para muitas das situações de dano, iniciando pela dificuldade de se provar a própria culpa. A questão tem a ver com os princípios da dignidade humana do ofendido e da sociedade como um todo.[10]

Tanto o ordenamento jurídico português quanto o brasileiro adotam como regra geral e em caso de ausência de previsão, a teoria subjetiva. Neste diapasão adverte CAIO MARIO DA SILVA PEREIRA: "*...a regra geral, que deve presidir à responsabilidade civil, é a sua fundamentação na idéia de culpa; mas, sendo insuficiente esta para atender às imposições do progresso, cumpre ao legislador fixar especialmente os casos em que deverá ocorrer a obrigação de reparar, independentemente daquela noção.*"[11]

Diante de tal afirmação facilmente encontram-se dispositivos nos Códigos Civis Português e Brasileiro, como é o caso, por exemplo, dos artigos 502 e 936, que tratam, respectivamente, da responsabilidade do dono do animal.

---

[8] A responsabilidade civil esta prevista no Código Civil Português a partir do artigo 483. Já no Brasil, encontramos tal instituto no artigo 927 e seguintes.

[9] Alvim, Agostinho. Da inexecução das obrigações e suas conseqüências. 3. ed. São Paulo: Jurídica e Universitária. 1965. p. 237.

[10] Venosa, Silvio de Salvo. Direito civil: responsabilidade civil. 5. ed. São Paulo: Atlas, 2005. v. 4. p. 22

[11] Pereira, Caio Mario da Silva. Instituições de direito civil. 3. ed. Rio de Janeiro: Forense, 1992. 3v. p. 507.

Destarte, sendo o objetivo do presente estudo apenas cotejar o tratamento dispensado à responsabilidade civil dos pais em relação aos atos ilícitos dos filhos menores, delimitaremos a estas breves considerações.

2.3. *Ato Ilicito como um dos Pressupostos da Responsabilidade Civil*

Diante do enfoque o qual o estudo em tela estará abordando, faz-se necessário conceituar e analisar o alcance do ato ilícito que irá gerar uma responsabilidade civil de indenização.

Atos ilícitos para Fernando Noronha *"são todas as ações ofensivas de direitos alheios, proibidas pela ordem jurídica e imputáveis a uma pessoa, em termos de se poder afirmar que ela procedeu com culpa ou dolo."*[12]

Deste modo, o ato ilícito envolve sempre uma ação contrária à norma jurídica, ou seja, sua violação. Por isso, a atitude da lei é aqui de repressão e aplicação de uma sanção, ou seja, o dever de indenizar.

Outra não pode ser a interpretação que se retira da letra da lei, inserida nos artigos 483 do Código Civil Português: "*aquele que, com dolo ou mera culpa, violar ilicitamente o direito de outrem ou qualquer disposição legal destinada a proteger interesses alheios fica obrigado a indemnizar o lesado pelos danos resultantes da violação"* e o art. 927 do Código Civil Brasileiro: *aquele que, por ato ilícito (arts. 186 e 187) causar dano a outrem, fica obrigado a repará-lo"*.

O dever de indenizar representa por si a obrigação fundada na sanção do ato ilícito. A regra *neminem laedere* insere-se no âmago da responsabilidade civil.

Aliás, segundo a previsão do art. 186 do Código Civil Brasileiro, para ser caracterizado o ato ilícito, fundamento do dever de indenizar, é necessário que além da lesão de direitos, reste provado o dano. Veja-se:

Art. 186. Aquele que, por ação ou omissão voluntária, negligência ou imprudência, violar direito e causar dano a outrem, ainda que exclusivamente moral, comete ato ilícito.

O ato ilícito provém tanto de uma ação como de uma omissão do agente. Em todo o caso, decorre sempre de uma atitude nociva, quer ativa, quer passiva, causadora de dano à terceiro.

---

[12] Noronha, Fernando. Direito das Obrigações: fundamentos do direito das obrigações: introdução à responsabilidade civil. São Paulo: Saraiva, 2003. 1v. p 360.

A atitude ativa consiste, em geral, num ato doloso ou imprudente, enquanto a passiva, via de regra, se caracteriza pela negligência ou imprudência. A omissão, por sua vez, só ocorre quando o agente, tendo o dever de agir, deixa de fazê-lo.

De acordo com aludido acima, não paira dúvidas que o ato ilícito gera uma responsabilidade civil. Se, legislativamente, o tema já está assentado em bases sólidas, a nível doutrinário a situação não é diversa.

A seguir e para arrematar o presente estudo, trataremos especificadamente dos atos ilicitos cometidos pelos filhos menores no âmbito da responsabilidade civil, no dever de reparar o dano causado a outrem.

3. A Responsabilidade Civil dos Pais pelos Atos Ilicitos dos Filhos Menores

3.1. *Introdução*

Nos últimos anos constatou-se nos tribunais portugueses, brasileiros e em outros um aumento considerável do número de ações onde os pais são chamados a responder pelos atos de seus filhos, muitas vezes com conseqüências econômicas elevadas e numerosas perdas humanas.

A este fenômeno atribuíram-se diversos fatores sociais, como a ausência de ambos os pais no dia a dia desses filhos, um número elevadíssimo de crianças confiadas a terceiros, o próprio amadurecimento precoce dos menores, os meios de comunicação instigadores da violência e agressão, dentre muitos.

Diante dessa situação são trazidos à baila vários questionamentos de ordem psicológica e sociológica relativos à educação desses menores e à violência da atualidade. No âmbito jurídico, indaga-se: quem deve ser responsabilizado pelos danos causados por este menor? Quem irá ressarcir a lesão sofrida pelo prejudicado?

Como já referenciado supra, a família evolui e criou-se um novo conceito, baseado na afetividade, solidariedade e compreensão mútua. Muitos sociólogos afirmam que esta mudança da relação entre os membros da família provocou a sua própria degradação, pois alegam esses estudiosos, que a ausência do poder autoritário acabou por destruir a união familiar, o ponto de referência, o respeito entre cada um dos seus membros e, principalmente, a concepção básica de limite e respeito. Todavia, há quem discorde de tal afirmação.

O que se pode afirmar com aceitação unânime de juristas e sociólogos é que a responsabilidade dos pais de apenas vigiar tornou-se obsoleta, diante da liberdade de expressão e ação dos filhos na sociedade atual. A educação passou a ser quase que única obrigação legítima e exigível dos pais, o que infelizmente não vem obtendo êxitos dentro das famílias modernas.

3.2. *Capacidade Civil – Breves Notas*

O artigo 491 do Código Civil português refere-se aos incapazes, absorvendo assim a menoridade, que é, por excelência, a causa natural de incapacidade. A abrangência geral deste artigo pode-se aplicar a qualquer menor, independentemente de ser inimputável ou imputável.

Para o sistema jurídico português é irrelevante a idade do filho menor que pratica o ato danoso, bastando apenas que seja menor de dezoito anos. Porém, uma criança de sete anos comporta-se de uma maneira totalmente diferente a um adolescente de dezessete anos. Deveria a lei então incidir sobre o regime de responsabilidade dos pais a idade dos menores ou, ao menos, os juízes deveriam apreciar cada caso concreto para que não ocorram muitas injustiças, fazendo com que menores dotados de discernimento sejam considerados irresponsáveis e menores que não o tenham sejam havidos como responsáveis.

Limita-se a lei portuguesa a dispor que a responsabilidade pressupõe a capacidade de "entender" e de "querer", ou seja, imputabilidade, presumindo, entretanto, inimputáveis os menores de sete anos e os interditos por anomalia psíquica, como dispõe o artigo 488 do Código Civil.

No Brasil por força do artigo 5.° do Código Civil, a menoridade, só é cessada aos 18 anos completos, porém a incapacidade absoluta é diminuída em relação ao direito português. Prevê o artigo 4.° uma incapacidade relativa, inciso I: *"os maiores de 16 (dezesseis) e menores de 18 (dezoito) anos"*.

O direito português não diferencia o tratamento nas diversas idades dos menores, porém, a jurisprudência atribui um tratamento distinto a danos produzidos por menores de tenra idade ou adolescentes, sendo menos benevolentes com os pais dos adolescentes do que com os do primeiro, uma vez que nesta fase a vigilância dos pais deve ser permanente, inclusive para a proteção do próprio menor[13].

---

[13] Colocar legislação brasileira... citar o ECA em seu art. 2

É unânime no direito luso-brasileiro que o menor alcance sua capacidade jurídica somente ao completar 18 anos de idade. Até lá, quem responde pelos seus atos são os pais ou responsáveis de acordo com o texto da lei, próximo item a ser abordado.

3.3. *Responsabilidade dos Pais no Texto da Lei*

Iniciando a análise do tema proposto no direito português observamos que o legislador optou por um contexto mais amplo da responsabilidade das pessoas obrigadas à vigilância de outrem. Cita o artigo 491 do Código Civil Português: *"as pessoas que, por lei ou negócio jurídico, forem obrigadas a vigiar outras, por virtude da incapacidade natural destas, são responsáveis pelos danos que elas causem a terceiro, salvo se mostrarem que cumpriram o seu dever de vigilância ou que os danos se tivessem produzido ainda que o tivessem cumprido"*.

Mais amplo, portanto, devido ao fato deste artigo englobar não só a responsabilidade dos pais, tema do nosso estudo, mas também a responsabilidade dos tutores, curadores, educadores, entre outras pessoas que possam ser consideradas responsáveis pela vigilância de outrem. A intenção do legislador é proporcionar a amplitude dos sujeitos obrigados a ressarcir o dano, assim não ficando reduzido a determinadas pessoas, as quais são taxativamente enumeradas em artigos de lei, como ocorre no direito espanhol e brasileiro.

No Código Civil Brasileiro em seu artigo 932, inciso I, prevê explicitamente: *"São também responsáveis pela reparação civil: I – os pais, pelos filhos menores que estiverem sob sua autoridade e em sua companhia"*.

A incapacidade natural a qual foi supracitada no artigo português, decorre da própria natureza do ser humano, quando este estiver fora da capacidade de governar sua própria vida. Neste diapasão alega-se que o pai é responsável por seus filhos pela circunstância de estes não terem capacidade natural para certos atos e não, propriamente, por sua menoridade.

Ainda referente ao artigo em questão, a responsabilidade ali tratada é conseqüente aos atos ilícitos (já conceituados acima). A regra geral vigente no direito português é a de que a obrigação de indenizar pela prática de atos ilícitos decorre da culpa, ou seja, trata-se de responsabilidade subjetiva.

A presunção de culpa contém simultaneamente uma presunção de causalidade, tendo em consideração que a causa do dano será o não cumprimento, por parte dos pais, do seu dever de vigilância.

Neste diapasão explica-se a presunção de culpa por razões puramente de justiça, já que os danos causados pelos menores se devem à falta de vigilância adequada por parte das pessoas obrigadas a vigiá-los, não devendo assim a vitima suportar, como um fatalismo, os danos causados por outrem.

Como justificativa desse pensamento, analisaremos as duas classificações de culpa, relacionadas à responsabilidade civil dos pais pelos atos ilícitos dos filhos menores, a culpa *in vigilando* e a culpa *in educando*. Há uma terceira classificação, culpa *in eligendo,* a qual não iremos abordar, pelo fato de haver pouco destaque no tema em tela.

3.3.1. *Culpa* in vigilando

A culpa *in vigilando* supõe a falta de diligência dos sujeitos responsáveis para evitar que as pessoas que têm sob o seu cuidado ou dependência cometam atos que possam causar danos a terceiros ou a si próprios. A simples proibição do ato, positivo ou negativo, não é vigiar. Assim, o poder-dever de vigilância dos pais é mais dever do que poder, tendo por fim proteger o menor dos perigos e evitar que ele prejudique terceiros.[14]

Deve-se levar em conta que a vigilância dos pais está sujeita às limitações humanas, à idade do filho, à educação, dentre vários fatores. A conduta do responsável é analisada em dois critérios. O primeiro é a culpa em concreto, na qual se leva em conta a conduta do responsável; o segundo é culpa em abstrato, na qual se utiliza um padrão onde o Código Civil Português, em seu artigo 487, n. 2, chamou de bom pai de família.

Neste raciocínio comentam PIRES DE LIMA e ANTUNES VARELA: *"A referência expressiva ao bom pai de família acentua mais a nota ética ou deontológica do bom cidadão (do bônus cives) do que o critério puramente estatístico do homem médio. Quer isto significar que o julgamento não está vinculado às práticas de desleixo, de desmazelo ou de incúria, que por ventura tenham generalizado, se outra for à conduta exigível dos homens de boa formação e de são procedimento"*.

E prosseguem os mestres: *"é manifesta, por outro lado, que a figura do bom pai de família, utilizada por nossa lei como padrão da diligência*

---

[14] Santos, Eduardo dos. Direito de Família. Coimbra: Almedina, 1999. p. 518.

exigível do comum das pessoas, é um conceito simbólico destinado a cobrir não só a actuação do homem no âmbito da sociedade familiar, mas todos os variados sectores da vida de relação, por onde se reparte a actividade das pessoas."[15]

Ao arremate vale a pena citar o entendimento legal de que, se o responsável agiu com todos os cuidados normais, cumpriu com o seu dever em relação ao sujeito passivo da vigilância, não será responsabilizado pelas ações fora da normalidade praticadas pelo menor.

3.3.2. *Culpa* in educando

O conceito de culpa *in educando* é originário do Code Civil francês de 1804; refere-se ao dever dos pais de prepararem seus filhos para uma vida regrada, respeitando terceiros e sendo bons cidadãos.

A Constituição Portuguesa destacou dois aspectos da educação dos filhos: o primeiro sendo um dever dos pais em relação aos seus filhos (artigo 36) e o segundo sendo um direito primário ou natural perante o Estado (artigo 67).

No que tange a essa educação podemos citar três importantes esferas para formação de cidadãos responsáveis capazes de viver muito bem em sociedade, esfera física, moral e intelectual.

Observa-se, porém, que a educação consiste principalmente em exemplos. As condutas dos pais refletirão diretamente na formação dos filhos. Nesse sentido, fica a cargo dos pais, também, a orientação religiosa.

Diante deste contexto vale a pena trazer à colação às belissimas palavras de CUNHA GONCALVES: *"a obrigação de vigiar os filhos implica, necessariamente, a de lhes dar educação, pois esta constitui uma vigilancia preventiva na esfera das atitudes morais. Por isso, os pais serão responsáveis por todos os actos dos filhos que revelem falta de educação, tais como: injúrias, difamações, obscenidades gritadas em público, etc., responsabilidade exigível ainda que os pais se encontrem à distância ou o filho esteja internado em colégio ou confiado à outra pessoa."* Conclui o ilustre: (...) *nenhuma criança nasce educada; é sempre necessário que os pais, num esforço quotidiano, lhe formem o caráter e lhe infundam os bons principios. O menor que seja traquinas, desobediente, vicioso,*

[15] Lima, Pires de., Varela, Antunes. Código Civil Anotado. Vol I. 4 ed. rev. e actual. Coimbra: Coimbra, 1987. p. 489.

impertinente, voluntarioso, faz supor, à primeira vista, que seus pais não o educaram".[16]

No direito português, a ausência de boa educação não é considerada um requisito que por si só determine a responsabilidade dos pais, pois não estando prevista no artigo 491, a educação serve apenas como critério para determinar a medida de vigilância exigível aos pais. Desta maneira, uma boa educação tornaria o dever de vigilância bem mais brando, funcionando como elemento que contribui para que seja ilidida a presunção da culpa.

Note-se que contrapondo a tudo que foi dito até agora, no sistema jurídico brasileiro, não há que se falar em culpa, pois a responsabilidade dos pais pelos os atos ilícitos dos filhos menores é baseada na teoria do risco.

Conforme assevera AFRANIO LYRA: *"os filhos são, para os pais, fonte de alegrias e esperanças e são, também, fonte de preocupações. Quem se dispõe a ter filhos não pode ignorar os encargos de tal resolução. Assim, pois, em troca da razoável esperança de alegrias e amparo futuro, é normal contra o risco de frustrações, desenganos, decepções e desilusões. Portanto, menos que ao dever de vigilância, impossível de ser observado durante as 24 horas de cada dia, estão aos pais jungidos ao risco do que pode acontecer aos filhos pequenos, ao risco daquilo que estes, na sua inocência ou inconsciência, possam praticar em prejuízo alheio. A realidade indica que é muito racional e menos complicado entender que a responsabilidade dos pais pelos danos causados por seus filhos menores se funda no risco".*[17]

Para a teoria objetiva, a responsabilidade funda-se na idéia do risco e da reparação de um prejuízo sofrido pela vítima injustamente, estabelecendo o equilíbrio dos patrimônios, atendendo-se a segurança da vitima.

Por fim, de acordo com os doutrinadores, a presunção da culpa visa também uma finalidade preventiva. Servirá como uma forma de prevenir o dano, evitando o acidente, já que conduzirá a um reforço da vigilância por parte dos pais no interesse de terceiros e do próprio menor.

---

[16] Gonçalves, Luiz da Cunha. Tratado de Direito Civil. Vol XII. Coimbra, 1937. p. 662 e 663.

[17] Lyra, Afrânio. Responsabilidade civil. Bahia: Sede da Administração e Redação da ATA, 1977. p. 71.

O Código Napoleônico fundamentava esta presunção na conciliação entre o principio da autoridade dos pais, a incapacidade do menor e a culpa, como critério da responsabilidade. Deste modo, a responsabilidade dos pais tinha como objetivo puni-los por defeitos no exercício do poder paternal, entre eles, a educação e a vigilância do menor.

Na atualidade, a responsabilidade civil dos pais além do caráter sancionatório, passa a assumir uma função reparatória de danos. Assim, a presunção de culpa foi utilizada pelo legislador para acautelar o direito de indenização do prejuízo sofrido pela vítima, e estimular o cumprimento dos deveres dos pais.

3.4. *Fundamentos da Responsabilidade dos Pais*

Ao arremate, para espancar de vez as dúvidas, se é que existem, fundamentaremos o que já foi dito até agora.

A doutrina portuguesa classifica em três possibilidades os alicerces da responsabilidade dos pais:

I – A culpa apresenta-se de três maneiras, a culpa *in vigilando, in eligendo* e *in educando,* gera o dever de indenização;

II – A necessidade de acautelar o direito de indenização do lesado contra o risco da irresponsabilidade ou de insolvabilidade do autor direto da lesão;

Nesta seara vale a pena citar a opinião de VAZ SERRA quando diz que não se baseia apenas na presunção da culpa a responsabilidade de indenizar um prejudicado por um ato ilícito de seus filhos, mas em muitos casos pela *"falta de educação ou vigilância daquelas, como, sem a responsabilidade dos encarregados da vigilância, o lesado poderia ver-se sem possibilidade de efectivar o seu direito de indemnização contra o autor directo do dano, por falta de solvabilidade ou por irresponsabilidade deste".*[18]

III – A intenção de estimular o cumprimento dos deveres que recaiam sobre aqueles a cuja guarda o incapaz esteja entregue.

Por derradeiro acreditamos que diante deste estudo não pairam dúvidas com relação à responsabilidade dos pais (sendo ela subjetiva no Direito Português ou objetiva no Direito Brasileiro) pelos atos ilícitos dos filhos menores.

---

[18] Serra, Adriano Vaz. Responsabilidade de pessoas obrigadas a vigilância, in – Boletim do Ministério da Justiça, n° 85, Abril 1959. p. 396.

Encerramos com as palavras de CLARA SOTTOMAYOR:

"O benefício de ser pai ou de ser mãe tem apenas um caráter moral ou espiritual, dirigido à auto-realização pela expressão de afecto, pela transmissão de valores e de tradições familiares e pelo prolongamento da própria vida para além de si próprio..."[19]

CONSIDERAÇÕES FINAIS

Atualmente, a responsabilidade civil dos pais tornou-se, um assunto muito discutido no mundo jurídico entre os doutrinadores, estudiosos e aplicadores do direito e principalmente nos tribunais onde os números de processos envolvendo os pais no pólo passivo por conduta ilícita praticada por seus filhos, vêm aumentando, a cada dia.

Porém acredita-se que o cerne de tais discussões não está no âmago de serem ou não serem os pais responsáveis pelos atos de seus filhos, a ponto de estarem obrigados a ressarcir os danos que estes causem a outrem, mas sim se este dever de indenização necessita ou não do elemento culpa.

O Direito Civil moderno consagra o principio da culpa como basilar da responsabilidade extracontratual, abrindo, entretanto, exceções dentro do próprio texto legal, para a responsabilidade por risco, criando-se, assim, um sistema misto de responsabilidades.

Ao tratarmos da responsabilidade civil dos pais no direito luso-brasileiro nos deparamos com uma divergência de interpretação. No direito português utiliza-se a teoria da culpa, entretanto não há que se falar em culpa no direito brasileiro, o qual baseia-se na teoria do risco para obrigar os pais a se responsabilizarem pelos atos de seus filhos.

Entrementes a esta discrepância de teorias nos direitos citados em tela encontramos um ponto em comum, o reconhecimento de que os pais são responsáveis sim pelos seus filhos, uma vez que decorre não só do poder paternal tal responsabilidade, mas de um âmbito emocional que vai além do texto legal, assunto para ser tratado mais afundo em outra oportunidade.

Por fim, acreditando ter sintetizado o imprescindível no tocante do tema proposto encerramos tal estudo com uma preocupação angustiante diante da indiferença dos pais em relação aos filhos nos dias atuais...

---

[19] Maria Clara Sottomayor. Regulação do exercício do poder paternal nos casos de divórcio, 2 ed. Coimbra: Almedina, 1998.

REFERÊNCIAS BIBLIOGRÁFICAS

ACQUAVIVA, Marcus Cláudio. *Vademecum universitário de direito.* 8. ed. ver., atual. e ampl. São Paulo: Jurídica Brasileira, 2005.

ALVIM, Agostinho. *Da inexecução das obrigações e suas conseqüências.* 3. ed. São Paulo: Jurídica e Universitária. 1965.

CAVALIERI FILHO, Sérgio. *Programa de responsabilidade civil.* 2. ed. São Paulo: Malheiros, 2000.

CODIGO CIVIL PORTUGUÊS. Coimbra: Almedina, 2006.

CONSTITUIÇÃO DA REPÚBLICA PORTUGUESA. Coimbra: Almedina, 2005.

COSTA, Mario Julio de Almeida. *Noções Fundamentais de Direito Civil.* 4.ed. rev. e actual. com a colaboração de Henrique Sousa Antunes. Lisboa: Almedina, 2001.

DINIZ. Maria Helena. Curso *de Direito Civil Brasileiro – Direito de Família-* vol. 5. São Paulo: Saraiva 1999.

FERNANDES, Luis A. Carvalho. *Teoria Geral do Direito Civil II. Fontes, Conteúdo e Garantia da Relação Jurídica.* 3 ed. rev. e. actual. Lisboa: Universidade Católica, 2001.

FILARDI, Luiz Antônio. *Dicionário de expressões latinas. 2. ed. São Paulo: Atlas, 2002.*

GAGLIANO, Pablo Stolze. PAMPLONA FILHO, Rodolfo. *Novo Curso de Direito Civil- Responsabilidade Civil.* São Paulo: Saraiva, 2003. v. 3.

GONÇALVES, Carlos Roberto. *Responsabilidade Civil- 9 ed. ver. de acordo com o novo Código Civil (Lei n.10.406, de 10-01-2002).* São Paulo: Saraiva, 2005.

http://teoriapolitica.blogspot.com/2006_02_01_teoriapolitica_archive.html.

Instituições de Direito Civil Português, trado. Do latim, in Boletim do Ministério da Justiça, n 163, Fev. de 1967.

LIMA, Pires de., VARELA, Antunes. *Código Civil Anotado.* Vol I. 4 ed. rev. e actual. Coimbra: Coimbra, 1987.

LYRA, Afrânio. *Responsabilidade civil.* Bahia: Sede da Administração e Redação da ATA, 1977.

MONTEIRO, Jorge Sinde. *Obrigações. Aditamentos (direito delictual). Coimbra: 1994.*

NETO, Abílio. *CODIGO CIVIL ANOTADO.* 11 ed. ref. e actual. Lisboa: Ediforum, 1997.

NORONHA, Fernando. *Direito das Obrigações: fundamentos do direito das obrigações: introdução à responsabilidade civil.* São Paulo: Saraiva, 2003. 2v.

O direito comparado no Curso de Pos-Graduação. In USP. Revista da Faculdade de Direito da universidade de São Paulo. VOl. LXXVI (janeiro--dezembro) São Paulo, 1981:88.

PEREIRA, Caio Mario da Silva. *Instituição de direito civil.* 3. ed. Rio de Janeiro: Forense, 1992. 3v.

PINTO, Carlos Alberto da Mota. *Teoria Geral do Direito Civil.* 4. ed. por MONTEIRO, Antonio Pinto e PINTO, Paulo Mota. Coimbra: Coimbra, 2005.

RANGEL, Rui Manuel de Freitas. *A Reparação Judicial dos Danos na Responsabilidade Civil. Um olhar sobre a Jurisprudência.* Coimbra: Almedina, 2002.

RODRIGUES, Silvio. *Direito de Família.* Vol. 6. São Paulo: Saraiva 1991.

SANTOS, Eduardo dos. *Direito de Família.* Coimbra: Almedina, 1999.

SERRA, Adriano Vaz. *Responsabilidade de pessoas obrigadas a vigilância.* In – Boletim do Ministério da Justiça, n.º 85, Abril 1959.

SOTTOMAYOR, Maria Clara. *A responsabilidade civil dos pais pelos factos ilícitos praticados pelos filhos menores,* in "Boletim da Faculdade de Direito de Coimbra", vol. LXXI, Coimbra, 1995.

____. *Regulação do exercício do poder paternal nos casos de divórcio.* 2 ed. Coimbra: Almedina, 1998.

VENOSA, Silvio de Salvo. *Direito Civil: Responsabilidade Civil.* 5. ed. São Paulo: Atlas, 2005.

O NEGÓCIO USURÁRIO E A COISIFICAÇÃO DA VÍTIMA

Frederico de Souza Leão Kastrup de Faro

1. **Introdução**

O Direito classifica como anulável o negócio jurídico celebrado a partir do aproveitamento da situação de inferioridade de uma parte pela outra, desde que haja, simultaneamente, exagero ou injustificabilidade nos ganhos obtidos pelo explorador. Fá-lo, deveras, a partir da disciplina e reprovação do negócio usurário, figura prevista pelos arts. 282.º a 284.º do Código Civil lusitano.

Devido à sua relevância, o tema em questão figura no cerne de inúmeros estudos especializados, os quais tendem a esmiuçar as suas origens históricas, estrutura legal e repercussão jurisprudencial. A exaustão dessas abalizadas aquilatações, portanto, avizinha o esgotamento do espaço para inovações no terreno da matéria.

Entretanto, a opção pela presente digressão não se inspira na pretensão de repisar análises estruturais do vício da usura, tampouco na de reproduzir as diagnoses que algures foram feitas sobre o tema. Buscar-se-á, ao revés, investigar a *ratio* que estriba a sua censura, que a torna indesejável no tráfico jurídico. Afinal, como qualquer outra proscrição legal, tal vedação conta com uma justificativa etiológica, eis que não seria aceitável encará-la como pura veleidade do legislador.

Assim sendo, evidentemente, o escopo principal dessa investigação não é o de revolucionar ou estilhaçar paradigmas. O seu fim é, de facto, bem menos pretensioso: robustecer a repulsa que se deve direccionar à usura, o que procurarei fazer através do oferecimento de argumentos que, conquanto relevantes, tendem a ser descurados pelos que se dedicam à análise da questão.

2. A dignidade da pessoa humana e a sua liberdade

O homem, pela mera razão de o ser, reveste-se de uma dignidade que lhe é indissociável[1]. Tal assertiva, que hoje ressoa na quase-totalidade dos ordenamentos jurídicos[2], traduz o âmago da mudança arquetípica sofrida pelo Direito actual: a deificação do património cede lugar à exaltação da pessoa, que já não é vista como mero sujeito nas relações jurídicas, mas como verdadeira *razão de ser* do ordenamento legal[3].

Todavia, apesar da carga de humanismo que se lhe atribui, a ideia ora referida não é sempiterna. Estudiosos afirmam que a noção de pessoa, tal como hoje a conhecemos, não existia nas civilizações mais vetustas. No Egipto, por exemplo, o papel do indivíduo era o de promover a existência sublime do faraó[4]. Sob a óptica da filosofia grega, por sua vez, o homem não passava de um *animal* político, cuja existência se resumia à cidadania e ao o facto de pertencer a uma organização estatal: este era, portanto, o reflexo da posição que detinha na sociedade[5]. Assim, a respeito da antanha irrelevância do individualismo das pessoas, houve quem afirmasse que, para os antigos, faltava até mesmo um termo para designar a personalidade[6].

A outorga de contornos espirituais e subjectivos à pessoa é obra do Cristianismo, cuja dogmática alçou o homem ao *status* de um ser de

---

[1] Díez-Picazo. *Instituciones de derecho civil*, vol. I, tomo I, 2.ed., Madrid, Tecnos, 2000, p. 125.

[2] A dignidade da pessoa humana é evocada, por exemplo, nas seguintes Constituições: portuguesa (art. 1º), alemã (art. 1º, n.º 1), angolana (art. 20), belga (art. 23), brasileira (art. 1º, III), chilena (art. 1º), espanhola (art. 10), italiana (arts. 2 e 3), grega (art. 2), mexicana (art. 1º), romena (art. 1º, n.º 3), sueca (art. 2), suíça (art. 7) e venezuelana (art. 3). É possível afirmar, outrossim, que a consagração máxima de tal princípio é materializada pela sua inserção na redacção dos arts. 1º, 22 e 23 da Declaração Universal dos Direitos do Homem.

[3] Carvalho, Orlando de. *Os direitos do Homem no Direito civil português*, Coimbra, Vertice, 1973, p. 17 e segs. e Otero, Paulo. *O direito da vida*, Coimbra, Almedina, 2004, p. 26.

[4] Rodrigues Junior, Otávio Luiz. "Autonomia da vontade, autonomia privada e autodeterminação" in *Revista de Informação Legislativa*, ano 41, n.º 63, p.114.

[5] Tobeñas, José Castan. *Los derechos del hombre*, 4. ed., Madrid, Réus, 1992, p. 39.

[6] Mondin, Battista. *O homem, quem é ele? Elementos de antropologia filosófica*, São Paulo, Edições Paulinas, 1980, p. 285, nota 2.

valores absolutos[7]. Deveras, após amadurecimentos conceituais promovidos pelos patrísticos e escolásticos[8], o indivíduo tornou-se portador de direitos fundamentais e de uma inviolável dignidade[9], assim entendida como a "qualidade intrínseca e distintiva de cada ser humano que o faz merecedor do mesmo respeito e consideração por parte do Estado e da comunidade, implicando, neste sentido, um complexo de direitos e deveres fundamentais que assegurem a pessoa tanto contra todo e qualquer ato de cunho degradante e desumano, como venham a lhe garantir as condições existentes mínimas para uma vida saudável, além de propiciar e promover sua participação ativa e co-responsável nos destinos da própria existência e da vida em comunhão com os demais seres humanos"[10].

A agregação das premissas acima delineadas teve como corolário natural o desenvolvimento da noção de que o homem é um fim em si mesmo[11], e, portanto, insusceptível de ser relegado à condição de meio ou instrumento para a consecução de qualquer propósito, não obstante a sua eventual relevância[12]. Logo, o conceito de pessoa humana não se compadece com o de objecto. Um repele o outro: o primeiro, que tem valor absoluto, é claramente superior ao segundo, que é relativizado. Equivaler-lhes representaria prática aviltante, de modo que o adágio que melhor resume a distinção existente entre as duas figuras ora contrapostas é da autoria de Kant: "as coisas têm preço; o homem, dignidade". Elucidando tal apotegma, poder-se-ia dizer que tem preço *aquilo* que tem préstimo relativamente a algo ou como meio para um determinado fim; tem dignidade, no entanto, *aquele* que detém um valor absoluto e que, por isso, jamais poderá ser instrumentalizado[13].

---

[7] Campos, Diogo Leite de. "O Direito e os direitos da personalidade", in *Nós – Estudos sobre o direito das pessoas*, Coimbra, Almedina p. 111.

[8] Brandão, António José. "Apontamentos para uma teoria jurídica da pessoa" in *Boletim da Faculdade de Direito da Universidade de Coimbra*, Vol. XLIX, 1973, p. 29 e 30.

[9] Campos, Diogo Leite de, *op. cit.*, p. 111 e segs.

[10] Sarlet, Ingo Wolfgang. *Dignidade da Pessoa Humana e Direitos Fundamentais na Constituição Federal de 1988*, Porto Alegre, Livraria do advogado, 2001 p. 60

[11] Brandão, *op. cit.*, p. 32; Sarlet, *op. cit.*, p. 32 e Martinez, José Caamaño. "La Persona Humana" in *Boletin de la Universidad de Santiago de Compostela*, ns. 57, 58, 59 e 60. Anos de 1951 e 1952, p. 189.

[12] Sobre a vedação à funcionalização do ser humano, Castro, Carlos Roberto Siqueira. *A Constituição aberta e os direitos fundamentais*. Rio de Janeiro, Forense, 2003, p. 177.

[13] Rosa, Honorato. *A dignidade humana: as coisas têm preço, o homem dignidade*, Lisboa, Multinova, 1996, p. 227 e segs.

Pois bem. Pressuposto inafastável à operacionalidade dessa dignidade é a liberdade e a independência que se deve reconhecer a cada indivíduo[14]. De facto, o seu pleno desenvolvimento físico, psicológico e anímico só é alcançável quando se lhe é concedido o poder de *autodeterminação*[15]. O respeito às crenças, ideologias e, principalmente, aspirações particulares de cada pessoa (que, em última instância, são os elementos que compõem a sua singularidade) não é compatível com a implantação de uma directriz de comportamento geral e uniforme exarada por um órgão central[16]. Assim, ao indivíduo deve ser delegada a maior parcela possível de liberdade, tolhendo-a o Estado apenas quando tal intervenção se revelar fundamental à manutenção da coesão da vida em sociedade.

3. Os conceitos de autodeterminação e autonomia privada

Autodeterminação e autonomia da vontade não são locuções sinónimas, sendo que a importância em diferenciá-las ultrapassa o apego ao rigor técnico e adentra o âmbito da importância prática. Distingamo-las, portanto[17].

Autonomia privada, cujo mais afamado componente é a liberdade contratual, denota a aptidão para a constituição de relações jurídicas pelas próprias partes que nelas figurarão[18]. Tal termo exprime a ideia de uma *auto-normação*, que ganha terreno nas ocasiões em que a lei não prevê consequências cogentes para a ocorrência de factos da vida fenoménica. É, ademais, um conceito *jurídico* e *puramente objectivo* (desprovido, então, de qualquer carga valorativa). Logo, onde há a modelação de relações intersubjectivas pelas próprias partes interessadas, há o exercício da autonomia privada.

---

[14] BRANDÃO (*op. cit.*, p. 32) afirma que "ser pessoa é também ser liberdade e independência". No mesmo sentido, TELLES, Inocêncio Galvão. "Aspectos comuns aos vários contratos" in *Revista da Faculdade de Direito da Universidade de Lisboa*, vol. VII, 1950, p. 239 e segs.

[15] HONORATO ROSA (*op. cit.*, p. 61) afirma que a liberdade em sentido próprio é aquela que possibilita o homem de reconhecer, criar e promover valores próprios.

[16] JAYME, Erik. "Osservazioni per una teoria postmoderna della comparazione giuridica" in *Rivista di Diritto Civile*, anno XLIII, n. 6, 1997, p. 818.

[17] A distinção entre os dois conceitos encontra-se em SOUSA RIBEIRO. *O problema do contrato*, Coimbra, Almedina, 1999, p. 21 e segs.

[18] MENEZES LEITÃO, *Direito das obrigações*, vol. I, 3. ed., Coimbra, Almedina, 2003, p. 21.

A noção de *autodeterminação*, por sua vez, pertence a uma outra dimensão, dada a sua amplitude e a sua pré-juridicidade. Compreende, assim, o poder outorgado a cada pessoa parar gerir os seus interesses e conduzir a sua vida segundo as próprias predilecções[19]. É, como se observa, um conceito de *valor* que não se exaure na esfera das relações interpessoais. Ao revés, tal ideia está conexa à consagração da liberdade, da individualidade, da dignidade e, em último grau, do valor incondicional da pessoa humana, como um fim em si mesma[20].

Contudo, apesar da discriminação acima realizada, não se deve entender a autodeterminação e a autonomia privada como conceitos mutuamente excludentes; ao revés, o primeiro engloba e utiliza o segundo como meio para obrar no campo das relações interpessoais[21]. Explica-se: a autodeterminação, por si só, detém uma valia prática relativamente débil, eis que, como se sabe, o homem é incapaz de, sozinho, suprir todas as suas necessidades. Essa limitação é justamente o que o torna um ser social e que, por isso, não pode prescindir da convivência colectiva.

Deste modo, a existência digna de um indivíduo está visceralmente ligada à sua possibilidade de interagir com o outro, numa relação simbiótica que permita a subsistência de ambos. Em outras palavras, considerando que a autodeterminação e a coexistência são predicados essenciais ao homem, conclui-se que o encontro e, principalmente, a conformação de duas autodeterminações é justamente o instrumento que franqueia o seu pleno desenvolvimento.

Aí é que reside a relevância da autonomia privada: esta serve de catalisador da interacção entre os particulares. Ora, uma vez que o ordenamento jurídico é incapaz de disciplinar todas as relações que possam surgir no seio de uma colectividade, faculta-se a cada um de nós os poderes para que, dentro de certas balizas fixadas pelo legislador, possamos interagir e conformar os nossos interesses da forma que melhor nos aprouver. Logo, não é exagero afirmar que, sem a autonomia privada, a

---

[19] Evidentemente, a liberdade assegurada pela autodeterminação não é irrestrita, pois, do contrário, a vida em sociedade seria inviável e, como assevera FULLER, Lon L. ("Freedom – a suggested analysis" in *Harvard Law Review*, vol. 68, 1954-1955, p. 1311 e segs.), o ser humano é completamente incapaz de administrar uma liberdade total.

[20] RODRIGUES JUNIOR, *op. cit.*, p. 127.

[21] SOUSA RIBEIRO, *op. cit.*, p. 30. Em sentido semelhante, AMARAL NETO. "Autonomia privada" in *Revista CEJ*, v. 3, n. 9, set./dez. 1999, Brasília, p. 26.

autodeterminação e, por conseguinte, a própria dignidade da pessoa humana têm o seu conteúdo enormemente esvaziado.

Diante de tal raciocínio, torna-se perfeitamente compreensível a eminência que inicialmente se delegou ao princípio da *autonomia da vontade* e, após, ao da *autonomia privada*[22]. Afinal, a sua condição de motor de propulsão da autodeterminação e a arraigada crença na ideia de que o mercado cuidava de si próprio serviram de arrimo para a propagação das concepções liberais dos séculos XVIII e XIX. Com efeito, a outrora vigente concepção de igualdade (formal) absoluta entre os indivíduos levou a uma intensa aproximação entre as noções de autonomia privada e autodeterminação, que, em alguns momentos, passaram a receber tratamento idêntico dos juristas.

Entretanto, como já foi exposto algures, tal baralhamento conceptual é de todo condenável. Afinal, a autonomia privada equivale, objectiva e formalmente, à faculdade de formar relações jurídicas. A autodeterminação, por seu turno, está ligada à possibilidade de os indivíduos "serem como realmente são" nas relações que firmam entre si. Destarte, para autodeterminar-se, o sujeito deve ser capaz de moldar a sua vontade livremente, isto é, de fazê-lo sem sofrer as adstringências de forças impositivas das circunstâncias ou dos outros[23].

Ora, quando a autonomia privada serve de meio para a realização da autodeterminação, tem-se, aí, uma laudatória forma de gerência de interesses próprios, a qual deve ser tutelada pelo ordenamento jurídico. Porém, quando o teor da declaração emitida através da autonomia privada não condiz com os ideais de autodeterminação do seu emitente, e se a este não se pode atribuir qualquer responsabilidade por isso, algo há de errado e deverá, portanto, ser rectificado.

Do contrário, o indivíduo ficaria vinculado a uma vontade que não é a sua, o que não condiz com o imperativo de preponderância da dignidade humana. Em verdade, a autonomia privada exercida sem uma correspondente autodeterminação é deturpada: de um meio de realização de aspirações e liberdades individuais, passa a um instrumento de dominação de um indivíduo pelo outro[24].

---

[22] Sobre a diferenciação e a evolução das ideias em destaque, vide RODRIGUES JUNIOR, *op. cit.*, p.117 a 126.

[23] SOUSA RIBEIRO, *op. cit.*, p. 34.

[24] SOUSA RIBEIRO, *op. cit.*, p. 41 e 42.

4. **Breves considerações acerca da usura**

O art. 282.º, n.º 1, do Código Civil preconiza que é "anulável, por usura, o negócio jurídico, quando alguém, explorando a situação de necessidade, inexperiência, ligeireza, dependência, estado mental ou fraqueza de carácter de outrem, obtiver deste, para si ou para terceiro, a promessa ou a concessão de benefícios excessivos ou injustificados".

Evidentemente, não cabem, aqui, divagações sobre o significado específico de cada uma das conjunturas evocadas pelo dispositivo em questão, tampouco sobre as críticas que se adensaram contra a redacção que lhe foi conferida após a edição do Decreto-Lei n.º 262/83[25]. Afinal, tais considerações sobejariam o escopo meramente etiológico da presente digressão, sendo suficiente apontar, por ora, que a simples leitura da lei já revela a antipatia dirigida pelo legislador contra aquele que, valendo-se de debilidade alheia, a utiliza para obter ganhos ilegítimos.

Contudo, a despeito disso, uma sucinta exposição a respeito dos elementos caracterizadores da usura não é despicienda, pois tal expediente contribuirá para um melhor entendimento das suas particularidades e, em última instância, do raciocínio que aqui se pretende desenvolver.

Pois bem. Como se sabe, o actual Código Civil provê duas acepções ao termo *usura*. A primeira, aludida no seu art. 1146.º, refere-se ao mútuo que rende juros superiores aos consentidos pela lei. Tal modalidade, entretanto, não será apreciada no presente trabalho. Em seguida, a *usura* aparece como um vício do negócio jurídico. É esse o sentido que interessa à presente discussão.

Conforme a noção legalmente entabulada, o negócio torna-se usurário a partir da reunião de três componentes fundamentais, duas de carácter subjectivo (referentes à fragilidade do lesado e ao desígnio de exploração do usurário) e uma de cunho objectivo (atinente à lesão). Tais elementos estão intimamente interligados, de modo que apartá-los significa deformar o instituto do negócio usurário: este não existe, senão na presença da trindade a que acima se referiu[26].

A configuração do negócio usurário inicia-se, portanto, pela aferição da inferioridade do lesado em relação à outra parte, já que é justamente

---

[25] Sobre o assunto, ANTUNES VARELA, *Revista de Legislação e Jurisprudência*, ano 117, n. 3718, 1984, p. 3 a 5 e EIRÓ, Pedro. *Do negócio usurário*, Coimbra, Almedina, 1990, p. 21 a 24.

[26] PEDRO EIRÓ, *op. cit.*, p. 20.

a sua posição de extrema desvantagem na situação transaccional concreta que torna legítima a sua salvaguarda. De facto, a sua incapacidade para intervir no rumo das negociações justifica as intervenções que a lei faz em seu favor, muitas vezes alterando o produto do encontro de duas autonomias privadas contrapostas.

Observe-se que, através da norma ora em apreço, não se colima prestigiar contratantes desidiosos que, em igualdade de condições com a outra parte, fazem opções equivocadas e celebram negócios que lhes são desvantajosos. Afinal, não é o almejo do ordenamento jurídico instituir um regime de igualdade negocial absoluta: eventuais desproporções no sinalagma são permitidas, contanto que sejam imputáveis ou desejadas pela parte que as sofra[27].

Ainda a respeito da inferioridade do lesado, hoje tem-se por inegável a ideia de que esta deve estar presente *no momento* da celebração do negócio: a sua anterioridade ou posterioridade não viciam o ajuste[28]. Por derradeiro, convém ressaltar que a recriminação que se dirige ao negócio usurário não está condicionada a que a iniciativa de sua celebração parta do usurário; ao ordenamento jurídico não abomina que a vítima seja, também, a proponente[29].

No entanto, a despeito de sua relevância, as considerações aqui feitas a respeito da vulnerabilidade do lesado não são aptas a delinear, por completo, o aspecto subjectivo da usura. Realmente, e como já ressaltei algures, de acordo com a letra da lei, a caracterização do vício ora em destaque somente ocorrerá se tal fragilidade for *explorada* pela contraparte da vítima. Assim, tendo em vista tal particularidade, tornam-se azados, também, alguns apontamentos a respeito da postura do usurário.

Segundo LARENZ, "exploração" traduz a ideia de um aproveitamento consciente de certa situação[30]. Assim, em sede de negócios usurários, não é necessário um dolo destinado a levar o lesado à completa ruína. Não se exige tanto. Contudo, se não há exageros de rigor para o mais, tampouco os haverá para o menos. Assim, a caracterização do vício aqui apreciado não será possível diante da total ignorância do pretenso usurário

---

[27] MENEZES CORDEIRO. *Da boa fé no direito civil*, 2001, Coimbra, Almedina, p. 651.

[28] Por todos, EIRÓ, *op. cit.*, p. 26.

[29] VAZ SERRA. "Mora de Devedor" in *BMJ*, n. 48, 1955, p. 137.

[30] LARENZ, Karl. *Derecho Civil – Parte General*, 3. ed., Madrid, Edersa, 1978, p. 621

quanto às condições do lesado, independentemente do prejuízo que este possa vir a sofrer com a celebração do negócio. Com efeito, proceder de forma usurária importa ter o conhecimento *e* o desígnio de exploração da fragilidade alheia. Nada além; nada aquém.

Nesse passo, deve-se reconhecer que a usura não terá lugar quando o pretenso abusador tiver ciência da situação de vulnerabilidade do lesado, mas não da excessividade ou da injustificabilidade das vantagens que obtém com o negócio.

De facto, a situação de fragilidade de uma parte não é um impedimento a que com ela outros contratem. Admitir tal ideia representaria verdadeiro absurdo, pois embargar a vida negocial de alguém que se encontra em dificuldades significa negar-lhe qualquer oportunidade de reerguimento. O que se proscreve, em verdade, é a *exploração* da inferioridade alheia, a qual não existirá quando o contratante mais forte não tiver ideia da ilegitimidade de seus ganhos.

Nota-se, assim, que a vedação ao negócio usurário não está estribada em uma pura ideologia de protecção aos fracos e oprimidos. Deveras, o papel da lei, aqui, resume-se a evitar o encarniçamento negocial daquele que já está combalido.

À luz do exposto, alcança-se a ilação de que a usura e, logo, a anulabilidade de um certo negócio dependem de que o usurário tenha consciência do estado de inferioridade da vítima *e* da irrazoabilidade do benefício que aufere[31].

No que diz respeito ao último vértice formador da estrutura triangular da usura, o art. 282.º, n.º 1, do Código Civil alude a um granjeio, por parte do usurário, de ganhos excessivos ou injustificados às custas da vítima. Segundo o entender da doutrina dominante, tal elemento objectivo não é mais do que o reavivamento do instituto da *laesio enormis*, que vem reformulado e destituído de sua autonomia institucional de outrora. De facto, no ordenamento jurídico português actual, a figura da lesão só tem importância enquanto componente da usura. Ou seja, a sua ocorrência, quando não conjugada com os demais elementos subjectivos acima estudados, não tem a aptidão para, por si só, invalidar quaisquer negócios jurídicos.

---

[31] Carvalho Fernandes. *Teoria Geral do Direito Civil*, vol. II, 3. ed., Lisboa, Universidade Católica Editora, 2001, p. 195 e Eiró, *op. cit.*, p. 51.

[32] Manuel de Andrade. *Teoria Geral da Relação Jurídica*, vol. II, Coimbra, Almedina, 1987, p. 229); Mota Pinto, *Teoria Geral do Direito Civil*, 3. ed., Coimbra, Coimbra Editora, 1986, p. 501.

A concepção de lesão é apresentada pelos tratadistas como uma grave deturpação no sinalagma de contratos onerosos e comutativos[32] (havendo, entretanto, autores que vislumbram a possibilidade da sua incidência em todo e qualquer negócio jurídico[33]). Assim, para gerar a anulabilidade do negócio, a desproporção nas prestações a cargo das partes teria de ser exagerada (ou, como veremos adiante, injustificada). Com efeito, como se ressaltou linhas acima, o ordenamento jurídico transige com desigualdades prestacionais livremente estipuladas pelas partes. Ademais, tendo-se em vista a dimensão prática das contratações, deve-se lembrar que pouquíssimas avenças conseguem ser absolutamente comutativas; todas comportam algum desequilíbrio[34].

Diante de tal quadro, sentenciam os autores que somente um exagero na incongruência entre os benefícios auferidos pelas partes contratantes dá azo à usura. Antigamente, sobretudo sob a égide do Código de 1867, a lesão era rotulada como enorme quando ultrapassava metade do justo valor (objectivamente considerado) que a vítima deveria receber[35]. Actualmente, todavia, tal critério quantitativo já não se aplica[36].

A noção hoje vigorante, pelo contrário, é a de que são as circunstâncias do negócio que determinarão se a desproporção ultrapassa os limites do aceitável. Logo, a identificação da abusividade do comportamento do lesante fica sujeita ao juízo do magistrado[37], que, analisando a relação negocial concreta, deverá se posicionar acerca da sua existência ou inexistência.

Todavia, como se dessume da redacção do art. 282.º do Código Civil, a excessividade dos benefícios auferidos pelo lesante é apenas *um* dos motivos que levam à caracterização do elemento objectivo da usura. Afinal, o dispositivo em alusão evoca, ainda, a figura da injustificabilidade de tais ganhos (a qual, entretanto, tende a não despertar o interesse analítico dos jurisconsultos).

Portanto, apesar da aparente redundância na utilização dos dois termos mencionados, o seu tratamento como figuras autónomas pode contribuir para o alargamento do âmbito de incidência da protecção

---

[33] PIRES DE LIMA e ANTUNES VARELA. *Código Civil Anotado*, Vol. I, 4. ed., Coimbra, Coimbra Editora, 1987, p. 260.

[34] COELHO DA ROCHA. *Instituições de Direito Civil Portuguez*, tomo II, 7. ed., Lisboa, Livraria Clássica Editora, 1907, p. 588.

[35] MANUEL DE ANDRADE, *op. cit.*, p. 229.

[36] O legislador manteve tal critério, todavia, no art. 1146.º do Código Civil.

[37] PIRES de LIMA e ANTUNES VARELA, *op. cit.*, p. 260.

conferida pela vedação à usura e, outrossim, prestar valioso auxílio à compreensão da sua verdadeira *ratio*.

É justamente esse o desiderato que me move, pelo que passo à apreciação dos aspectos etiológicos informadores da proscrição aos negócios usurários.

5. **Conclusão: um fundamento etiológico para a proscrição da usura**

Como se pôde deduzir do exame da estrutura legal da usura, a sua censura apresenta um móbil bastante cristalino: a de evitar que as situações de debilidade de um indivíduo contribuam para a sua exploração por contratantes que tencionam a obtenção de benefícios ilídimos.

A partir de tal premissa, inúmeras foram as teses alvitradas para dar contornos jurídicos a tal vedação[38]. Dentre elas, a que parece contar com o respaldo mais sólido é a que recorre aos postulados da justiça comutativa[39]. Explica-se: segundo tal raciocínio, a comutatividade das avenças representa um de seus requisitos de validade, sendo que a manifesta e involuntária desproporção nas prestações a cargo de cada uma das partes, por vilipendiar o sinalagma exigido, culmina na nulidade da obrigação.

Evidentemente, não se exige que a proporcionalidade em questão obedeça a critérios aritméticos. Afinal, o consentimento recíproco (elemento essencial dos contratos) tem carácter eminentemente subjectivo, impassível de ser amoldado a bitolas objectivas. Cada um sabe o valor que as coisas têm para si. Destarte, a apreciação da comutatividade entre as prestações ajustadas é realizada segundo um critério axiológico. Busca-se a igualdade no *valor subjectivo* que cada parte dirige à prestação a ser realizada pela outra, e não simplesmente nos seus valores pecuniários.

Todavia, há mais. A justiça comutativa é informada, ainda, pelo princípio da *reciprocidade*. Portanto, com base na máxima de "que não se deve fazer ao outros o que não queremos que façam connosco", justo será aquilo que, em igualdade de condições, se considere razoável que os outros exijam de nós.

Apesar da sedução intelectual que emana de tal construção, a mesma pode ser obtemperada, eis que não sobrevive ao argumento de que, se a justiça comutativa fosse, de facto, auto-suficiente para fundamentar o repúdio dirigido à usura, uma acentuada desproporção prestacional

---

[38] Eiró, *op. cit.*, p. 140 e segs.

(subjectiva ou objectivamente considerada, não importa), seria, por si só, bastante à promoção da anulação de um negócio jurídico.

Contudo, como se viu, tal invalidade não surge nos casos em que a discrepância em questão não está conjugada com os aspectos subjectivos relativos ao usurário e à vítima. Ou seja, a justiça comutativa pode, em certo grau, inspirar a vedação à usura, mas não é suficiente para, sozinha, alicerçá-la: a patente agressão ao sinalagma pode ser considerada como um dos elementos da usura (a lesão), porém não como a *ratio* de sua proibição.

O facto de a lei exigir a fragilidade do lesado e, mais, a sua exploração deliberada por parte do usurário revela uma ideologia que desborda o mero escopo de protecção ao sinalagma. Com efeito, julgo que a proscrição à usura está edificada sobre um dogma de muito maior relevância; um preceito informador de toda a ordem jurídica, conforme hodiernamente concebida.

Portanto, penso que a justiça comutativa não pode ser erigida ao *status* de pilar causal do art. 282.º do Código Civil. Afinal, reitere-se: o ordenamento jurídico *não* condena uma incongruência prestacional pura e simples. Não há, por exemplo, qualquer proibição a que uma pessoa superlative o preço que paga por um item pelo qual sente especial afeição. Com efeito, a lei somente intervém em tais situações de desigualdade quando se certifica de que está a ocorrer a exploração, ou melhor "desumanização", de uma parte pela outra.

Não é à toa que a proscrição legal às práticas usurárias vem sendo vista como "uma das manifestações mais relevantes da actual tendência para a humanização do direito"[40]. O individualismo jurídico e o pensamento liberal, que outrora justificavam a abstenção estatal do âmbito das relações entre particulares, cederam lugar a uma acentuada concepção social do Direito e a um correlato movimento de dirigismo contratual.

Evidentemente, tal revolução paradigmática repercutiu no terreno específico dos negócios jurídicos: à obrigação já não se pode delegar a função única de promoção dos direitos do credor, custe o que custar ao devedor. Em verdade, cada vez mais, ela ganha traços de uma relação de *cooperação*, de modo que, conquanto não se imponha uma igualdade

---

[39] Por todos, JEAN CARBONNIER. *Droit Civil*, vol. 4, 10. ed., Paris, Thémis, 1979, p. 137 e MENEZES CORDEIRO. *Tratado de Direito Civil Português*, vol. I, tomo I, 3. ed., Coimbra, Almedina, 2005, p. 452 e 457.

[40] EIRÓ, *op. cit.*, p. 14.

prestacional absoluta, a formação dos contratos passa a ter de atender aos interesses e à dignidade[41] de *ambas* as partes envolvidas. Nas precisas palavras de PERLINGIERI, a obrigação já "não deve ser considerada o estatuto do credor"[42].

Ora, por óbvio, tais imperativos de cooperação e solidariedade não estão circunscritos à fase da execução das obrigações. Incidem, outrossim, no momento da sua génese e, por isso, são de todo incompatíveis com o fito que subjaz ao comportamento daquele que procede de forma usurária. Deveras, em último grau, a usura representa uma forma de aproveitamento da vulnerabilidade alheia e, em assim sendo, ganha foros de problema de ordem pública.

Ao meu ver, o comportamento usurário conduz à sonegação da dignidade do lesado e à sua consequente instrumentalização, eis que este é convertido em *meio utilizado* para promover a satisfação de um interesse ilegítimo do lesante. Em outros termos, a exploração da fragilidade da vítima gera a sua *coisificação* e, por isso, é tão veementemente repudiada.

Nessa ordem de ideias, é com muita propriedade que ANTONI empresta contornos de patologia social à usura. De facto, ressalta o autor em apreço que tal vício representa um "flagelo social", o qual deve ser energicamente combatido pelo Estado[43]. Verifica-se, portanto, que a nota específica da censura à usura é o rechaço à exploração da parte mais fraca, que se vê compelida a exercer a sua autonomia privada sem um correspondente senso de autodeterminação. A preocupação com o equilíbrio das prestações é apenas mediata.

Ressalte-se, por oportuno, que a própria redacção do art. 282.º do Código Civil avaliza a ideia ora defendida. Afinal, deve-se ter em mente que, ao tratar do elemento objectivo da usura, tal dispositivo condena a excessividade *ou* a injustificabilidade dos benefícios auferidos pelo lesante. Daí, autoriza-se inferir que a injustificação dos ganhos não se resume à sua excessividade: admitir o contrário importaria tergiversar ao art. 9.º, n.º 3, daquele mesmo Diploma. Nesse passo, enquanto a *excessividade*

---

[41] Afinal, não é apenas o Estado que fica vinculado ao respeito da dignidade dos indivíduos. Esse dever vincula cada pessoa perante as demais, numa "horizontalização da dignidade da pessoa humana". Vide OTERO, *op. cit.*, p. 21.

[42] PERLINGIERI, Pietro. *Perfis do Direito Civil*, 2. ed., Rio de Janeiro, Renovar, 2002, p. 212.

[43] ANTONI, Jorge S. "La usura y el negocio paliado" in *Revista Jurídica – Tucuman*, n. 15, 1965, p. 12 e 13 – pp. 11 a 34).

reportar-se-ia uma patente disparidade no *valor* das prestações acertadas, a *injustificabilidade* aludiria à *ilegitimidade* da razão que levou a vítima a contratar.

Explico: tendo-se como ponto de partida a redacção engastada no n.º 1 do art. 282.º do Código Civil, a linha de raciocínio que aqui se procura fixar é a de que a excessividade dos benefícios angariados pelo lesante é apenas *uma* das figuras aptas a preencher o núcleo do elemento objectivo da usura.

Do contrário, o âmbito de protecção franqueado pelo dispositivo legal ora em destaque restaria defectivo. Afinal, as peculiaridades da vida fenoménica permitem a cogitação de inúmeras hipóteses em que o pagamento de um *preço justo e equilibrado* por um determinado objecto possa dar lugar, ainda assim, à usura. Para tanto, basta que o usurário aproveite conscientemente a situação de inferioridade da vítima e a induza à celebração de um negócio que não lhe seja interessante.

Pense-se no seguinte exemplo: determinado empregador toma conhecimento do facto de que um de seus empregados nutre um especial receio quanto ao seu eventual despedimento. Assim, de posse de tal informação, o primeiro aborda o segundo com vistas à formulação de uma proposta negocial (que, entretanto, *sabe* ser desinteressante a este último): com certa ênfase, oferece-lhe vender, *por um preço absolutamente condizente com os padrões do mercado*, um *jet-sky* de sua propriedade.

Diante da preocupação relativa à sua possível demissão e temendo desagradar àquele que teria a aptidão para decidir a sua sorte profissional, o empregado aqui referido decide celebrar a compra e venda em alusão nos termos aventados pelo seu empregador.

Ora, como se sabe, o vício da coacção moral não poderia ser evocado para sustentar a invalidade do negócio acima relatado, eis que, tecnicamente, não houve intimidação de uma parte pela outra. *Quid juris*?

Ora, conquanto não enquadrável na disciplina do art. 255.º do Código Civil, a situação acima alvitrada adequa-se com perfeição à noção de dependência (conforme descrita pelo art. 282.º do Código Civil), a qual alberga as hipóteses de anulação de negócios cuja celebração tenha se dado por conta de um temor reverencial do lesado quanto ao usurário[44]. Essa, em tese, seria a solução mais conveniente.

Todavia, como se destacou acima, a compra e venda aqui referida foi realizada a partir do desembolso de um preço *justo*: é certo que o

---

[44] EIRÓ, *op. cit.*, p. 42 e segs.

comprador não desejava adquirir o bem alienado; entretanto, nada terá a reclamar quanto ao preço que pagou pelo mesmo. Assim, devido a tais circunstâncias, seria razoável afirmar que o negócio em questão é impassível de anulação pelo mero facto de não se subsumir à dogmática clássica do negócio usurário? Afinal, na hipótese de se alçar a *excessividade* dos ganhos do lesante à condição de pressuposto inafastável à configuração do vício da usura, a resposta à indagação formulada haverá de ser positiva.

Nesse passo, é precisamente diante de situações como a acima narrada que o tratamento autónomo da *injustificabilidade* dos benefícios auferidos a partir do acerto de um negócio usurário revela a sua pertinência. A compra e venda não desejada pelo adquirente, a consciência do alienante acerca de tal contrariedade e o pagamento de um preço *razoável* pelo bem adquirido, não serão elementos aptos a gerarem a anulabilidade do negócio pela *excessividade* dos ganhos do lesante. Contudo, certamente o serão pela sua *injustificabilidade*.

Assim, é evidente que há vezes em que a protecção do indivíduo perpassa pela devolução do equilíbrio valorativo às prestações devidas pelas partes. Entretanto, resumir a etiologia do art. 282.º do Código Civil à preservação do sinalagma que deve medrar nas avenças intersubjectivas significaria confundir conceitos que são autónomos entre si. A devolução da justiça comutativa ao contrato é uma, porém não a única forma de se combater a usura.

Diante de tais constatações, torna-se lícito asserir que, através da disciplina da usura, as hipóteses de ganhos exagerados e/ou injustificados não põem em causa a assimetria pecuniária das prestações a cargo das partes, e sim o descompasso existente entre a autonomia privada exercida e o senso de autodeterminação do lesado. Demonstra-se, assim, que a sua proibição legal almeja a tutela da pessoa enquanto tal, impedindo a sua redução à condição de instrumento para o alcançamento de fins ilegítimos do explorador, a subtracção de sua dignidade e, em último grau, a sua *coisificação*.

6. **Bibliografia**

1. Amaral Neto, Francisco dos Santos. "Autonomia privada" in *Revista CEJ*, v. 3, n. 9, set./dez. 1999, p. 25 a 30.
2. Andrade, Manuel A. Domingues de. *Teoria Geral da Relação Jurídica*, vol. II, 7.ª reimpressão, Coimbra, Almedina, 1987.

3. ANTONI, Jorge S. "La usura y el negocio paliado" in *Revista Jurídica – Tucuman*, n. 15, 1965, p. 11 a 34.
4. ARRUBLA, Carlos Mario Molina. "El delito de usura y su regulacion legal" in *Revista de la Facultad de Derecho y Ciencias Politicas de la Universidad Pontificia Bolivariana – Medellín*, n. 59, 1982, p. 151 a 174.
5. BRANDÃO, António José. "Apontamentos para uma teoria jurídica da pessoa" in *Boletim da Faculdade de Direito da Universidade de Coimbra*, Vol. XLIX, 1973, p. 25 a 46.
6. CAMPOS, Diogo Leite de. "O Direito e os direitos da personalidade", in *Nós – Estudos sobre o direito das pessoas*, Coimbra, Almedina, 2004.
7. CANOVAS, Espín. *Los limites de la autonomia de la voluntad privada*, Coimbra, Coimbra Editora, 1957.
8. CARBONNIER, JEAN. *Droit civil*, vol. 4, 10. ed., Paris, Thémis, 1979.
9. CARVALHO, Orlando de. *Os direitos do homem no direito civil português*, Coimbra, Vertice, 1973.
10. CASTRO, Carlos Roberto Siqueira. *A Constituição aberta e os direitos fundamentais*, Rio de Janeiro, Forense, 2003.
11. CORDEIRO, António Menezes. *Da boa fé no direito civil*, 2ª reimpressão, Coimbra, Almedina, 2001.
12. ___. *Tratado de Direito Civil Português*, vol. I, tomo I, 3. ed., Coimbra, Almedina, 2005.
13. CUPIS, Adriano de. *Os direitos da personalidade*, trad. de Afonso Celso Furtado Rezende, Campinas, Romana, 2004.
14. DANTAS, Francisco Clementino de San Tiago. "Evolução contemporânea do direito contratual" in *Problemas de direito positivo: estudos e pareceres*, 2. ed., Rio de Janeiro, Forense, 2004, p. 3 a 19.
15. DIAZ, Gerardo Landrove. "La regulación de la usura en el ordenamiento jurídico español" in *Boletin de la Universidad Compostelana*, ns. 75 e 76, 1967 e 1968, p. 39 a 68.
16. DÍEZ-PICAZO, Luis e GULLÓN, Antonio. *Instituciones de derecho civil*, vol. I, tomo I, 2. ed., Madrid, Tecnos, 2000.
17. EIRÓ, Pedro. *Do negócio usurário*, Coimbra, Almedina, 1990.
18. FERNANDES, Luís A. Carvalho. *Teoria geral do direito civil*, vol. II, 3. ed. revista e actualizada, Lisboa, Universidade Católica Editora, 2001.
19. FULLER, Lon L. "Freedom – a suggested analysis" in *Harvard Law Review*, vol. 68, 1954-1955, p. 1305 a 1325.
20. JAYME, Erik. "Osservazioni per una teoria postmoderna della comparazione giuridica" in *Rivista di Diritto Civile*, anno XLIII, n. 6, 1997, p. 813 a 829.
21. LARENZ, Karl. *Derecho civil – parte general*, 3. ed., Madrid, Edersa, 1978.
22. LEITÃO, Luís Manuel Teles de Menezes. *Direito das obrigações*, vol. I, 3. ed., Coimbra, Almedina, 2003.

23. LIMA, Fernando Andrade Pires de e VARELA, João de Matos Antunes. *Código civil anotado*, com a colaboração de M. Henrique Mesquita, Vol. I, 4. ed., Coimbra, Coimbra Editora, 1987.
24. MARTINEZ, José Caamaño. "La Persona Humana" in *Boletin de la Universidad de Santiago de Compostela*, ns. 57, 58, 59 e 60. Anos de 1951 e 1952, p. 187 a 197.
25. MELITZ, Jacques. "Some further reassessment of the scholastic doctrine of usury" in *Kyklos – International Review for Social Sciences*, vol. XXIV, 1971, p. 473 a 492.
26. MONDIN, Battista. *O homem, quem é ele? Elementos de antropologia filosófica*, São Paulo, Edições Paulinas, 1980.
27. MONTESQUIEU, Charles Louis de Secondat. *The spirit of laws*, trad. de Thomas Nugent, Ontario, Batoche Books, 2001.
28. OLIVEIRA, Fernando A. Albino de. "Usura: da condenação à conveniência?" in *Revista de Direito Público – São Paulo*, ano XIV, n.os 55 e 56, 1980, p. 321 a 331.
29. OTERO, Paulo. *O direito da vida*, Coimbra, Almedina, 2004.
30. PEREIRA, Caio Mário da Silva. *Instituições de direito civil*, vol. I, 21. ed., Rio de Janeiro, Forense, 2005.
31. ___. *Lesão nos contratos*, 6. ed., Rio de Janeiro, Forense, 2001.
32. PERLINGIERI, Pietro. *Perfis do direito civil*, trad. de Maria Cristina de Cicco, 2. ed., Rio de Janeiro, Renovar, 2002.
33. PINTO, Carlos Alberto da Mota. *Teoria geral do direito civil*, 3. ed., Coimbra, Coimbra Editora, 1986.
34. RIBEIRO, Joaquim Sousa. *O problema do contrato*, Coimbra, Almedina, 1999.
35. ROCHA, Manuel António Coelho da. *Instituições de direito civil portuguez*, tomo II, 7. ed., Lisboa, Livraria Clássica Editora, 1907.
36. RODRIGUES JUNIOR, Otávio Luiz. "Autonomia da vontade, autonomia privada e autodeterminação" in *Revista de Informação Legislativa*, ano 41, n.º 63, p.113 a 130.
37. ROSA, Honorato. *A dignidade humana: as coisas têm preço, o homem dignidade*, Lisboa, Multinova, 1996.
38. SARLET, Ingo Wolfgang. *Dignidade da pessoa humana e direitos fundamentais na Constituição Federal de 1988*, Porto Alegre, Livraria do advogado, 2001.
39. SCIACCA, Michele Federico. "Libertad y persona humana" in *Revista de Estúdios Politicos*, vol. XXXV, n. 55, 1951, p. 103 a 110.
40. SERRA, Adriano Vaz. "Mora de Devedor" in *Boletim do Ministério da Justiça*, n. 48, 1955, p. 5 a 317.
41. TAVARES, José. *Os princípios fundamentais do direito civil*, vol. I, Coimbra, Coimbra Editora, 1922.

42. TELLES, Inocêncio Galvão. "Aspectos comuns aos vários contratos" in *Revista da Faculdade de Direito da Universidade de Lisboa*, vol. VII, 1950, p. 234 a 315.
43. TOBEÑAS, José Castan. *Los derechos del hombre*, 4ª. ed. Madrid, Réus, 1992.
44. VARELA, JOÃO DE MATOS ANTUNES. *Revista de Legislação e Jurisprudência*, ano 117, n. 3718, 1984, p. 1 a 7.
45. VASCONCELOS, Pedro Pais de. *Teoria geral do direito civil*, 2. ed., Coimbra, Almedina, 2003.

TRANSEXUALISMO: UM OLHAR SOBRE A CIRURGIA DE REDESIGNAÇÃO DE SEXO E SEUS REFLEXOS JURÍDICOS

Laura Dutra de Abreu

INTRODUÇÃO

"Todos os homens nascem livres e iguais em dignidade. São dotados de razão e consciência e devem agir em relação uns aos outros com espírito de fraternidade."[1]

O presente trabalho visa estudar e compreender os casos de transexuais que irão passar ou já passaram pela cirurgia de redesignação de sexo e a necessidade do mundo jurídico em reconhecer e estabelecer os aspectos legais que possibilitem a sua convivência na sociedade, com um mínimo de dignidade.

Segundo Maria Celina Bodin de Moraes[2], "o problema maior do Direito tem sido exatamente o de estabelecer um compromisso aceitável entre os valores fundamentais comuns, capazes de fornecer os enquadramentos éticos e morais nos quais as leis se inspirem, e espaços de liberdade, os mais amplos possíveis, de modo a permitir a cada um a escolha de seus atos e a condução de sua vida particular, de sua trajetória individual, de seu projeto de vida".

O sistema jurídico, obviamente, envolve costumes e ideologias que seus operadores deverão interpretar e aplicar. Na falta de uma visão mais ampla, neste sentido, de uma visão bioética, os transexuais têm sido vítimas da ignorância e intolerância humanas.

---

[1] Artigo I, da Declaração Universal dos Direitos Humanos.

[2] MORAES, Maria Celina Bodin de. *O Conceito da Dignidade Humana: Substrato Axiológico e Conteúdo Normativo.* Organizador: SARLET, Ingo Wolfgang. *Constituição, Direitos Fundamentais e Direito Privado,* Porto Alegre, Livraria do Advogado, 2003, p. 108/109.

Neste estudo, não iremos nos aventurar em aprofundar a origem, causa orgânica deste estado nem, tampouco, adentrar nas várias correntes de ordem psicológica que tentam o assoalhar.

O nosso interesse reside exatamente na cirurgia de mudança de sexo e nos seus reflexos atinentes à alteração de prenome e sexo no registro civil, ao casamento do transexual e ao seu direito à adoção, ou seja, no que tange aos aspectos éticos e jurídicos do transexualismo. É óbvio que não conseguiremos esgotar toda a problemática gerada, nem se quer, outras variantes que venham a surgir como, por exemplo, aspectos da seara trabalhista e benefícios previdenciários.

Contudo, esperamos com esse trabalho, pelo menos, começar a clarificar a necessidade de se legitimar e auxiliar a minimizar os efeitos angustiantes vividos por esta minoria.

Não é fácil ainda, estabelecer os padrões ético-jurídicos que cercam este tema, mesmo porque vivemos em uma sociedade que traz resquícios muito conservadores. A nossa singela intenção é, ao menos, fazer refletir acerca do transexualismo e começar a formentar uma opinião ética e jurídica sobre esta questão.

Capítulo I

TRANSEXUALISMO

1.1 **Conceito**

O conceito de transexualismo foi criado em 1950, quando David Caldwell inventou o termo "*psychopathia transexualis*" e a palavra transexual. No entanto, não foi usada em qualquer publicação científica até 1953, quando então, o endocrinologista Harry Benjamin usou o termo 'transexual' para descrever um paciente.[3]

Segundo assevera Maria Helena Diniz[4], esta é a condição sexual da pessoa que rejeita sua identidade genética e a própria anatomia de seu gênero, identificando-se psicologicamente com o gênero oposto, ou seja, sente que nasceu com o corpo errado.

---

[3] Beger, N. & Whittle, S. Questões Transgender. Roterdão: Comissão Executiva ILGA – Europa (Workshop da Conferência ILGA – Europa), 2002.

[4] Diniz, Maria Helena. *O estado atual do biodireito.* São Paulo,2.ª ed., Editora Saraiva, 2002. p. 230.

O componente psicológico do transexual – caracterizado pela convicção íntima do indivíduo de pertencer a um determinado sexo – se encontra em completa discordância com os demais componentes, de ordem física, que designaram seu sexo no momento do nascimento.

Em traços gerais, o transexualismo, de acordo com Remédio Marques[5], corresponde a um persistente mal-estar e inadequação concernente ao próprio sexo anatômico, ou seja, a convicção inelutável que "seu verdadeiro sexo" está em contradição com o seu sexo cromossômico[6] / gonodal[7] / morfológico[8].

Observando-se que o transexual é aquele que possui corpo de um sexo e mente de um sexo diverso àquele biológico, é importante nos referirmos aos conceitos de transexual primário e secundário.

O primário é aquele que, desde os primeiros anos de vida, de forma precoce, já possui vontade compulsiva em pertencer ao sexo oposto. Esta vontade perdura de maneira imperativa e só cessa com a realização da cirurgia de transgenitalização[9]. Já os secundários são aqueles pacientes

---

[5] MARQUES, João Paulo F. Remédio. *Mudança de Sexo e Critério Jurídico (O Problema do Paradigma Corporal da Identificação/Identidade Sexual no Registro Civil).* Coimbra, 1991, p.143.

[6] A formação do chamado sexo cromossômico tem início junto ao processo embrionário em geral, vale dizer, logo após a fecundação. Nesta etapa, o óvulo contribui com um cromossomo X e o espermatozóide com um cromossomo X ou Y. Se a união for de um cromossomo **X**, com outro **X**, o desenvolvimento sexual se dá no sentido de formar um embrião com características compatíveis com o sexo anatômico feminino. Se for de um cromossomo **X**, com um **Y**, a possibilidade é a de se formar um embrião com características sexuais anatômicas masculinas.

[7] Nota-se que a citada definição cromossômica sexual é importante, mas não caminha só quando se determina o sexo. Para o desenvolvimento do sexo pré-programado genética e cromossômicamente, interagem ainda fatores hormonais, que irão interagir na definição completa do aparelho sexual anatômico feminino ou masculino. Com isto, teremos, então, a definição de sexo gonodal. Vale dizer, não basta ter cromossomos XX ou XY para se definir anatomicamente o sexo; mister se faz também uma definição hormonal, que é dependente da liberação de fatores humorais liberados no processo de diferenciação embrionária, para a condução de uma definição anatômica masculina ou feminina.

[8] O sexo morfológico propriamente dito se subdividirá nos caracteres genitais – configuração anatômica dos genitais externos e internos e gônadas – e nos caracteres extragenitais – características sexuais decorrentes da ação hormonal produzida pelas gônadas.

[9] Cirurgia de mudança de sexo, que será abordada sua licitude em capítulo próprio.

que gravitam pelo transexualismo somente para manter períodos de atividades homossexuais ou travestismo. O impulso transexual é flutuante e temporário.[10]

1.2 **Aspectos Médicos e Psicológicos**

Conforme salienta o psiquiatra, Alexandre Saadeh[11], não seria adequada a expressão "sexo" para designar homem e mulher. Uma outra possibilidade existente tanto em português quanto em outros idiomas é melhor aplicada: a palavra "gênero", pois descentraliza a noção predominante, anatomicamente determinada, de masculino ou feminino, homem ou mulher.

A construção social e psicológica segue direções nem sempre compatíveis com a determinação biológica. Portanto, o "sexo" não pode mais ser considerado apenas como um elemento fisiológico, geneticamente determinado e, por natureza, imutável[12].

Não podemos ignorar a compreensão das pessoas sobre si mesmas, sobre quem são, como se vêem e como se sentem. Senão, não serão pessoas, mas coisas. Não é ético definir exogenamente modelos, sejam eles quais forem, e depois considerar herege, pecador, anormal ou psicopata quem não se adapta às novas teorias ou pontos de princípio, simplesmente pela sua inadaptação à maneira de simular a realidade.[13]

Neste sentido, convém, antes de adentrar mais profundamente no tema, fazer uma breve diferenciação entre heterosexualismo, homossexualismo, travestismo, hermafroditismo e transexualismo.

O heterosexualismo seria o interesse e a atração sexual por indivíduos do sexo diferente do seu próprio sexo; já o termo homossexualismo é

---

[10] disponível em: http://jus2.uol.com.br/doutrina/texto.asp?id=6504

[11] Saadeh, Alexandre. *Transtorno de Identidade Sexual: um estudo psicopatológico de transexualismo masculino e feminino* (tese). São Paulo: Faculdade de Medicina, Universidade de São Paulo, 2004, p.20/21. Disponível em http://www.teses.usp.br/teses/disponiveis/5/5142/tde-09082005-115642

[12] Vieira, Tereza Rodrigues. *Aspectos Psicológicos, Médicos e Jurídicos.* p. 2. Disponível em: http://www.mackenzie.com.br/universidade/psico/publicacao/revista2.2/art6.pdf

[13] Nosso Modelo para a Formação da Identidade de Gênero. *Artigo originalmente publicado pela revista Scientia Sexualis, num6(3) 2000.* Disponível em: http://waleriatorres.tripod.com.br/walgendertherapy/id5.html

utilizado para designar o interesse e a atração sexual por indivíduos do mesmo sexo, desta forma, temos o homossexualismo masculino e o homossexualismo feminino. É importante frisar que, de acordo com a Classificação Internacional de Doenças – CID 10, este não é mais considerado como uma patologia, sendo visto, atualmente, como um estilo de comportamento.

O travestismo, por sua vez, é manifestado no indivíduo que obtém prazer de cunho sexual em vestir-se com as roupas do sexo oposto ao seu, não sendo, necessariamente, um homossexual. Quanto ao hermafroditismo, é um fenômeno geneticamente determinado a partir de deficiências enzimáticas durante a formação do embrião *in útero*. Diagnosticado o quadro clínico de hermafroditismo, é recomendável cirurgia corretiva visando adaptar seu sexo externo ao interno ou o oposto[14]. Por fim, passemos a analisar a disforia de gênero e o transexual.

Atualmente, o transexualismo vem sendo enquadrado, segundo Tereza Rodrigues[15], no âmbito das intersexualidades, visto que o hipotálamo[16] do transexual o leva a se comportar contrariamente ao sexo correspondente à sua genitália de nascença.

A Classificação Internacional de Doenças – CID 10, da Organização Mundial de Saúde, o inclui nos chamados transtornos de identidade sexual. As pesquisas genéticas e cromossômicas, acerca do transexualismo, representam ainda um campo em desenvolvimento, sem achados conclusivos sobre o assunto. No âmbito psicológico, existem inúmeros estudos e teorias acerca do tema, contudo, divergentes. Neste aspecto, deixaremos para os estudiosos do assunto maiores divagações. Quanto a nós, somente interessa seu aspecto jurídico.

Coube a Robert Stoller, em 1964, estabelecer a distinção entre sexo (manifestação biológica) e gênero (manifestação sociocultural), definindo a identidade de gênero como sentimento de pertencimento a um determinado gênero e a capacidade de nos relacionarmos socialmente coerentes com tal identidade.[17-18]

---

[14] Oliveira, Silvério da Costa. *O psicólogo clínico e o problema da transexualidade. Revista SEFLU*. Rio de Janeiro: Faculdade de Ciências Médicas e Paramédicas Fluminense, ano 1, n.º 2, dezembro 2001.

[15] Rodrigues, Tereza Vieira. ob. cit, p.3.

[16] O hipotálamo é uma região do cérebro dos mamíferos, localizado sob o tálamo, e tem como função regular determinados processos metabólicos e outras atividades autônomas, tais como, o controle das emoções e atividade sexual.

[17] Oliveira, Silvério da Costa. ob. cit

[18] Saadeh, Alexandre. ob. cit, p. 53.

No diagnóstico de transexualismo cabe a presença constante de disforia de gênero, no entanto, a presença unicamente desta não basta para diagnosticar o mesmo. Dizemos disforia de gênero para designar o indivíduo que não se sente adaptado ou à vontade dentro do papel sexual destinado ao seu gênero (masculino ou feminino). É fundamental destacar a dor e o sofrimento de sentir-se preso a um corpo e situação social não condizente com seu estado emocional.

O diagnóstico deve se basear em alguns parâmetros básicos: i) a presença persistente do desejo de ser do outro sexo – não por obter qualquer tipo de vantagens sociocultural, mas, sim, pelo desconforto e o sentimento de total inadequação com seu sexo genético/biológico/anatômico; ii) diagnóstico excludente de condição intersexual física, hermafroditismo; iii) comprometimentos significativos no tocante ao convívio e relacionamento sexual, podendo gerar forte angústia, depressão, automutilações e tentativas de suicídio decorrentes da não aceitação do sexo genético//biológico/anatômico[19]. A transexualidade é independente da orientação sexual do sujeito, podendo esta ser heterossexual, homossexual ou bissexual.

Devemos frisar que no transexual existe a repulsa ao seu órgão sexual, sendo, muitas vezes, rara a prática de sexo ou, até mesmo, a masturbação, visto que seus órgãos genitais não condizem com a sua real identidade emocional, para tanto, utiliza-se de todos os artifícios possíveis, tais como ingerir hormônios, implantar silicone; e, por derradeiro, acaba por procurar ajuda médica, sendo vista a cirurgia de redesignação de sexo como forma de "adequação da externalidade de seu corpo à sua alma"[20]. Sobre tal assunto, falaremos adiante.

Capítulo II

A CIRURGIA DE REDESIGNAÇÃO DE SEXO

2.1 **Licitude da Intervenção Cirúrgica**

Para distinguir os seres humanos dos outros seres, existe uma substância única: uma dignidade inerente à espécie humana. Foi o cristianismo

---

[19] Oliveira, Silvério da Costa. ob. cit

[20] Dias, Maria Berenice. Famílias homoafetivas. Juristas.com.br, João Pessoa, a. 1, n. 51, 2005. Disponível em: http://www.juristas.com.br/revista/coluna.jsp?idColuna=992

que, pela primeira vez, concebeu a idéia de uma dignidade pessoal, atribuída a cada indivíduo. O homem, desta feita, passou não só apenas olhar em direção a Deus, mas voltar-se para si mesmo, tomar consciência de sua dignidade e agir de modo compatível[21]. Segundo proclamou São Tomás de Aquino, "a natureza humana consiste no exercício da razão e é através dessa que se espera a sua submissão às leis naturais, emanadas diretamente da autoridade divina".[22]

O Princípio da Dignidade da Pessoa Humana, elencado como princípio fundamental da Constituição da República Portuguesa, em seu art. 1.º,[23] eleva a pessoa a uma condição de valor em si mesma, devendo ser respeitada a sua liberdade, sua intimidade e sua vida privada. A Constituição Federal Brasileira o admite em seu art 1.º, inciso III.[24]

São corolários deste axioma, os seguintes princípios jurídicos: da igualdade; da integridade física e moral (psicofísica); da liberdade; e da solidariedade. O primeiro dimana do fato de ser reconhecida a existência de seres iguais, os quais merecem tratamento e respeito idêntico, observando, sempre, sua integridade psicofísica. Eis que emana daí o segundo princípio. Sendo o ser humano essencialmente dotado de vontade livre, necessário se faz garantir ao mesmo, juridicamente, sua liberdade. Por fim, tendo em vista que toda pessoa, necessariamente, faz parte de um grupo social, deve-se garantir a todos o principio da solidariedade social.[25]

Conforme salienta Konder[26], citando Daniel Sarmento:

> "Na virada do milênio, novas questões apresentam-se no cenário jurídico, impostas pelos avanços científicos em campos como o da genética e biotecnologia, desafiando o jurista a buscar soluções para intrincadas questões éticas que, no mais das vezes, ainda não

[21] KONDER, Nelson Carlos. *RTDC – Revista Trimestral de Direito Civil* – v. 15 (julho/ setembro 2003). Rio de Janeiro, Padma, 2000. p. 111.

[22] MONDIN, Batista. *O Humanismo Filosófico de Tomás de Aquino.* Trad. De A. Angonese, São Paulo, Edusc, 1998.

[23] Art. 1.º: Portugal é uma República soberana baseada na dignidade da pessoa humana e na vontade popular e empenhada na construção de uma sociedade livre, justa e solidária

[24] Art. 1.º: A República Federativa do Brasil, formada pela união indissolúvel dos Estados e Municípios e do Distrito Federal, constitui-se em Estado Democrático de Direito e tem como fundamentos: III – a dignidade da pessoa humana.

[25] MORAES, Maria Celina Bodin de. *O Conceito da Dignidade Humana....* ob. cit. p. 117.

[26] KONDER, Nelson Carlos. ob.cit.p.55.

encontraram eco no direito legislado infraconstitucional......exigem equacionamento jurídico, que têm que se pautar, necessariamente, pela compreensão profunda do significado da dignidade da pessoa humana".

A Primeira Convenção dos Direitos do Homem e da Biomedicina[27], assinada em abril de 1997, em Oviedo, na Espanha, por 21 países membros do Conselho da Europa, com vocação universal, sendo aberta a países de todas as regiões do mundo, estabeleceu normas bem interessantes. O princípio que parece digno de nota está presente no art. 2.º, o qual dispõe: "Os interesses e o bem-estar do ser humano deverão prevalecer sobre o interesse exclusivo da sociedade ou da ciência". Esta regra quer expressar o conceito da "não-instrumentalização" do ser humano, significando dizer que este jamais poderá ser considerado objeto de intervenções e experiências, mas será sempre sujeito de seu destino e de suas próprias escolhas. Este é, como elaborado por Kant, o conteúdo da dignidade humana[28-29].

Devemos mencionar ainda, que a recém promulgada Carta dos Direitos Fundamentais da União Européia[30], assinada em Nice, em dezembro de 2003, previu em seu primeiro artigo, a inviolabilidade da dignidade do ser humano, tendo a carta dedicado um capítulo inteiro a tal assunto.

No Brasil, o Conselho Federal de Medicina (CFM), com vistas a solucionar a celeuma que envolve a cirurgia de mudança de sexo, na ausência de legislação específica sobre a matéria, editou, primeiramente, a Resolução n.º 1482[31], de setembro de 1997, autorizando as cirurgias de redesignação de sexo a título experimental e quando realizadas em hospitais universitários ou públicos, com a infra-estrutura própria à pesquisa.

---

[27] Disponível em: http://www.porto.ucp.pt/ibioetica/II_oficina/docs/Convençao%20dos%20Direitos%20Homem%20e%20da%20Biomedicina.pdf

[28] MORAES, Maria Celina Bodin de. *Constituição e Direito Civil: Tendências*. Disponível em: http://www.puc-rio.br/sobrepuc/depto/direito/revista/online/rev15_mcelina.html

[29] Com efeito, é na dignidade da pessoa humana que a ordem jurídica (democrática) se apóia e constitui-se, da mesma forma que Kant estabelecera para a ordem moral. MORAES, Maria Celina Bodin de. *O Conceito da Dignidade Humana....* ob. cit. p. 115.

[30] Disponível em: http://www.acime.gov.pt/docs/Legislacao/LEuropeia/Carta_direitos_UE.pdf

[31] CFM 1482, disponível em: http://www.portalmedico.org.br/

Tal resolução é importante, posto que, a partir dela, foi possibilitada a prática da cirurgia de transgenitalização, não mais havendo a incidência do artigo 129 do Código Penal Brasileiro, portanto, sem que isso configurasse crime de lesão corporal grave por parte do médico cirurgião. Cabe destacar que a legalidade de tal procedimento só é válida dentro de tais condições, sendo ainda ilegal fazer-se a cirurgia paga neste país.

O mesmo dispositivo do CFM foi revogado pela então Resolução n.º 1.652/02[32], que reiterou a medida de autorização às equipes médicas para procederem tais intervenções cirúrgicas desde que fossem cumpridos os critérios éticos, materiais e psíquicos exigidos.

É importante frisar a inovação trazida em seu artigo 6.º, o qual prevê que as cirurgias para adequação do fenótipo masculino para feminino podem agora ser praticadas em hospitais públicos ou privados, independente da atividade de pesquisa.

Para que seja diagnosticado o transexualismo e, em via de conseqüência, ser possível a ocorrência da cirurgia de mudança de sexo, a equipe que avalia o indivíduo deve verificar se o paciente em questão atende aos requisitos enumerados no art. 3.º, quais sejam: i) desconforto com o sexo anatômico natural; ii) desejo expresso de eliminar os genitais, perder as características primárias e secundárias do próprio sexo e ganhar as do sexo oposto; iii) permanência desses distúrbios contínua e consistente por, no mínimo, dois anos; iv) ausência de outros transtornos mentais.

Um ponto jurídico interessante a se destacar seria com relação à idade mínima para se submeter a esta cirurgia. Dispõe a Resolução supra citada que o paciente deverá ter 21 anos de idade. Contudo, com o advento do Novo Código Civil Brasileiro, onde a maioridade passa a ser edificada a partir dos 18 anos, levantamos a possibilidade de um paciente requerer a mudança de sexo ao completar esta idade. Deve-se levar em conta, também, que a Resolução 1.652 é de 2002; portanto, ainda regida pelo Código Civil de 1916. Com a publicação do Novo Código, em 2003, as mudanças trazidas por ele devem ser calcadas.[33]

Existe ainda o artigo 199, § 4.º, da Constituição Federal brasileira, que assegura que a assistência à saúde é livre à iniciativa privada, sendo que a lei disporá sobre as condições e os requisitos que facilitem a remoção de órgãos, tecidos e substâncias humanas para fins de transplante, pesquisa e tratamento, bem como a coleta, processamento e transfusão de sangue e seus derivados, sendo vedado todo tipo de comercialização.

[32] CFM 1652, disponível em: http://www.portalmedico.org.br/

[33] disponível em: http://jus2.uol.com.br/doutrina/texto.asp?id=6504

Como sabemos, o artigo 13 do Código Civil Brasileiro de 2002[34] e seu parágrafo único, prevêem o direito de disposição de partes, separadas do próprio corpo em vida para o fins de transplante ou não, ao prescrever que, "salvo por exigência médica, é defeso o ato de disposição do próprio corpo, quando importar diminuição permanente da integridade física, ou contrariar os bons costumes. O ato previsto neste artigo será admitido para fins de transplante, na forma estabelecida em lei especial".

Quanto a eventual redesignação de sexo do indivíduo, já que ocorrerá uma "disposição de parte do corpo", poderão ser feitas duas interpretações à luz do dispositivo acima transcrito: i) uma mais liberal, permitiria a mudança do sexo, já que, muitas vezes, a pessoa tem os ditos choques psicológicos graves, havendo a necessidade de alteração. ii) uma mais conservadora, proibindo a mudança, vez que, a segunda parte do comando legal veda a disposição do próprio corpo se tal fato contrariar os "bons costumes'", conceito legal indeterminado, a ser preenchido pelo magistrado, dentro do sistema de "cláusulas gerais" adotado pela codificação[35].

Entendemos que a expressão "exigência médica", contida em tal dispositivo, refere-se tanto ao bem estar físico quanto ao bem estar psíquico do paciente, portanto, concordando com a primeira interpretação[36].

2.2 **Direito Comparado**

Na legislação portuguesa, a operação que permite aos transexuais adquirir o aspecto correspondente à sua identidade sexual, é precedida de duas avaliações psiquiátricas independentes. Só depois dos pareceres positivos das equipes é que o processo segue para autorização. Conforme noticiado no Jornal "Público"[37], em março de 2003, tal cirurgia é feita

---

[34] Art. 13: Salvo por exigência médica, é defeso o ato de disposição do próprio corpo, quando importar diminuição permanente da integridade física, ou contrariar os bons costumes.

Parágrafo único. O ato previsto neste artigo será admitido para fins de transplante, na forma estabelecida em lei especial.

[35] SILVA, Flávio Murilo Tartuce. *Mudança do nome do transexual.* Juristas.com.br, João Pessoa, a. 1, n. 39,2005.Disponível em: http://www.juristas.com.br/revista/coluna.jsp?idColuna=542

[36] Acorde com o enunciado n.º 6 do Conselho da Justiça Federal, aprovado na I Jornada de Direito Civil, realizada em setembro de 2002.

[37] Disponível em: http://portugalgay.pt/news/index.asp?uid=090303A

desde a segunda metade da década de noventa a um ritmo de duas operações ao ano.

Importa recordar que Portugal é signatário e já ratificou em sede parlamentar, o Tratado de Amsterdã[38] que, em seu artigo 13.º, recomenda aos Estados membros criarem legislação no sentido de eliminar toda e qualquer discriminação "em razão do sexo, raça ou origem étnica, religião ou crença, idade ou orientação sexual."

A Constituição da República Portuguesa, em seu artigo 26.º, assegura o direito à diferença, salientando que todo o cidadão tem o direito de estar livre de qualquer tipo de discriminação.

A legislação penal, de 1982, em seu artigo 150.º, n.º 1, não considera ofensa à integridade física "as intervenções e os tratamentos que, segundo o estado dos conhecimentos e da experiência da medicina, se mostrarem indicados e forem levados a cabo, de acordo com as *leges artis*, por um médico ou por outra pessoa legalmente autorizada, com intenção de prevenir, diagnosticar, debelar ou minorar doença, sofrimento, lesão ou fadiga corporal, ou perturbação mental".

Preceitua o artigo 55, I, do Código Deontológico, da Ordem dos Médicos, que "é proibida a cirurgia de reatribuição de sexo em pessoas morfologicamente normais, salvo nos casos clínicos adequadamente diagnosticados como transexualismo ou disforia de gênero".

A primeira questão jurídica sobre a mudança de sexo, em Portugal, ocorreu no acórdão da Relação de Évora, de 25/10/1979, ainda que não se vislumbrou com rigor a causa que engendrou o pedido de mudança[39].

Atualmente, à luz da jurisprudência do Supremo Tribunal de Justiça, adere-se à noção dinâmica e compósita do sexo, a convocar, simultaneamente, os critérios biológicos/morfológicos e psicológico/ social[40].

A legislação alemã de 1980 sugeriu uma metodologia para o tratamento jurídico do problema, como a possibilidade de mudança, de retornar ao sexo, em relação ao qual, "*ab initio*", se manifestara a "*gender identity disorder*", conforme exemplificado por Remédio Marques[41]. Daí que o transexual poderia, primeiramente, enveredar pelo estádio da transformação do sexo, peticionando a simples mudança de nome, ou, poderia logo, trilhar toda a estrada que conduz ao sexo de eleição, obtendo, acorde com

[38] Disponível em: http://ue.eu.int/Amsterdam/en/treaty/treaty.htm

[39] Marques, João Paulo F. Remédio. Ob. cit. p.247

[40] ob. cit. acima, p.249.

[41] ob. cit. acima, p.209.

a sua sólida representação psíquica e concomitante atuação no "*gender role*", sentença que o declarasse pertencente ao sexo oposto.

Outro ponto interessante neste diploma, acrescenta o referido Autor, seria que "para se obter decisão judicial que declarasse que o indivíduo era do outro sexo, exigir-se-ia que este tivesse se submetido à operação de transgenitalização, no decurso da qual, com indispensável intervenção hormonal, se constatasse uma clara semelhança fenotípica aos indivíduos do sexo oposto. No mais, seria condição o transexual não ser casado e que fosse permanentemente incapaz de procriar."[42]

Existem também a lei sueca de 1972, a holandesa de 1985, a turca de 1988, a italiana de 1982[43], que dispõem sobre o tema. Nos EUA, Canadá e África do Sul, também é permitido estes direitos aos transexuais.

Capítulo III

PROBLEMAS JURÍDICOS SURGIDOS COM A MUDANÇA DE SEXO

3.1 No Registro de Nascimento

3.1.1 *Mudança de Prenome e Sexo no Registro Civil*

A realidade atual é que existe muita controvérsia sobre o "direito" de mudança do prenome àqueles que se submetem ou já se submeteram a tal cirurgia.

É oportuno destacar que não deve ser olvidada, neste caso, conforme já elucidado, a aplicação dos princípios do Direito Civil Constitucional: a valorização da dignidade da pessoa humana, a solidariedade social e a isonomia ou igualdade "lato sensu"[44].

Desde 1995, tramita no Congresso Nacional Brasileiro, o Projeto de Lei 70/95, do deputado José Coimbra (PTB/SP), que altera o Código

---

[42] ob. cit. acima, p.210.

[43] A 1.ª lei a reger essa temática foi a da Suécia (*Lag on faststallande avronstillhotighet i vissa fall*, de 21/04/1972). A Alemã foi a *Transsexuellengesetz*, de 10/09//1980. A Holandesa, de 24/04/1985, dispôs sobre a mudança da indicação do sexo no registro civil dos transexuais. A Italiana foi a Lei n.º 164, de 14/03/1982. A Turca foi a Lei n.º 3.444, de 04/05/1980, com o comovente escândalo, protagonizado pela cantora "Bulent Ersoy". Diniz, Maria Helena. ob. cit. p. 242.

[44] Silva, Flávio Murilo Tartuce. ob. cit.

Penal, excluindo a criminalidade típica da lesão corporal nos casos de cirurgia para fins de ablação de órgãos e partes do corpo humano. O mesmo projeto também altera o artigo 58 da Lei 6.015/73, admitindo a mudança do prenome mediante autorização judicial nos casos em que o requerente tenha se submetido à intervenção cirúrgica destinada a alterar o sexo originário, ou seja, operação transexual.

A Lei n. 6.015, de 31 de dezembro de 1973, que dispõe sobre os registros públicos, deixa evidente que, como regra, o assento de nascimento é inalterável. Com a nova redação do artigo 58, pela Lei 9798/98, o prenome será imutável, salvo sua substituição por apelidos públicos notórios que não sejam proibidos em lei.

Existem, ainda, exceções ao erro de grafia e aos nomes capazes de expor ao ridículo seus portadores (art 55, parágrafo único), bem como em razão de fundada coação ou ameaça decorrente da colaboração com a apuração de crime, por determinação, em sentença, de juiz competente, ouvido o Ministério Público (art 58, parágrafo único).

É possível mediante ordem do juiz, acorde com o art.109, conseguir retificação do assento.

A importância do sexo jurídico, sem muito esforço, é flagrante, pois encerra direitos, deveres, inclusive para com terceiros, a partir do nascimento, de forma que o mesmo é definido pela simples observação dos órgãos genitais do nascituro.

Neste diapasão, poder-se-ia admitir que uma pessoa alterasse a definição de seu sexo, isto é, retificasse o registro que definisse seu sexo jurídico, desde que houvesse vício no momento do registro.

Uma tese defendida em prol da adequação do nome e sexo nos documentos- nova aparência e identidade do cidadão- é que o nome tem como finalidade a identificação das pessoas e não deve expô-las ao ridículo social por não condizer com a aparência física, emocional e comportamental.

Para Caio Mário[45], não mais se pode recusar o direito à mudança de sexo. O interdito à descriminação sexual (art 3.º, IV, CF brasileira), aliado ao princípio da liberdade e dignidade da pessoa humana, a autorizam em definitivo, como um direito fundamental e, portanto, deverá ser assegurada a realização plena deste direito através dos tribunais.

---

[45] Pereira, Caio Mário da Silva. *Instituições de Direito Civil.* Rio de Janeiro, Forense, 2000.

A doutrina e a jurisprudência brasileiras têm negado, em sua maioria, a retificação do registro civil do transexual operado, alegando que o registro público deve constituir a expressão da verdade. A cirurgia de transgenitalização, neste sentido, atribuiria ao interessado um sexo que não tinha, e nem poderia ter.[46]

No Brasil, não existe lei que acate a questão da adequação do prenome do transexual no registro civil, contudo existem alguns julgamentos permitindo-a[47], inclusive, sendo um, bem recente, de agosto de 2006, proferido pelo Presidente do Superior Tribunal de Justiça (STJ), Ministro Raphael de Barros Monteiro Filho, em que este concedeu ao transexual A.G.O, que se submeteu à cirurgia de transgenitalização de sexo na Itália e teve o reconhecimento do seu pedido de mudança de sexo e nome neste mesmo país, a retificação de seu prenome e sexo, de masculino para feminino, validando a sua alteração no Brasil, com o embasamento de que o fundamento legal que autoriza a mudança de sexo jurídico, já que negar

---

[46] DINIZ, Maria Helena. ob. cit. p.242.

[47] "REGISTRO CIVIL. Transexualidade. Prenome. Alteração. Possibilidade. Apelido público e notório. O fato de o recorrente ser transexual e exteriorizar tal orientação no plano social, vivendo publicamente como mulher, sendo conhecido por apelido, que constitui prenome feminino, justifica a pretensão já que o nome registral é compatível com o sexo masculino. Diante das condições peculiares, o nome de registro está em descompasso com a identidade social, sendo capaz de levar seu usuário a situação vexatória ou de ridículo. Ademais, tratando-se de um apelido público e notório justificada esta a alteração. Inteligência dos arts.56 e 58 da lei n. 6.015/73 e da lei n. 9.708/98".(tribunal de justiça do rio grande do sul, 00394904nro-proc 70000585836, data: 31/05/2000, sétima câmara cível, relator: Sérgio Fernando de Vasconcellos Chaves, Origem Esteio).

"REGISTRO CIVIL – Retificação – Assento de nascimento – Transexual – Alteração na indicação do sexo – Deferimento – Necessidade da cirurgia para a mudança de sexo reconhecida por acompanhamento médico multidisciplinar – Concordância do Estado com a cirurgia que não se compatibiliza com a manutenção do estado sexual originalmente inserto na certidão de nascimento – Negativa ao portador de disforia do gênero do direito à adequação do sexo morfológico e psicológico e a conseqüente redesignação do estado sexual e do prenome no assento de nascimento que acaba por afrontar a lei fundamental – Inexistência de interesse genérico de uma sociedade democrática em impedir a integração do transexual – Alteração que busca obter efetividade aos comandos previstos nos artigos 1.º, III, e 3.º, IV, da Constituição Federal – Recurso do Ministério Público negado, provido o do autor para o fim de acolher integralmente o pedido inicial, determinando a retificação de seu assento de nascimento não só no que diz respeito ao nome, mas também no que concerne ao sexo". (Tribunal de Justiça de Sao Paulo, Apelaçao Cível n. 209.101-4 – Espírito Santo do Pinhal – 1a Câmara de Direito privado – Relator: Elliot Akel – 09.04.02 – V. U.)

a alteração ofenderia a intimidade e a honra do autor do pedido, seria o artigo 5.º, inciso X, da Constituição Federal Brasileira[48].

O reconhecimento da adequação e retificação do sexo em Portugal, nos ensina Remédio Marques[49], reside no já citado art. 26.º da Constituição.

Para o Ministro do Supremo Tribunal Federal Brasileiro, Celso de Mello, existe o direito do transexual adequar sua documentação, relativamente ao sexo e prenome, pois de nada lhe adiantará superar a dicotomia entre a realidade física e psíquica se houver o constrangimento de se apresentar na sociedade como portador do sexo oposto[50].

Para efeitos de ilustração, Diniz[51], citando Ségio Ferraz, menciona o fato da Corte italiana, em 24/05/1975, ter declarado que a retificação judicial de atribuição do sexo não se restringiria somente aos casos de hermafroditismo, sendo também aplicada nos casos dos transexuais.

Nos casos de ser admitida a retificação, a jurisprudência brasileira tem entendido colocar no lugar reservado a "sexo" o termo transexual.

Nos sábios dizeres de Rosa Maria de Andrade Nery[52], que é contrária à mudança de sexo, entende que se foi a mesma constatada, o registro deve fazer a acomodação. Sugere que se faça uma averbação sigilosa no registro de nascimento, assim, o interessado, no momento do casamento, poderia pedir na justiça, uma certidão de "inteiro teor", onde constasse o sigilo. Assim, garantir-se-ia que outrem não fosse induzido em erro.

Outros autores, como, por exemplo, Maria Helena Diniz e Antônio Chaves[53], acham que não se deve fazer qualquer menção, ainda que sigilosa, só admitindo os gêneros masculino e feminino. Agir de forma contrária seria uma descriminação.

Em nosso singelo entendimento, caso realmente seja feita a cirurgia de redesignação de sexo e o indivíduo venha a pleitear a retificação de seu nome no assento civil, nada deverá constar em sua documentação, que faça menção ao nome "transexual".

Contudo, no mesmo diapasão de Rosa Nery, achamos que deve ser averbado no registro de nascimento a sua real condição. Neste caso, ao nosso ver, o direito de terceiros, no caso, por exemplo de um futuro

---

[48] Disponível em: http://www.abn.com.br/editorias1.php?id=36841

[49] Marques, João Paulo Remédio. ob cit.

[50] Folha de São Paulo, 30/09/1997, disponível em: http://www1.uol.com.br/cgibin/bibliot/arquivo.cgi?html=fsp1997&banner=bannersarqfolha

[51] Diniz, Maria Helena, ob. cit. p. 243.

[52] ob cit. acima. p. 245.

[53] ob cit, acima. p. 245 e 246.

cônjuge ser induzido a erro, se sobreporia ao direito à inviolabilidade da vida privada.

3.2 No Direito de Família

3.2.1 *Casamento Transexual*

Comecemos este capítulo com os seguintes dizeres, para nos fazer refletir: "a moralidade dos meios deve ser ajuizada pelo fim que prosseguem; uma vez utilizados com vista ao seu fim natural, são bons; não os utilizar quando tal não é necessário, é melhor; empregá-los para fim diversos, constitui um pecado. Estes princípios são aplicados ao casamento."[54].

Conforme salienta Maria Berenice Dias[55], a primeira indagação que se deveria impor seria se a cirurgia possui o efeito de mudar o sexo, isto é, se transforma efetivamente o homem em mulher ou a mulher em homem. Sendo a resposta afirmativa, nenhuma dúvida pairaria sobre a existência, a validade e a higidez do casamento, e, por conseqüência, seria desnecessária qualquer regulamentação à espécie. Porém, a resposta só pode ser negativa.

Como sustentar que alguém operado, visando a mudar de sexo, tenha efetivamente adquirido o sexo oposto? Não haveria a transformação da situação biológica, mas exclusivamente a tentativa de correção de uma inaptidão psicológica. Não existiria inversão da natureza, mas mudança de uma forma de viver.[56]

Hoje, a proteção concedida à família, segundo elucida Diogo Leite Campos, tende a levar em conta a realização de seus membros e, secundariamente, a promoção de suas funções sociais.[57] No entanto, acrescenta: "o casamento enquanto comunhão de vida e amor, não é possível senão entre duas pessoas de sexo diferente"[58].

---

[54] Campos, Diogo Leite Campos. *Nós, Estudos sobre o Direito das Pessoas.* Coimbra. Almedina. 2004. p. 199.

[55] Dias, Maria Berenice. ob. cit.

[56] Salgado. Murilo Rezende. O Transexual e a Cirurgia para a Pretendida Mudança de Sexo. Revista dos Tribunais, v. 491, 1976, p. 244.

[57] Campos, Diogo Leite. *Lições de Direito da Família e das Sucessões*. Coimbra. Almedina, 1997. p. 46.

[58] ob. cit. acima, p. 185.

Para o referido Autor, se os cônjuges forem do mesmo sexo, o casamento é inexistente, acorde com o art.1628.º, al. e, do Código Civil Português.

De forma diversa, pensa Tereza Rodrigues Vieira[59], que sustenta a possibilidade e a validade do casamento, ainda que o tenha por legalmente inexistente entre dois homens, ressalvando a hipótese do casamento de um transexual, que já tenha obtido o reconhecimento judicial de sua condição feminina.

Existe no Brasil ainda, uma decisão inédita do Tribunal de Justiça do Rio Grande do Sul[60], fazendo expressa referência à possibilidade do casamento.

Maria Berenice Dias[61], assevera que não se pode negar, por uma questão de coerência, que é chegado o momento de reconhecer que o casamento é possível. Por maiores que possam ser os preconceitos, por mais acaloradas que sejam as discussões e as controvérsias que se travam sobre o tema, essa é a única solução que não afronta as garantias e os direitos individuais constitucionalmente assegurados.

A Holanda foi o primeiro país a adotar legalmente o casamento entre pessoas do mesmo sexo, em 12/09/2000, tendo aprovado em junho de 2005 alterações a essa mesma legislação de modo a permitir a adoção por casais homossexuais. Na Bélgica, Canadá, nos EUA (no Estado de Massachusetts), Reino Unido e Espanha o casamento entre pessoas do mesmo sexo está legalizado.

Preceitua o artigo 1577.º do CC Português que "casamento é o contrato celebrado entre duas pessoas de sexo diferente que pretendem constituir família (...)". Ora, é notório que o transexual, mesmo tendo se submetido à cirurgia reparadora, não é morfologicamente adequado ao sexo da sua redesignação, portanto, acorde com o dispositivo acima descrito, não poderá contrair casamento.

Sem embargo, existe o art 13.º, 2, da Constituição Portuguesa, que assegura o princípio da igualdade dizendo que "ninguém pode ser privilegiado, beneficiado, prejudicado, privado de qualquer direito ou

---

[59] Vieira, Tereza Rodrigues. *O Casamento entre Pessoas do mesmo Sexo no Direito Brasileiro e no Direito Comparado*. Repertório IOB de Jurisprudência, n. 14/ /96, p. 255, jul. 1996.

[60] Ap. Cível n.º 598 404 887, Relator o Des. Eliseu Gomes Torres, julgamento em 10.3.1999.

[61] Dias, Maria Berenice. op cit.

isento de qualquer dever em razão de ascendência, **sexo**, raça, língua, território de origem, religião, convicções políticas ou ideológicas, instrução, situação económica, condição social ou orientação sexual".

O artigo 36.º do mesmo diploma dispõe que todos têm o direito de constituir família e de contrair casamento em condições de plena igualdade.

Entendemos que, nada obstante a Constituição prever o instituto do casamento no ordenamento jurídico pátrio, sua regulação é feita pelo CC Português, de tal forma que, só existe a possibilidade de se contrair matrimônio pessoas de sexo diferente, sendo, portanto, juridicamente impossível a um transexual fazer uso de tal instituto.

Ainda que alguns autores argumentem no sentido de que o CC Português está hierarquicamente abaixo da Constituição, e mais, que a Constituição ao dispor "ninguém pode ser privilegiado, beneficiado, prejudicado, privado de qualquer direito ou isento de qualquer dever em razão de **sexo**" e que "todos têm o direito de constituir família e de contrair casamento em condições de plena igualdade", estaria permitindo ao transexual realizar um casamento juridicamente válido, entendemos que, tal como na norma penal – quando o direito fundamental de liberdade, constitucionalmente garantido a todos os cidadãos, é legitimamente afastado, a fim de se punir o individuo violador de norma criminal ordinária, em nome da garantia da ordem pública – assim também o CC Português não estaria violando a Constituição, uma vez que está regulando o instituto do casamento de acordo com os bons costumes, ali também previsto.

Contudo, tal questão ainda é embrionária no ordenamento, não sendo ainda possível para nós ter uma concepção ético-jurídica totalmente estabelecida sobre este ponto. A única base fortemente estruturada é de que a dignidade da pessoa humana deve ser sempre respeitada, seja esta transexual ou não.

3.2.2 *Mudança de Sexo na Constância do Casamento*

Suponhamos que um transexual casado se submeta à operação de mudança de sexo. Neste caso, acorde com Leite Campos[62], seria desnecessária a falta de consentimento do outro cônjuge, visto que, o casamento do transexual, conforme assevera em sua obra, é inexistente em virtude de se tratar de pessoas do mesmo sexo, sendo, então, indiferente se houve ou não a incidência de algum dos pressupostos do divórcio.

---

[62] CAMPOS, Diogo Leite. *Lições de....* ob. cit.p.185

Assegura o Autor que, neste caso, não seria uma inexistência originária, mas, sim, superveniente, já que, depois da celebração do casamento, os cônjuges vieram a ficar com o mesmo sexo. Assevera ainda que, a mesma pode ser suscitada por qualquer pessoa, a todo o tempo e independentemente de declaração judicial, produzindo todos os seus efeitos a partir da data em que foi celebrado, até o trânsito em julgado da sentença que reconheceu a mudança de sexo.

O artigo 1636.º do Código Civil Português preceitua que "o erro que vicia a vontade só é relevante para efeitos de anulação quando recaia sobre qualidades essenciais da pessoa do outro cônjuge, seja desculpável e se mostre que sem ele, razoavelmente, o casamento não teria sido celebrado.

Para Remédio Marques[63], a cessação dos efeitos resulta de fatores estranhos, isto é, da sentença que reconhece a mudança de sexo ao "cumprimento do negócio". Se um ato inválido pode normalmente ser sanado ou confirmado, o ato ineficaz, embora válido e apto a produzir efeitos jurídicos, pode analisar-se numa qualquer vicissitude que obstacula ao desenvolvimento da produção desses efeitos. Ou seja, o casamento, neste caso, embora seja válido e perfeito, cessa os seus efeitos pela verificação de um obstáculo exterior a que se opõe sua produção.

Para este Autor, portanto, tal questão deveria ser resolvida em sede de eficácia e, não em sede de negócio jurídico.

A lei brasileira também só permite o matrimônio entre pessoas do sexo oposto.

O casamento do transexual operado não poderia gerar problemas de anulação deste por erro essencial sobre a identidade da pessoa, principalmente se não houvesse revelação do passado, induzindo o outro consorte em erro e tornando insuportável a vida em comum, indaga Maria Helena Diniz[64]. E continua, ou não seria na verdade, um caso de casamento inexistente, por não haver diversidade de sexo entre os cônjuges?

Ao nosso ver, não há que se falar em divórcio, e sim em inexistência do casamento, a partir do momento em que se deu a mudança de sexo, vez que até aquele ponto, o casamento era juridicamente válido, passando a gerar os efeitos da transexualidade apenas, quando efetivamente realizada a cirurgia. Não há, assim, que se falar em efeito *ex tunc* daquela sentença que decretar a nulidade deste casamento, e sim *ex nunc*.

---

[63] Marques, João Paulo F. Remédio. ob. cit. p. 402.

[64] Diniz, Maria Helena. ob. cit. p. 247

As leis alemãs e suecas proíbem a redesignação sexual à pessoa casada. Já, a holandesa e a dinamarquesa, não vedam tal questão, inclusive, sendo admissível o casamento transexual.

Concordamos com os dizeres de Maria Helena Diniz,[65] quando aduz que a cirurgia de conversão de sexo somente deverá ser feita em transexual solteiro, divorciado ou viúvo. Neste caso, não haverá constrangimento ao cônjuge.

Importante ressaltar, que os deveres e direitos entre o transexual operado e seus filhos, permanece inalterado. Não há nada que impeça o exercício do poder familiar, desde que, obviamente, não venha a causar com sua conduta qualquer dano moral ou material à prole.

3.2.3 *Direito à Adoção*

Devemos partir da premissa que, sempre que possível, deverá prevalecer o interesse do menor. Neste caso caímos na mais que suscitada questão: seria melhor a criança permanecer em uma instituição ou ser adotada por um casal do mesmo sexo?

É inquestionável que um modelo padrão, isto é, pai homem e mãe mulher, são ainda a base da nossa convivência em sociedade. Tudo o que fugir a isso será considerado anormal e poderá causar conflitos de ordem psicológica na criança.

Todavia, entendemos que a questão, não só do transexualismo, mas também a do homossexualismo, ainda é bastante controversa na sociedade, bem como na maioria dos ordenamentos jurídicos mundiais, sendo pouquíssimos, como já visto, os países que aceitam o casamento gay, e menor ainda os que permitem a estes adotar uma criança.

A análise, no caso, seria mais psicológica do que jurídica, vez que atendendo aos requisitos da adoção, qualquer um pode educar uma criança. Contudo, resta saber os danos que aquela realidade pode causar no menor, que independente de sua vontade, terá que enfrentar um problema que originariamente não era seu, qual seja, lutar contra os dogmas da sociedade quanto à relação sexual que existe entre os seus pais. Em outras palavras "a criança cai de pára-quedas num problema que não deveria ser seu!"

Não nos resta aqui questionar a capacidade destas pessoas em adotar, nem sequer adentrar nos aspectos psicológicos que o envolve, mesmo porque só isso já geraria uma grande discussão, fugindo ao nosso assunto,

---

[65] ob. cit. acima. p. 247.

sendo esta celeuma passível de ser estudada em tema específico e ser mais profundamente abordada.

Portanto, ao nosso ver, cada caso deve ser analisado concretamente, devendo ser submetido ao crivo de uma junta de psicólogos, psiquiatras, assistentes sociais e juristas. Aí sim, a decisão a ser tomada atenderá de uma melhor maneira o interesse do menor.

CONCLUSÃO

Pelo fato de ser uma questão bem delicada e nova no ordenamento jurídico, por envolver concepções éticas, dogmáticas e, até mesmo, religiosas, é muito difícil ter uma visão madura, bem formentada acerca do transexualismo.

Ao iniciar o presente ensaio procuramos tratar do assunto de maneira clara, explicar o conceito deste transtorno, e, principalmente, colocar o transexual como sujeito de deveres e garantias fundamentais, como não poderia deixar de ser.

Temos em nosso entendimento que a cirurgia de mudança de sexo, depois de constatada a disforia de gênero e demais características, que qualificam o indivíduo como transexual, não há de ser ilícita, nem, tampouco, desnecessária. Ela é sim, a garantia de uma vida menos penosa e conflitante para o detentor desta disfunção.

Em nossa opinião singilosa sobre a mudança de nome e sexo no registro civil, mais do que se proteger o direito fundamental à privacidade é observar que atrás deste existe um direito, neste caso específico, maior, qual seja, o direito de terceiros não serem induzidos em erro.

Contudo, na parte que tange ao casamento do transexual, a questão envolve muitos temas de concepção já equacionadas e fortificadas em nossa sociedade, o que dificulta apontar o direcionamento que melhor atenda a todos os interesses envolvidos, do transexual e de terceiros. Pensamos que mais importante do que estabelecer conceitos é fazer pensar sobre eles e estar sempre a se questionar. Aí sim é que se elabora uma base jurídica bem justa e atenta aos problemas do nosso cotidiano.

Neste mesmo sentido entra o direito à adoção por parte dos transexuais.

A intenção desse trabalho é contribuir para que um novo padrão conceitual, menos tendencioso, se estabeleça; que possa ajudar a dissipar o preconceito que envolve a questão do transexualismo e construir o conhecimento.

Esperamos que com isso, ao menos, todos que o lerem comecem a refletir e a arquitetar sua opinião ético-jurídica sobre o tema.

Referências Bibliográficas

1. Beger, N. & Whittle, S. Questões Transgender. Roterdão: Comissão Executiva ILGA – Europa (Workshop da Conferência ILGA – Europa), 2002.
2. Campos, Diogo Leite. *Lições de Direito da Família e das Sucessões*. Coimbra. Almedina, 1997.
3. Campos, Diogo Leite. Nós, Estudos sobre o Direito das Pessoas. Coimbra, Almedina, 2004.
4. Carmo, Suzana Joaquim de Oliveira. *O transexualismo e o direito à integridade existencial*. Juristas.com.br, João Pessoa, a. 1, n. 35, 18/08/2005. Disponível em: http://www.juristas.com.br/revista/coluna.jsp?idColuna=409
5. Cordeiro, José Carlos Dias. *Psiquiatria forense*. Lisboa, Fundação Calouste Gulbenkian, 2003.
6. Dias, Maria Berenice. Famílias homoafetivas. Juristas.com.br, João Pessoa, a. 1, n. 51, 2005. Disponível em: http://www.juristas.com.br/revista/coluna.jsp?idColuna=992
7. Diniz, Maria Helena. *O estado atual do biodireito*. São Paulo, Editora Saraiva, 2002
8. Konder, Nelson Carlos. *RTDC – Revista Trimestral de Direito Civil* – v. 15 (julho/ setembro 2003). Rio de Janeiro, Padma, 2000.
9. Marques, João Paulo F. Remédio. *Mudança de Sexo e Critério Jurídico (O Problema do "Paradigma Corporal" da Identificação/Identidade Sexual no Registro Civil)*. Coimbra, 1991.
10. Mondin, Batista. *O Humanismo Filosófico de Tomás de Aquino*. Trad. De A. Angonese, São Paulo, Edusc, 1998.
11. Moraes, Maria Celina Bodin de. *Constituição e Direito Civil: Tendências* Disponível em: http://www.puc-rio.br/sobrepuc/depto/direito/revista/online/rev15_mcelina.html
12. Moraes, Maria Celina Bodin de. *O Conceito da Dignidade Humana: Substrato Axiológico e Conteúdo Normativo*. Organizador: Sarlet, Ingo Wolfgang. *Constituição, Direitos Fundamentais e Direito Privado,* Porto Alegre, Livraria do Advogado.
13. Oliveira, Silvério da Costa. *O psicólogo clínico e o problema da transexualidade. Revista SEFLU*. Rio de Janeiro: Faculdade de Ciências Médicas e Paramédicas Fluminense, ano 1, n.º 2, dezembro 2001. Disponível em: http://www.sexodrogas.psc.br
14. Pereira, Caio Mário da Silva. *Instituições de Direito Civil*. Rio de Janeiro, Forense, 2000.
15. Saadeh, Alexandre. *Transtorno de Identidade Sexual: um estudo psicopatológico de transexualismo masculino e feminino* (tese). São Paulo: Faculdade de Medicina, Universidade de São Paulo, 2004. Disponível

em http://www.teses.usp.br/teses/disponiveis/5/5142/tde-09082005-115642

16. SALGADO. Murilo Rezende. O Transexual e a Cirurgia para a Pretendida Mudança de Sexo. Revista dos Tribunais, v. 491, 1976
17. SILVA, Flávio Murilo Tartuce. *Mudança do nome do transexual.* Juristas.com.br, João Pessoa, a. 1, n. 39,2005.Disponível em: http://www.juristas.com.br/revista/coluna.jsp?idColuna=542
18. VIEIRA, Tereza Rodrigues. *Aspectos Psicológicos, Médicos e Jurídicos.* Disponível em: http://www.mackenzie.com.br/universidade/psico/publicacao/revista2.2/art6.pdf
19. VIEIRA, Tereza Rodrigues. *O Casamento entre Pessoas do mesmo Sexo no Direito Brasileiro e no Direito Comparado.* Repertório IOB de Jurisprudência, n. 14/96, p. 255, jul. 1996.
20. Nosso Modelo para a Formação da Identidade de Gênero. *Artigo originalmente publicado pela revista Scientia Sexualis, num6(3) 2000.* Disponível em: http://waleriatorres.tripod.com.br/walgendertherapy/id5.html
21. Declaração Universal dos Direitos Humanos

ALGUMAS CONSIDERAÇÕES ACERCA DOS DIREITOS DO HOMEM SOBRE SEU PRÓPRIO CADÁVER

Lectícia Soromenho

1. **Considerações prévias. A morte**

Fato inevitável na vida de cada um e capaz de repercutir no mundo do direito, como, dentre outros, pondo fim à personalidade jurídica[1], a morte acompanhou e, de certo, acompanhará todo o desenvolver da história da humanidade, se fazendo presente nos grandes e pequenos acontecimentos com a mesma imparcialidade. Muitas vezes utilizada pela cultura popular, a morte habita a psique humana desde há muito, ganhando formas distintas que obedecem as crenças de determinada sociedade, ou ainda a época que representa. Porém, à parte dos eternos questionamentos que o tema morte possa suscitar-nos, posto que assunto presente quase em todos os ramos do conhecimento, científico ou artístico, parece-nos de extrema importância focar que mesmo depois do seu acontecimento, embora sob uma primeira análise esta idéia possa parecer absurda, alguns direitos outrora dispostos, possam propagar-se para além do seu evento, visto não poder ser considera a morte um fim soberano.

É nesta seqüência de raciocínio que acreditamos que alguns direitos pessoais são-nos intrinsecamente ligados, isto é, existem de tal forma que parece impossível dissociá-los do ser humano à eles relacionados, mesmo após sua morte, gerando esta impossibilidade um prolongamento natural de alguns direitos, como o de autoria, o de imagem, o de respeito à memória, à preservação da dignidade, bem como tantos outros que à estes assemelham-se; extensão esta que é facilmente compreendida quando lembramos da necessidade e do desejo de preservar nosso próprio ser, bem como o dos nossos entes queridos enquanto vivos ou mortos. Todavia,

[1] *Cf.* artigo 68.º do Código Civil Português.

é válido lembrar que falar da vida, da morte e mesmo do cadáver sempre será uma tarefa árdua e extremamente complexa, pois extravasa-se os limites do estudo jurídico[2] aquando do seu exame, à medida que a concepção da morte, sua importância e o destino do corpo humano morto são questões que interessam a áreas diversas do pensamento humano.

Assim é que o ceticismo que envolve o tema não deve ser suficiente para impossibilitar a análise pragmática que visa este estudo, posto que o que estamos dispostos a fazer é uma apreciação crítica e fundamentada, tanto jurídica quanto socialmente embasada, que paralelamente consiga entender essa vontade e expectativa do homem médio em relação ao destino do seu próprio corpo depois que este não mais vida possuir. Deste modo, para que seja possível falar do cadáver, corpo humano morto, necessário será primeiro definir, pelo menos para os interesses jurídicos, qual o exato momento que podemos afirmar que ocorreu sua morte e, ainda[3], as conseqüências que à este acontecimento seguem-se.

2. **Os direitos do homem sobre seu próprio cadáver**

2.1. ***O cadáver: noção e natureza jurídica***

Para o estudioso do direito, a morte deve ser observada a partir de uma perspectiva jurídica, isto é, um fato em sentido estrito, posto que o essencial para o direito é imputar, à determinados fatos, efeitos e conseqüências jurídicas[4]. Assim, parece-nos evidente que existirá situações em que a morte, ao menos do ponto de vista legal, poderá não coincidir com a real morte do corpo, ou seja, afigura-se-nos que a morte de uma pessoa possa dar-se de forma tanto instantânea quanto com a lenta e gradativa falência biológica do organismo. Isto impõe-se diante da divergência que há, ou pode haver, de indivíduo para indivíduo, de religião para religião, de cultura para cultura, em relação ao momento que dá-se a morte, o que

---

[2] FERNANDES, Luís Carvalho. A definição de morte. Transplantes e outras utilizações do cadáver, *In*: *Direito e justiça*. Lisboa: UCE, 2002, v. XVI, tomo 2, p. 37.

[3] *Cf.*, artigo 68.º, n.º 1, do Código Civil Português que preceitua que a personalidade cessa com a morte; e o artigo 2031.º do mesmo ordenamento, que define que a sucessão apenas se dará no momento da morte de seu autor.

[4] A necessidade do direito determinar em que momento ocorre a morte pode ser observada quando analisadas as questões relativas às obrigações ou ainda da abertura da sucessão.

algumas vezes justifica-se, vez que, mesmo depois de ser declarada pode ocorrer que ainda seja possível detectar atividade orgânica.

Sendo assim, como conseqüência da notória dificuldade de um consenso do exato momento da morte, vez que, como vimos, tal momento é relativo, fez-se necessário que o direito, pelo menos no que concerne sua área de atuação, conseguisse definir quando esta ocorre, seu momento jurídico[5], sendo atualmente aceita a avaliação da existência ou não de atividade cerebral ou, em outras palavras, o estado de *descerebração*[6], opinião seguida pela legislação brasileira aquando tratou da questão da morte encefálica no Decreto n.º 2.268 de junho de 1997, que regulamentado a Lei Federal n.º 9.434/97, ao afirmar no seu artigo dezesseis que a retirada de tecidos, órgãos e partes (destes) poderá ser efetuada no corpo de pessoas com morte encefálica declarada segundo os critérios clínicos e tecnológicos definidos em resolução do Conselho Federal de Medicina brasileiro, por dois médicos, no mínimo, um dos quais com título de especialista em neurologia reconhecido no País[7], sendo apenas dispensado este procedimento quando a morte encefálica decorrer de parada cardíaca irreversível, comprovada por resultado incontestável de exame eletrocardiográfico[8].

Também o direito português preferiu considerar o momento da morte aquele que coincide com o fim das funções cerebrais e assim fez quando afirmou na sua Lei n.º 141 de 28 de agosto de 1999 que a morte corresponde à cessação irreversível das funções do tronco cerebral, preceituando ainda que sua verificação compete ao médico a quem, no momento, está cometida a responsabilidade pelo doente ou que em primeiro lugar compareça, cabendo-lhe lavrar um registro sumário em que conste a identificação possível da pessoa falecida, bem como o local, a data e a hora da que deu-se esta verificação[9], sendo neste exato momento em que a vida cessa ou, ainda melhor, a partir deste, onde não mais se detecta atividade cerebral, que surge uma nova realidade, tanto no plano material quanto jurídico: o cadáver.[10]

---

[5] FRANÇA, Genival Veloso. *Um conceito ético de morte*. Disponível em: <http://www.buscalegis.ufsc.br>. Acesso em: Coimbra, 08 de janeiro de 2006, 11:45.

[6] *Cf.* artigo 16, § 1.º do Decreto n.º 2.268 de junho de 1997.

[7] *Cf.* artigo 16, § 2.º do Decreto n.º 2.268 de junho de 1997.

[8] *Cf.* artigo 4.º da Lei n.º 141 de agosto de 1999.

[9] FERNANDES, *op. cit.*, p. 38.

[10] *Idem.*

Podemos assim definir o cadáver, corpo morto, como os despojos inanimados de um ser humano, dispensando-se a necessidade de que o cadáver esteja em perfeito estado para que possa ser considerado como tal. Observa-se, porém, que não se deve considerar as partes separadas do corpo, isto é, tecidos e/ou órgãos com finalidades científicas ou cirúrgicas, como cadáveres, à medida que a idéia de cadáver representa necessariamente um resquício da imagem humana, mesmo que disforme. Em Portugal, por exemplo, podemos encontrar, de acordo com Decreto-Lei n.º 411/98, artigo 2.º, i, a definição legal de cadáver, sendo o corpo humano após a morte, até estarem terminados os fenômenos de destruição da matéria orgânica[11].

No que toca à natureza jurídica do cadáver, entendemos que tal discussão sempre esteve presente, sendo mesmo merecedora da atenção dos sistemas jurídicos e das religiões, como, por exemplo, o cristianismo, que desde há muito acentuou o caráter religioso da sepultura e do contato com o corpo humano morto, ao incutir no cadáver um ar sagrado que manifesta-se ainda hoje através dos ritos funerários-religiosos. Frente a isto, podemos perceber que longe estamos de uma idéia pacífica sobre a natureza do cadáver, sendo mesmo, para alguns, uma semi-pessoa, o que justifica a proteção dada pelas normas jurídicas à sua memória e restos mortais. Todavia, tal concepção é fortemente criticada com alegações de não ser aceitável falar em uma categoria intermediária em relação à sua existência.

Seguindo Von Gierke, o cadáver seria um resto da personalidade, estando desta forma sujeito a decisão tomada por seus parentes[12]. Outra corrente ainda, que afirma ser o cadáver equivalente a coisa, *res*, acredita que o homem ao morrer transformar-se-ia em um objeto despojado de todos os atributos humanos, uma vez que tudo que carece de personalidade seria coisa[13], restando, por isso, uma simples matéria em decomposição até finalmente desaparecer, recebendo, porém, um tratamento jurídico diferenciado, pois que coisa absolutamente fora do comércio. Desta mesma forma, De Cupis entende que tanto as partes separadas do corpo vivo como o cadáver são coisas, e fundamenta sua teoria dizendo que o corpo

[11] Martinez Amorena, Romina E.. Seminário II. Disponível em: <http://www.salvador.edu.ar>. Acesso em: Coimbra, 20 de janeiro de 2006, 12:00.

[12] Silva, Manuel Duarte Gomes. Concepção personalista do direito, *In*: *Revista da Faculdade de direito de Lisboa*. Lisboa, n.º 17, 1964, p. 186

[14] De Cupis, *op. cit.*, p. 93.

é apenas um elemento da pessoa enquanto esta encontra-se viva, extinguindo-se com a morte todos os direitos que o homem possuía, restando-lhe, contudo, decidir em vida o destino que terá seu cadáver[14].

Entretanto, parece-nos demasiado estranho que uma pessoa depois de sua morte simplesmente transforme-se em uma coisa, mesmo que fora do comércio, posto que o ser humano não se apaga após sua morte, ficando imortalizado na memória de seus familiares e amigos próximos, deixando muitas vezes legados ao mundo que impedem que sua imagem seja esquecida. Todavia, alguns no afã por concepções cada vez mais modernas e desvinculadas de preceitos conservadores e restritos, acabam por cair em exagero ao classificar o corpo como uma reles e simples coisa fora de comercialização.

Devemos ter consciência de que, caso venhamos a desprezar os despojos dos homens, transformando-os em coisas, em meros objetos, logo começaremos a nos questionar se existe alguma diferença entre um velho moribundo, um imbecil, um delinqüente ou mesmo um doente que possua um vírus fatal[15]. Assim, por esta razão, entendemos mais congruente a solução negativa em relação a idéia de ser a natureza jurídica do cadáver definida como coisa, à medida que, como bem entendem alguns, o cadáver não é coisa, uma vez que, se pela morte a personalidade extingue-se, o cadáver, como resíduo ou invólucro dela, é ainda objeto de respeito, acarretando-se punições àqueles que o desacatar[16].

Devemos, portanto, desvincular-nos da simples divisão existente entre coisa e pessoa para começarmos a aceitar que podem existir figuras independentes, que não se vêem encaixadas em alguma das classificações descritas. Seria desta forma importante acompanhar a idéia de que os cadáveres constituem uma realidade autônoma, sendo visto como uma "pessoa presente ou passada", um *tertium genus* situado entre pessoa e coisa[17], visto que é indissociável da personalidade da qual um dia foi suporte[18]. Por isso, tendo em vista que a pessoa teve sua vida resguardada pelos direitos da personalidade, não haveria motivos para não o ser após sua morte[19], possuindo assim, o cadáver, natureza e configurações análogas

---

[15] Silva *apud* De Sousa, *op. cit.*, p. 191.

[16] Gonçalves *apud* Da Silva *op. cit.*, p. 173.

[17] Horster, Heinrich E.. *A parte geral do código civil português*. Coimbra; Almedina, 1992, p. 307.

[18] Ascensão, *op. cit.*, p. 58.

[19] Silva, Manuel Gomes. *Direito Civil. Teoria geral*. v. 1 Coimbra: Coimbra, 2000, p. 58.

a dos direitos *in personam*, devendo desta forma ser encarado como uma extensão da personalidade[20].

2.2. *Os direitos sobre o próprio cadáver*

Sob a denominação de direitos da personalidade estão inseridos os chamados direitos personalíssimos e os direitos sobre o próprio corpo. Estes, que destinam-se a resguardar a dignidade da pessoa humana, preservando-a dos atentados que pode sofrer por parte de outros indivíduos[21], seja durante o transcurso da vida, seja depois da morte, é que interessa-nos neste determinado momento, visto ser certo que mesmo não mais atrelado à personalidade, o cadáver continua a ser protegido pelo ordenamento jurídico, ou seja, permanece ligado, como que por um fio, à personalidade para além do momento da morte, prolongando-se[22]. Idéia esta que se demonstra quando observamos que não pode ser a pessoa objeto de direitos patrimoniais, tanto em vida quanto depois de sua morte, vez que neste estado o cadáver possui o cunho e o resíduo da pessoa viva[23].

Observamos, ainda, que nossos laços com os restos mortais de nossos entes passados perpetuam-se independe da crença que esteja em análise, não se encontrando mesmo civilização que ridicularize ou que coloque os restos mortais de seus próximos em lugar vulgar e de qualquer forma[24]. Pois bem: o homem, como detentor de seus próprios direitos e obrigações, possui um direito subjetivo em relação à seu próprio corpo e, por extensão, também às partes que o compõe, como órgãos e tecidos, direito este, que alonga-se para depois de sua morte, permitindo-o que decida à respeito do destino do seu corpo quando morto, como, por exemplo, se deseja que determinado ritual fúnebre seja seguido, ou se é sua vontade que seus restos sejam cremados, ou mesmo cidade, estado, ou país onde pretende que seu corpo seja enterrado.

---

[20] SILVA, *op. cit.*, pp. 147-148.

[21] GOMES *apud* DO AMARANTE, Napoleão Xavier. Doação de órgãos de pessoa viva ou morta para fins terapêuticos ou científicos, *In*: *O direito*. Ano 122, 3/4, Jul./Dez., 1990, pp. 503-553

[22] CAMPOS, Diogo Leite de. *Lições de direito da personalidade*. 2.ª ed., Coimbra: Coimbra, 1992. p. 45.

[23] DE CUPIS, *op. cit.*, p. 93.

[24] Respeito esse que podemos perceber nos sepulcros megalíticos em vários lugares europeus: Figueira da Foz, Portugal; Moyanés, Espanha; Carrowmore, Irlanda.

Pode, assim, a pessoa exercer um poder jurídico em vida para que este seja concretizado posteriormente, ou seja, após sua morte, devendo tudo ser feito para que esta vontade seja respeitada, exceto no caso desta ser considerada contrária a moral ou aos bons costumes, que é exatamente o que nos ensina o artigo 2186.° e 2230.°, n.° 2, do Código Civil Português, quando diz que cabe ao ordenamento jurídico consagrar e promover a realização desta específica vontade com validez e eficácia, sendo devido que para tanto a pessoa deixe um testamento válido em que conste qual será o fim de seu corpo. Portanto, podemos perceber, de forma cristalina, que não se trata aqui da vontade de um cadáver, posto que impossível, mas da vontade de uma pessoa que, no exercício de um direito seu, declara sua última disposição de vontade, ficando a eficácia deste desejo subordinada à sua morte.

Assim é que o que temos aqui é o exercício de um direito personalíssimo sobre uma coisa futura e que diz respeito ao próprio cadáver do sujeito, direito este que deve respeitar, como todos os outros, o interesse público e, por tal motivo, por este vê-se limitado. Porém, vale lembrar que, no entender de alguns, o destino do corpo poderia ser exercido sem a necessidade de um testamento, uma vez que tal ato provem de emanação unilateral de vontade, onde apenas poderá ser admitido se em troca não houver uma contraprestação em dinheiro[25], procedimento este que esta sendo adotado na Itália, onde a atual jurisprudência pronuncia-se pelo principio da aplicação do princípio da liberdade formal no que tange ao destino do próprio cadáver, existindo apenas como exceção ao princípio geral, ou seja, continuando a exigir um imperativo legal expresso, testamento, as declarações que versem sobre cremação.

Nota-se assim que no momento em que tal direito é exercido pela pessoa ainda em vida, exclui-se automaticamente o direito que os parentes teriam de decidir sobre o destino do respectivo cadáver, uma vez que o direito dos parentes tem por pressuposto negativo a vontade do defunto[26], isto é, a família tem o direito de regular tanto o funeral como o destino do cadáver, mas somente no caso de o defunto não o ter feito. Por último, resta ainda observar que uma ordem deve ser respeitada no que concerne aos direitos dos parentes acerca do futuro do cadáver, onde também

---

[25] CIFUENTES, Santos. *Los derechos personalísimos*, Buenos.Aires: Cdba. 1974, p. 314.

[26] DE CUPIS, *op. cit.*, p. 94.

acreditamos que apenas algumas pessoas da família têm esse direito[27], onde estes acabaram por excluir os demais.

2.3. *As intervenções cirúrgicas*

Sendo o homem seu próprio senhor em vida, parece-nos muito provável que não o deixa de ser após sua morte, possuindo assim, como dito, o direito de determinar o destino de seu corpo, podendo dispor de partes específicas ou mesmo de sua totalidade, disponibilizando seus órgãos para finalidades científicas ou mesmo para que estes sejam transplantados em outras pessoas, posto que com os avanços da medicina algumas partes do corpo passaram a ser essenciais ao sucesso de determinadas intervenções cirúrgicas, como nos casos dos transplantes, onde muitas vezes as partes implantadas são órgãos vitais para a sobrevivência de qualquer ser humano.

Deste modo, como conseqüência do avanço da ciência e aumento das cirurgias de transplantes, aparecem complexas questões éticas ligadas a defesa da intimidade humana, como, por exemplo, a retirada de órgãos de pessoas já mortas, que não pode ser encarada como ato que não necessita de seguir certos critérios, à medida que os órgãos que serão retirados e incorporados em outra pessoa não se descaracterizam e nem perdem a propriedade original que possuíam pelo simples transcurso de um determinado tempo entre o óbito e a cirurgia de colheita, devendo, sem sombra de dúvida, ser salvaguardado o respeito a intimidade do morto. Por conseguinte, frente ao grande aumento de cirurgias de transplantes de órgãos e estando por muitas vezes o interesse individual em conflito com o interesse coletivo, fez-se necessário codificar temas como a capacidade para a cessão de órgão ou parte do corpo, a forma de consentimento, a finalidade e a gratuidade do ato de disposição[28].

Assim é que a doação de órgãos de pessoa morta foi introduzida na legislação brasileira com a Lei Federal n.º 9.434/97, que trazia, em seu polêmico artigo 40, a *doação presumida* para todos aqueles cidadãos que em vida não manifestassem por escrito vontade diversa. Todavia, percebendo o estranhamento quase unânime por parte da doutrina e a falta de respeito à intimidade pronunciado pela referida lei, a Lei n.º 10.211/01,

---

[27] SILVA, *op. cit.*, p. 145.

[28] AMARANTE, *op. cit.*, p. 512.

optando pelo que parece-nos ter sido uma melhor solução, devolve à família a decisão sobre a possível doação dos órgãos. Entretanto, apesar da correção efetuada, este regime acabou por vir acompanhado de algum exagero, uma vez que mesmo no caso de ter deixado o falecido documento comprovativo da intenção de tornar-se doador de órgãos, é necessário, após sua morte, a autorização familiar. Em Portugal, por outro lado, através da Lei 12/93, art. 10, n.º 1, foi acolhida a estranha prática de retirada de órgãos da pessoa morta, ato este que impossibilita-se apenas no caso de manifestação em contrário deixada pelo sujeito enquanto vivo.

Contudo, nossa opinião é que a utilização de partes do corpo de pessoa morta, mesmo que constitua uma atividade revestida de fins humanitários – *como é o caso de uma pessoa voltar a enxergar através do transplante de córneas*, não pode permitir que tais interesses sejam sobrepostos a outros, ou seja, o ato de retirar de um cadáver uma parte de seu corpo não tendo a pessoa nada exteriorizado enquanto viva, mostra-se nitidamente como uma violação a intimidade e, quiçá, a dignidade do falecido. Diante disto, importa saber que a retirada de órgãos não deve violar a intimidade da pessoa morta, uma vez que na hipótese do indivíduo querer tornar-se doador de órgãos deve, em vida, expressar tal vontade, posto fazer-se necessário estar caracterizado um total *animus donandi*, constituindo uma afronta aos princípios dos direitos personalíssimos a simples doação presumida.

Acreditamos que nem mesmo o argumento que afirma que muitas pessoas que desejam disponibilizar seus órgãos não o fizeram por simples falta de oportunidade enquanto vivos justifica a presunção da vontade de tornar-se um doador, pois como já dissemos, nada desculpa sobrepor o interesse que alguns possuem em receber órgãos ou tecidos em detrimento da garantia que todos possuímos de ter nossa integridade e intimidade preservadas, tanto em vida como depois de nossa morte. Por conseguinte, nosso entendimento é que a retirada de órgãos de um cadáver, sem prévia autorização do mesmo, ou pelo menos, do cônjuge, ascendente ou descendente – *observa-se quem não se trata da autorização dos herdeiros, mas sim da autorização das pessoas da família, sendo tal decisão restrita a pessoas que possuíam relações pessoais com o morto*[29], constitui um abuso contra o poder da disposição do próprio corpo, uma vez que o cadáver, sendo este o prolongamento da pessoa humana, não está à

[29] Da Silva, *op. cit.*, p. 176.

disposição de terceiros, com exceção, claro, se assim tiver sido oportunamente deliberado[30].

Nada impede ainda que uma pessoa deseje que depois de sua morte seu corpo seja utilizado pela medicina, situação esta que mostra-se diversa daquela que é a extração de um órgão de um indivíduo que já é morto, uma vez que esta sofre uma limitação lógica, visto que não pode o doador colocar em risco sua própria vida, ou seja, possível é doar um rim, mas nunca, em vida, o coração. Importante também lembrar que, mesmo contrariando o pensamento de alguns, no caso de uma pessoa ter legado seu cadáver para estudos anatômicos ou mesmo para extração de órgãos, através de testamento ou emanação válida da vontade, não poderão os familiares próximos, mesmo quando fundados em sentimentos que os atrelam ao corpo do parente, dispor de forma diversa do pretendido pelo defunto[31]. A partir desta perspectiva é fácil concluir que quando falamos da situação jurídica do cadáver, impossível é não relacionarmos à ele os direitos da personalidade, ou mais precisamente, os próprios direitos à integridade física.

Deste modo, a utilização de órgãos, ou de qualquer outro elemento do corpo de pessoa já morta, deve receber a mesma importância e resguardo jurídico que possui uma pessoa ainda viva. Tal segurança jurídica não tem como objetivo obstar o caminho e os avanços dos estudos científicos, longe disso, mas unicamente proteger a vida em todos os seus aspectos, visto que ainda que tal proteção recaia em um corpo destituído de vida deve ser a segurança à sua intimidade aquela que prevalecerá.

3. **Conclusão**

O racionalismo pessimista, bem como o avanço desmedido de certas concepções existentes no mundo moderno, acabam por vislumbrar a morte como um fato definitivo não apenas no que concerne a morte do corpo, mas de tudo que à ele atrelava-se, ou seja, culminando no apagamento brutal de todos os elementos da personalidade, bem como de seus interesses

---

[30] Nanni, Giovanni Ettore. A autonomia privada sobre o próprio corpo, cadáver, os órgãos e tecidos diante da Lei Federal n.º 9.3434/97 e a Constituição Federal, *In*: *LOTUFO*, Direito Civil Constitucional: Caderno 1, São Paulo: Max Limonad, 1999. pp. 282-283.

[31] Hubmann *apud* De Sousa, *op. cit.*, p. 198.

correlativos, representando um fenômeno contrário a própria natureza, prejudicando deste modo todos os interesses protegidos pelos direitos da personalidade[32]. Todavia, divergindo desta linha de pensamento, acreditamos que o cadáver está longe de ter as características de uma coisa, apresentando-se, sim, como prolongamento da pessoa.

Felizmente ainda existem contra a crescente idéia tecnicista e cética da existência do homem, que persiste em incutir a concepção do cadáver como coisa, alguns regimes legais, mesmo que de forma bem tímida e pouco desenvolvida, protetores de alguns bens da personalidade *post mortem*. Portanto, acreditamos, de forma inabalável, que a função do jurista não se resume a simplesmente construir normas de cunho jurídico, indo muito mais além, visto que cabe ao jurista ser o mensageiro entre a realidade, vontade e costumes sociais e o mundo do direito.

Desta forma, em consonância com o pensamento de SAVIGNY[33] a respeito das leis romanas em relação a família, podemos afirmar que as legislações isoladas dos costumes sociais podem trazer uma idéia muito imperfeita da realidade, pois, muitas vezes, a inexistência de certas normas legais significa a harmonia dos costumes, bem como, em muitos casos, a criação de preceitos legais em relação a determinadas condutas sociais em vez de representar a conquista de uma segurança até então inexistente é resultado da imposição de algumas correntes que visam, através da imposição legal, mudar costumes e tendências sociais. É esta a nossa opinião.

4. **Referência Bibliográfica**

AMARANTE, Napoleão Xavier do. Doação de órgãos de pessoa viva ou morta para fins terapêuticos ou científicos, *In*: *O direito*. Ano 122, 3/4, Jul./ /Dez., 1990.

CIFUENTES, Santos. *Los derechos personalísimos*, Buenos.Aires: Cdba. 1974.

BITTAR, Carlos Alberto. *Os direitos da personalidade*. 2.ª ed., Rio de Janeiro: Forense Universitária, 1995.

CAMPOS, Diogo Leite de. *Lições de direito da personalidade*. 2.ª ed., Coimbra: Coimbra, 1992.

___. *Nós; estudos sobre o direito das pessoas*. Coimbra: Almedina, 2004.

[32] CAMPOS, *op. cit.*, p. 42.

[33] SAVIGNY *apud* DA SILVA, *op. cit.*, p. 185.

___. O direito e os direitos da personalidade, *In*: *Revista Ordem dos Advogados*. Abril/Junho, Ano 53, 1993.

Cossío, Alfonso de. El moderno concepto de la personalidad y la teoria de los "estados" en el derecho civil actual, *In*: *Revista de derecho privado*. Ano XXVII, n.º 310, 1943.

França, Genival Veloso. *Um conceito ético de morte*. Disponível em: <http://www.buscalegis.ufsc.br>. Acesso em: Coimbra, 08 de janeiro de 2006, 11:45.

Fernandes, Luís Carvalho. A definição de morte. Transplantes e outras utilizações do cadáver, *In*: *Direito e justiça*. Lisboa: UCE, 2002, v. XVI, tomo 2.

Horster, Heinrich E.. *A parte geral do código civil português*. Coimbra; Almedina, 1992.

Loureiro, João C. S. Gonçalves. *Transplantações – Colóquio interdisciplinar – um olhar constitucional*. Coimbra: Centro biomédico da Universidade de Coimbra, n.º 3, 1993.

Martinez Amorena, Romina E.. Seminário II. Disponível em: <http://www.salvador.edu.ar>. Acesso em: Coimbra, 20 de janeiro de 2006, 12:00.

Silva, Manuel Duarte Gomes da. Concepção personalista do direito, *In*: *Revista da Faculdade de direito de Lisboa*. Lisboa, n.º 17, 1964.

___. *Direito Civil. Teoria geral*. v. 1 Coimbra: Coimbra, 2000.

De Sousa, Rabindranath V. A. Capelo. Direito geral da personalidade. Coimbra: Coimbra, 2000.

Nanni, Giovanni Ettore. A autonomia privada sobre o próprio corpo, cadáver, os órgãos e tecidos diante da Lei Federal n.º 9.3434/97 e a Constituição Federal, *In*: *LOTUFO*, Direito Civil Constitucional: Caderno 1, São Paulo: Max Limonad, 1999.

A IDENTIDADE PESSOAL E A CIRURGIA DE REDESIGNAÇÃO DE SEXO

Maria Ignez Franco Santos

1. INTRODUÇÃO

Na atual fase do conhecimento científico, a identificação do sexo do ser humano é irreversível e ocorre no momento da concepção, dependendo do número dos cromossomas em cada célula. Sabe-se que todo o ser humano recebe um cromossoma X, da mãe. Quem herde um cromossoma X do pai, é mulher (XX), quem herde um Y, é homem (XY)[1]. Coincidem também componentes de ordem hormonal para caracterização do sexo, predominando o estrogênio (hormona feminina) ou a testosterona (hormona masculina).

Afora a herança genética, em função da obrigação jurídica de declarar o sexo no assento de nascimento, providência que em geral ocorre nos primeiros dias de vida do ser humano, tem-se como parâmetros os seus órgãos sexuais externos. Apesar dessa verificação de ordem natural no momento do nascimento, constata-se que algumas pessoas sofrem de profunda, persistente e autêntica insatisfação psíquica em razão de seu sexo anatômico, assumindo um sexo psicológico oposto. Há uma clara contradição entre o sexo genético e genital, e o sexo cerebral ou social. É o que caracteriza o transsexual[2].

---

[1] RIDLEY, Matt – Genome/The autobiography of a species in 23 chapters, 2000. Tradução portuguesa da versão de 1999, de CARLA REGO, Genoma, 2001. Cada célula humana contém 46 cromossomas; 22 pares de autossomas que se encontram tanto no homem como na mulher e um par de gonossomas, cromossomas que se chamam sexuais, porque determinam o sexo.

[2] Diz-se da pessoa que sofre de transsexualismo. Constituição psicológica particular, muitas vezes confundida com o travestismo e a homossexualidade, caracterizado pelo facto de um indivíduo ter o sentimento de pertencer ao sexo oposto ao seu e pelo

A partir da constatação da existência de problemas de identidade sexual no ser humano[3] e do eventual desejo de redesignação de sexo, surgem questões de ordem ética, médica e sóciojurídicas a enfrentar. Pretende-se apreciar neste ensaio a forma como ocorre a identificação do sexo na pessoa e o seu reconhecimento como parte de sua identidade pessoal, assinalando a relação da pessoa com o seu corpo, a tutela da sua integridade física, assim como verificar a admissão de um direito à identidade sexual ou à saúde integral do ser humano como fundamento à cirurgia de redesignação de sexo.

Busca-se explorar a transsexualidade, apreciando-a no âmbito da pessoa portadora dessa anomalia e de sua saúde físico-psíquica, por se acreditar que o bem-estar da pessoa consigo mesma é fator preponderante para o seu equilíbrio e o desenvolvimento das suas potencialidades. O ensaio pretende demonstrar que a circunstância de ser inalterável o sexo cromossômico do ser humano não é impeditivo da mudança de seu sexo anatômico para os efeitos na ordem jurídica, quando comprovada a incoincidência com o sexo cerebral ou social, em nome de uma liberdade natural de disposição do próprio corpo, segundo princípios éticos e legais, em consonância com um direito subjetivo à saúde, à identidade sexual, à qualidade de vida e à dignidade da pessoa.

2. A IDENTIFICAÇÃO DO SEXO NO SER HUMANO

Importa ao presente estudo precisar a forma pela qual se determina o sexo de uma pessoa. A identificação sexual é formada por variáveis,

---

desejo intenso, muitas vezes obcecante, de mudar de sexo – definição constante do Dicionário Médico – L. Manuila, A Manuila, P. Lewalle e M. Nicoulin, 3.ª edição, Climepsi Editores, março 2004, p. 598.

3 Segundo Russel W Reid (psychiatre, Hillingdon Hospital, Londres), in Aspects Psychiatriques et Psychologiques du Transsexualisme, actualmente, nem a psicologia/psiquiatria nem a biologia podem fornecer uma explicação conclusiva ou mesmo satisfatória a respeito da etiologia dos problemas de identidade sexual. Existe na história dos transsexuais fatores biológicos não conhecidos que os tornam diferentes dos não-transsexuais. Até o momento, alguns fatores psicológicos implicados no estabelecimento pós-natal da identidade sexual e de seus problemas de identidade foram identificados, embora não seja possível estabelecer até que ponto contribuem para o desenvolvimento do transsexualismo.

a cromossômica, a endócrina – gonadal[4] ou extragonadal[5], a hormonal, a morfológica externa e a morfológica interna, a que se devem acrescentar elementos sociopsicológicos do "gênero", segundo a terminologia inglesa, que significa o sexo psicossocial. Há quem diga, conforme SESSAREGO[6] que *"o sistema existente (como método de divisão das pessoas em um e outro sexo) produz desafortunadas conseqüências e deve ser abandonado"*.

De fato, amplia-se o debate acerca da caracterização científica do sexo, sendo certo que *"existe uma etapa de desenvolvimento, estabilidade e constância sexual não coincidentes com os primeiros dias de vida do ser humano"*, consoante explicita REID[7]. Para BORIS CYRULNIK[8], *"os animais ensinam-nos que o sexo não existe, o que existe é o sistema sexual"*. Acrescenta, ainda, que *"o cérebro, as emoções, os comportamentos sexualizam-se progressivamente durante a maturação"*. Ensina TEREZA VIEIRA[9], ainda, que *"o sexo não é mais considerado tão-somente como um dado fisiológico (e,portanto, geneticamente determinado) e, por isso, imutável, a partir de contribuição das áreas de conhecimento da psicologia, da biologia, da antropologia, entre outros"*.

Acerca dessa identificação, STEFANO RODOTÀ[10] explica que a definição e a estruturação definitiva dos caracteres sexuais da pessoa demandam um tempo mais longo do que o exigido para a declaração do sexo de recém-nascido nos assentos públicos. Também afirma que não se deve confiar na nitidez e na certeza do sexo genético. Acrescenta que o estado das pessoas resultante dos registros públicos é uma descrição do papel social ligado a um elemento biológico presumido imutável. Entretanto, esta presunção ou ficção jurídica não pode mais ser considerada hoje com a mesma certeza que no passado.

---

[4] Identificado nas glândulas sexuais, testículos, para o homem ou, ovários, para a mulher.

[5] É constituído por outras glândulas, a tiróide e a epífise, cuja função é atribuir à pessoa outros traços de masculinidade ou feminilidade.

[6] SESSAREGO, Carlos Fernández. Derecho A La Identidad Personal. Editorial Astrea, Buenos Aires, 1992.

[7] Ver a respeito http://pierrehenri.castel.fr e Russel W. Reid. ob. cit. p. 3

[8] BORIS CYRULNIK, Memória de Macaco e Palavras de Homem, Instituto Piaget, Lisboa.

[9] VIEIRA, Tereza Rodrigues. Bioética e Direito.

[10] STEFANO RODOTÀ. Présentation Générale des Problèmes Liés au Transsexualismo, in Editions du Conseil de l'Europe, 1995, imprimé au Pays Bas.

3. A IDENTIDADE PESSOAL

Na tutela geral da personalidade, a lei protege os indivíduos contra qualquer ofensa ilícita ou ameaça de ofensa à sua personalidade física ou moral. Esclarece JORGE MIRANDA[11] que *"os direitos de personalidade são posições jurídicas fundamentais do homem que ele tem pelo simples facto de nascer e viver; são aspectos imediatos da exigência de integração do homem; são condições essenciais ao seu ser e devir; revelam o conteúdo necessário da personalidade; são emanações da personalidade humana em si; são direitos de exigir de outrem o respeito da própria personalidade; têm por objeto, não algo de exterior ao sujeito, mas modos de ser físicos e morais da pessoa ou de bens da personalidade física, moral e jurídica ou manifestações parcelares da personalidade humana".*

Também LEITE DE CAMPOS[12] é enfático ao afirmar que *"os direitos da personalidade são direitos naturais. São expressão e tutela jurídicas da estrutura e das funções da pessoa, do seu ser e da sua maneira-de--ser"*. E, adverte, com precisão: *" O Direito tem um fundamento axiológico (que é a sua justificação, e sem o qual se transforma em instrumento de opressão) que é imposto pela pessoa humana – o direito é produto do homem e feito para o homem".*

A identidade pessoal, consagrada como direito fundamental da ordem jurídica constitucional, distingue a pessoa na sua vida em sociedade, tutelando o seu nome, a sua filiação, o seu sexo, a sua nacionalidade, o momento de seu nascimento. Aferida pela singularidade, indivisibilidade e irrepetibilidade, no dizer de PAULO OTERO[13], é a marca distintiva da pessoa, que a individualiza, permitindo a construção da sua personalidade. É a sua maneira de ser, como se realiza na comunidade, com seus atributos e defeitos, com suas características e aspirações, com sua bagagem cultural. É "a identidade consigo próprio", referida por JOHAN GALTUNG[14], coerência interna, o direito de a pessoa ser ela mesma.

---

[11] JORGE MIRANDA, Manual de Direito Constitucional – Tomo IV – Direitos Fundamentais, 3.ª edição, Coimbra Editora, p. 58-9.

[12] DIOGO LEITE DE CAMPOS, Nós – Estudos sobre os Direitos das Pessoas, Editora Almedina, março, 2004.

[13] PAULO OTERO, in Personalidade e Identidade Pessoal e Genética do Ser Humano; Um perfil constitucional da bioética. Livraria Almedina, Coimbra, Setembro/1999.

[14] JOHAN GALTUNG, in Direitos Humanos – Uma Nova Perspectiva, Instituto Piaget, Lisboa, 1994.

Atribui-se a De Cupis[15] uma das primeiras representações do direito à identidade pessoal. Segundo o jurista, a identidade pessoal *"é ser único, representado por seus próprios caracteres e acções, constituindo a verdade da pessoa, não podendo ser destruída, pois a verdade não pode ser eliminada. Ser único, significa sê-lo também no conhecimento e na opinião dos outros"*. Representa a sua imagem social, bem jurídico que mereceria a tutela do direito. Trata-se do interesse da pessoa em afirmar a sua própria individualidade, de resultar, no âmbito social, aquilo que realmente é, com suas qualidades e acções. Para outro tratadista, como Messineo[16], a pessoa tem o direito de *"não ser confundida com os outros"*, limitando a identidade pessoal ao direito ao nome. O direito à identidade reclama, para Dogliotti[17], uma integral representação da personalidade individual em todos os seus aspectos e implicações, em suas qualidades e atributos, enquanto Tommasini[18] considera que a identidade da pessoa deve ser apreciada dinamicamente em relação às modificações sofridas segundo os diversos comportamentos assumidos. O que se tutela juridicamente não seria uma aparente identidade, senão a projeção externa da personalidade sempre que reflita a verdade dos valores e acções próprios da pessoa.

Na atualidade, segundo Sessarego[19], a doutrina superou a antiga noção estática de identidade pessoal, entendendo que o nome é apenas um dado da identificação da pessoa, a que se unem outros como a filiação, o sexo, o lugar e a data do nascimento. Assinala a noção dinâmica e atemporal da identidade *"por ser fluida como a pessoa. Não é algo acabado e finito, senão que se constrói no transcurso do tempo, com o tempo. Se enriquece e se empobrece, se modifica"*. Acrescenta: *" o direito à identidade supõe a exigência de respeito da própria biografia, com as suas luzes e as suas sombras, com o que exalta e com o que degrada"*. E, arremata: em face do direito da pessoa *"ergue-se o direito dos demais respeitarem a verdade que cada um projeta, de modo objetivo, na sua vida de relação.(...) Não pode perder-se de vista que a identidade é a projeção social de uma verdade pessoal, de uma maneira individual de ser humano. É esta verdade que configura o interesse existencial digno de tutela jurídica"*.

---

[15] De Cupis, Adriano. Il diritto della personalità, Milano, Giuffrè, 1982.
[16] Messineo, Francesco, Manual de derecho civil y comercial, t. II.
[17] Citado por Sessarego.
[18] Citado por Sessarego.
[19] Sessarego, Ob. Cit. p. 4.

Numa perspectiva da protecção constitucional do direito à identidade pessoal (art. 26.º 1 CRep[20]), compreende-se o reconhecimento à identidade sexual do indivíduo como uma explicitação daquele direito e do livre desenvolvimento da sua personalidade. Mesmo antes de pertencer à esfera pública, social e profissional, o sexo é próprio do círculo íntimo, pessoal ou secreto do ser humano. Ser de um sexo em vez de outro implica uma maneira de viver, de se sentir e de desencadear relacionamentos na vida em sociedade.

Todavia, o sexo sempre esteve envolto em mistério e fantasia. Consta terem sido os egípcios a ver o sexo não apenas na sua função reprodutora, mas também na erótica, favorecidos por um período de paz e liberdade de costumes. Em seguida, o hebraísmo, primeiro, e o catolicismo, depois, construíram em volta do sexo um halo de vício e de pecado, associado ao mal. O "noli me tangere" expresso no Evangelho[21], embora referindo-se ao corpo, trazia um sentido de tabu, que se estendeu ao sexo. A partir do século XVIII, voltou-se a falar de sexo do ponto de vista do erotismo, enquanto no século XIX retransportou-se o sexo à sua função reprodutora. Somente nos inícios de 1900, Sigmund Freud e outros estudiosos redescobriram o sexo e sua importante função psicológica, além da fisiológica[22], contribuindo para identificá-lo como parte integrante da personalidade da pessoa.

Com base em estudos científicos atuais no campo da sexualidade, é possível verificar que a estruturação da identidade da pessoa estava calcada em referências baseadas numa representação da ordem natural que hoje passa a ser discutível (*porque não bastaria a constatação física, cumulada com o registro civil*), na medida em que se tem nova percepção acerca do que constitui o sexo, numa dimensão mais humana da sexualidade, que procura a liberdade de sua expressão.

É que a identidade sexual constitui um aspecto importante da identidade pessoal, na medida em que a sexualidade está presente em todas as manifestações da personalidade do ser humano. Sexualidade vista primordialmente *"como um fenômeno humano que se enraíza no corpo e não uma vida objectivamente biológica à qual se sobrepõe uma superes-*

---

[20] Art. 26.º, n.º 1 – A todos são reconhecidos os direitos à identidade pessoal, ao desenvolvimento da personalidade, à capacidade civil, à cidadania, ao bom nome e reputação, à imagem, à palavra, à reserva da intimidade da vida privada e familiar e à protecção legal contra quaisquer formas de discriminação.

[21] S. João, 20, 17.

[22] Nova Enciclopédia Médica PUBLICIT – nono volume, Publicit Editora, Porto, março, 1979.

trutura consciente e ética"[23]. Identidade sexual e pessoal em estreita ligação com uma pluralidade de direitos da pessoa, como os referentes ao livre desenvolvimento da personalidade (*"um direito de conformação da própria vida"* consoante GUILHERME DE OLIVEIRA[24]), à saúde, à integridade psíquica e ao seu bem-estar.

Para além de tais considerações, importa assinalar que, para o transsexual, sua identidade não coincide com o seu sexo anatômico, porque sua verdade e singularidade apontam para o sexo psicossocial. Viabiliza-se a intervenção da medicina, através de acto cirúrgico, privilegiando-se a orientação clássica de que para a determinação do sexo o critério deva ser o corporal, morfológico-externo.

4. A DIGNIDADE HUMANA

Um dos traços identificadores da espécie humana é seguramente a dignidade, cuja raiz latina da palavra – *dignus*, significa *"aquele que merece estima e honra, aquele que é importante"*. Atribui-se ao Cristianismo a introdução da concepção ética da dignidade da pessoa humana, através das ideias do amor fraterno e da igualdade perante Deus, poderoso e misericordioso, sabido que a Antiguidade clássica não foi expressão do reconhecimento desse valor. Observa LEITE DE CAMPOS[25] que o *"cristianismo afirmou, primeiro, que o ser humano não é súbtido dos deuses (leia-se da natureza), mas o amado de deus e chamado a tornar-se Deus com Ele. O Deus cristão relaciona-se diretamente com os indivíduos que nele crêem, numa relação entre iguais"*.

Capaz de assentar as bases sólidas da dignidade da pessoa humana, desenvolveu-se o liberalismo como a consciência que o homem livre tem de seus direitos e também de seus deveres, com certas limitações. Concepção liberal que hoje mais se harmoniza com o humanismo, numa visão da pessoa, da pessoa na sociedade e da pessoa perante o Estado, consoante lição de VIEIRA DE ANDRADE[26].

---

[23] In MICHEL RENAUD, A Sexualidade Humana – Reflexão Ética, parecer no Conselho Nacional de Ética Para as Ciências da Vida - CNECV, 1999.

[24] GUILHERME DE OLIVEIRA, in Curso de Direito de Família, 3.ª edição, Coimbra Editora, 2003.

[25] DIOGO LEITE DE CAMPOS, ob.cit. p. 5

[26] VIEIRA DE ANDRADE, José Carlos. Os direitos Fundamentais na Constituição Portuguesa de 1976. 3.ª edição, Livraria Almedina, Outubro 2004.

A expressão jurídica da dignidade humana, construída sob conceitos filosóficos e políticos, é o seu reconhecimento como valor fundamental das Constituições mais modernas, baseada na Declaração Universal dos Direitos Humanos, regra da qual não fugiu a Constituição Portuguesa de 1976. Estabelece no art. 1.º *"ser Portugal uma República soberana, basea-da na dignidade da pessoa humana e na vontade popular e empenhada na construção de uma sociedade livre, justa e solidária"*. Do mesmo modo, a Constituição Brasileira de 1988 trouxe como comando jurídico a dignidade da pessoa humana, elevada à condição de fundamento da República Federativa do Brasil. Resulta que *"os direitos, liberdades e garantias pessoais têm a sua fonte ética na dignidade da pessoa,* ***de todas as pessoas****"*, conforme sentencia e enfatiza JORGE MIRANDA[27].

INGO SARLET[28], a respeito do princípio da dignidade humana, lecciona: *"a qualidade intrínseca e distintiva de cada ser humano que o faz merecedor do mesmo respeito e consideração por parte do Estado e da comunidade, implicando, neste sentido, um complexo de direitos e deveres fundamentais que assegurem à pessoa tanto contra todo e qualquer ato de cunho degradante e desumano, como venha a lhe garantir as condições existenciais mínimas para uma vida saudável, além de propiciar e promover sua participação ativa e co-responsável nos destinos da própria existência e da vida em comunhão com os demais seres humanos"*. Dignidade que seria indeclinável, indisponível e irrenunciável, consoante PAULO OTERO[29].

5. A PESSOA E SEU CORPO

Ao começo, é importante assentar que não se interpreta o direito das pessoas com um sentido essencialmente individualista, sabido que as aspirações individuais e os interesses próprios não podem nortear cegamente a vida em sociedade. A liberdade absoluta é um mito. Ela está condicionada pelo próprio mundo interior do indivíduo, pelas coisas e pessoas que o rodeiam, que oferecem resistências à sua plena realização como ser totalmente livre.

Considerando o direito à liberdade em sentido amplo, a reflexão que se impõe diz com a possibilidade de uma pessoa ter disponibilidade sobre

[27] JORGE MIRANDA, OB. CIT. P. 5.

[28] INGO WOLFGANG SARLET, Dignidade da Pessoa Humana e Direitos Fundamentais na Constituição Federal de 1988, Porto Alegre, Livraria do Advogado, 2001.

[29] OTERO, Paulo. Ob. Cit. p. 5.

o bem "corpo", sacrificando-o em nome de um interesse próprio. É indiscutível que a pessoa é o seu corpo, a forma como está no mundo, representando o corpo a expressão de sentimentos e emoções que não raras vezes resultam em ações externas.

Em geral, não há entraves para que a pessoa pratique atos lícitos e/ou humanitários em relação ao seu corpo, desde que possua consciência e vontade. Consciência, caracterizada pela lucidez para entender o ato e suas conseqüências, e, vontade, como expressão da liberdade, desde que limitada a preceitos éticos e legais. Explicita PERLINGIERI[30] que *"o simples consentimento de quem tem o direito não é suficiente para tornar lícito o que para o ordenamento é ilícito, nem pode – sem um retorno do dogma da vontade como valor – representar um ato de autonomia de per si merecedor de tutela"*.

Evidentemente, no mundo de hoje, frente à ordem constitucional, não poderia prosperar uma concepção de absoluta e ilimitada disposição do indivíduo por seu corpo, porque preponderam valores éticos superiores, sob pena de justificar-se o suicídio ou a alienação de partes para experiências científicas. Traz-se uma vez mais a lição de PERLINGIERI[31], quando assinala que *"as situações existenciais exprimem-se não somente em termos de direitos, mas, também, de deveres: no centro do ordenamento está a pessoa, não como vontade de realizar-se libertariamente, mas como valor a ser preservado também no respeito de si mesma"*.

Não raro diversos atos de disposição do corpo constituem manifestações de livre desenvolvimento da personalidade como expressão natural da identidade cultural[32], devendo ser reprimidos pelo ordenamento jurídico quando atentadores à saúde e à dignidade da pessoa.

Poder-se-ia aventar, ainda, que a disposição do próprio corpo estaria limitada à sua destinação e à conformação à lei, porque também o corpo cumpriria uma função social perante a coletividade. No caso, a modificação dos órgãos sexuais da pessoa diz essencialmente com o respeito à intimidade da sua vida privada e sua liberdade (não confundida com *"direito de escolher o próprio sexo"*), não implicando prejuízo a terceiro nem à sociedade, na qual pretende conviver. Não haveria qualquer ameaça à ordem social e à moralidade, mas, ao contrário, dar-se-ia a plena adaptação e integração da pessoa ao seu meio, porque reconciliada com a sua identidade.

---

[30] PERLINGIERI, Pietro. Perfis do Direito Civil – Introdução ao Direito Civil Constitucional – Editora Renovar, Brasil, 3.ª edição, Rio de Janeiro, 1997.

[31] PERLINGIERI, Pietro. Ob. Cit. acima.

[32] São exemplos a circuncisão judaica e da tatuagem Maori neozelandesa.

Naturalmente, sob um enfoque ético, o atentado ao corpo da pessoa desempenhado pela cirurgia, inclusive com a extinção da função reprodutora, justifica-se em face de uma necessidade terapêutica. O corpo humano é considerado no conjunto do bem espiritual e moral da pessoa, não se restringindo apenas ao órgão afetado. Do contrário, estar-se-ia legitimando a possibilidade da automutilação, o que se contrapõe ao direito.

6. A TUTELA DA INTEGRIDADE E DA SAÚDE PSICOFÍSICA

Excepcionalmente, quando não há plena correspondência entre o sexo biológico, anatômico e registral e o cerebral, psicológico ou social, diz-se que há um problema de identidade sexual ou uma forma extrema de disforia sexual, caracterizando o "transsexual". Analisando a terminologia empregada no estudo do transsexualismo, Reid[33] define *"identidade sexual (gender identity) como a relação elementar de se sentir propriamente um homem ou uma mulher"*, comportando um componente cognitivo e afetivo, e o *"sexo (o gênero) como o estatuto pessoal, social e jurídico de um indivíduo como homem ou mulher, ou como estatuto misto, estabelecido segundo critérios somáticos e comportamentais mais complexos que os critérios genitais e/ou os critérios eróticos isolados"*.

A literatura especializada salienta que o diagnóstico do transsexualismo é extremamente difícil, porque não se baseia apenas em critérios objetivos. Seria o resultado da combinação de fatores psicológicos, neurológicos, ambientais, educativos. Entretanto, a conduta diagnóstica recomendada pelos padrões de cuidado e segurança da Associação Internacional da Disforia Sexual Harry Benjamin compreende duas etapas: a identificação da persistência de um sentimento de mal-estar de que o sexo declarado é inapropriado e a constante preocupação, no mínimo por dois anos, de se livrar das características sexuais primárias e secundárias e de adquirir os caracteres sexuais de outro sexo, considerado sempre o indivíduo adulto.

Identifica-se no transsexual um distúrbio de saúde, a que corresponde um direito de buscar a sua cura e a diminuição de seu sofrimento, através dos meios médicos possíveis. É também uma faceta do direito à protecção da saúde do ser humano, inscrito no art. 64.º n.º 1 da Constituição da República Portuguesa.

---

[33] Russel W Reid – Ob cit. p. 3.

Evidentemente, não se compreende que os direitos das pessoas estejam subsumidos na busca de satisfações ilimitadas, embora a técnica e a ciência estejam descortinando pretensões inimagináveis. Todavia, os sentimentos humanos são elementos da vida e devem ser considerados, porque fatores importantes para o equilíbrio e a dignidade da pessoa. Talvez a fórmula do *"bem-estar consigo mesmo"* seja a busca de paz interior. Difícil de definir, embora possa corresponder ao pleno gozo dos sentidos. É física e espiritual. Representa tranqüilidade de consciência, ausência de sofrimento por desejos insatisfeitos ou por aspirações contrariadas.

No exercício da sua liberdade, a pessoa tem direito de buscar qualidade de vida, não apenas através do pleno funcionamento das suas funções orgânicas e psíquicas, também no emprego das suas faculdades e na satisfação dos seus anseios. Profundas insatisfações da pessoa com a própria identidade não apenas a impedem de viver com dignidade, como constituem fator de perturbação social pelo sentimento de inadaptação, sendo fundamental que a pessoa componha equilíbrio com o meio. Segundo enfatiza BORIS CYRULNIK[34], *"é preciso sentir-se no seu lugar e bem na sua pele para experimentar o sentimento de ser alguém dentro da sua cultura"*.

Atribuem-se ao direito civil e ao penal as primeiras regulações das relações privadas, definindo os termos em que se assegurariam os direitos pessoais no seu âmbito. Na esfera cível, a integridade psicofísica constitui base de diversos direitos da personalidade, de que são exemplo o nome, a honra, a vida, a imagem, a palavra. No mesmo passo, contribuiu o direito penal trazendo normas proibitivas de violação à integridade corporal da pessoa, sancionando as agressões físicas e contra a honra do ser humano.

No caso do transsexualismo, em que se pretende a modificação de partes do corpo da pessoa, a cirurgia é possível, sem afronta ao Direito Penal, tratando-se de procedimento lícito, com vistas a tratamento, chancelado por um diagnóstico médico de doença[35]. Aliás, a simples vedação da possibilidade de realização da cirurgia de redesignação não constituiria forma de proteção à integridade física do transsexual. Os obstáculos impostos à cirurgia não são capazes de impedir o pretendente de buscar a modificação anatômica do sexo, muitas vezes através de procedimentos

---

[34] BORIS CYRULNIK. Nutrir os Afectos. Instituto Piaget, Lisboa, 1995.

[35] Classificação Internacional de Doenças – 10.ª versão – CID 10, da Organização Mundial de Saúde (1993) – Capítulo V – Transtornos Mentais e do Comportamento, inclui nos chamados Transtornos de Identidade Sexual o transsexualismo – F64.0.

clandestinos, com prejuízo à sua saúde, noticiando a literatura casos de suicídio, quando não consegue ultimar as pretendidas alterações[36].

Busca-se igualmente com a cirurgia de redesignação de sexo garantir a integridade psíquica da pessoa, numa finalidade terapêutica. O equilíbrio mente/corpo é essencial à higidez física e mental da pessoa, inserindo-se a sua harmonização ao sexo no âmbito do direito constitucional à saúde.

7. A GESTÃO CLÍNICA E CIRÚRGICA DA TRANSSEXUALIDADE

A ciência tem procurado descobrir a origem da transsexualidade, mas ainda existem incertezas. Apesar das vacilações e falta de respostas, a medicina e o direito deparam-se com situações humanas tormentosas, por vezes, dramáticas, quando os indivíduos buscam soluções para a satisfação de seus conflitos e expectativas existenciais, especialmente na área da sexualidade.

Alguns tratamentos através da admissão de hormonas foram aplicados a transsexuais, sem resultados satisfatórios, não havendo reorientação de sua alterada preferência erótica. Também a psicoterapia com pacientes transsexuais mostrou-se ineficaz, o que levou os especialistas a encontrar outra solução para o problema. Por isso, a intervenção cirúrgica[37] tem sido a técnica mais empregada na tentativa de readequar o sexo cerebral ao sexo anatômico do indivíduo, depois de uma avaliação multidisciplinar e cumprindo determinados pressupostos, quando outros métodos terapêuticos não surtiram efeito.

Em Portugal, segundo o art. 55 n.º 1 do Código Deontológico Médico, *"é proibida a cirurgia para reatribuição do sexo em pessoas morfologicamente normais, salvo nos casos clínicos adequadamente*

---

[36] J. BRETON. Conditions du Traitement Medico-Chirurgical des Transsexuels, in Le Transsexalisme – Droit et éthique médicale, Masson, Paris, 1984.

[37] A cirurgia de redeterminação sexual, radical e completa, para o homem (transsexualismo masculino), consiste na remoção dos testículos, na amputação do pênis e na formação de uma vagina artificial, além do aumento dos seios através do implante de silicone. No caso do transsexualismo feminino (para a mulher), suprimem-se os ovários e o útero, reduzem-se os seios de tamanho e fabrica-se um pênis artificial. Evidentemente, a intervenção cirúrgica não modifica a conformação genética e cromossômica do sujeito, que se mantém inalterada depois da prática cirúrgica. Quanto à função reprodutiva ou reprodutora, é essencial que seja extinta. Afora as intervenções cirúrgicas nos órgãos reprodutores e sexuais, é possível outras cirurgias faciais (traços físicos femininos ou masculinos) e de adaptação vocal.

diagnosticados como transsexualismo ou disforia do gênero". No Brasil, desde que haja diagnóstico de transgenitalismo, normatização do Conselho Federal de Medicina autoriza a cirurgia somente em hospitais universitários ou públicos com atividade de pesquisa, para adequação do fenótipo feminino para masculino, enquanto os hospitais públicos ou privados poderão realizar cirurgias para adequação do fenótipo masculino para feminino, independentemente da atividade de pesquisa. Entretanto, as situações fáticas têm-se adiantado ao direito, observando-se numerosos casos em que o indivíduo apresenta-se aos serviços de saúde parcialmente alterado fisicamente, porque já se submeteu a cirurgias de ablação/extirpação de órgãos em outros países ou por mãos de médicos inescrupulosos, no afã de resolver o seu problema de identificação sexual.

8. O PANORAMA NORMATIVO

O problema da identidade sexual não é novo, embora, na atualidade, ainda sejam escassos os ordenamentos jurídicos que regulam expressamente a matéria. O Direito parece aguardar um esclarecimento científico mais uniforme para uma sistematização de critérios, porque não se apresenta como um assunto pacífico no âmbito médico-científico.

A mudança de sexo não está regulamentada na ordem jurídica portuguesa. O sistema tem por base a ordem romanística, fundada na ideia de que existem dois sexos. No dizer de ANTÓNIO MENEZES CORDEIRO, *"o transsexualismo não aflige o Direito civil pela enorme liberdade que parece implicar (escolher o próprio sexo!) ou pela perturbação que lança na ideia de imutabilidade de estados civis. De facto, o Direito civil é o Direito da liberdade e da autonomia e está sempre disposto a rever os seus conceitos. O que perturba o Direito civil é a impossibilidade de mudar o sexo cromossomático; a partir daí, o sexo anatômico "corrigido" é uma mutilação artificial, tal como artificial é a consecução de sinais exteriores do sexo oposto, através de doses maciças de hormonas".*

No Brasil, tramita projeto de lei sobre o tema, desde 1995, mas não há notícias de sua aprovação, embora a cirurgia de redesignação de sexo seja autorizada pelo Conselho Federal de Medicina, conforme Resolução no. 1652/02, com fundamento no art. 199, parágrafo 4.º[38], da Constituição da República.

[38] Art. 199 – parágrafo 4.º. – A lei disporá sobre as condições e os requisitos que facilitem a remoção de órgãos, tecidos e substâncias humanas para fins de transplante, pesquisa e tratamento (...).

9. UM OLHAR SOBRE O DIREITO COMPARADO

Em geral, as soluções em matéria de transsexualismo têm sido apreciadas caso a caso, por mãos dos juízes. No entanto, alguns países optaram por atribuir ao Parlamento a normativa definitiva, despontando a Suécia, na Europa, como o primeiro a legislar sobre a matéria, em 1972[39].

Segundo explicita REMÉDIO MARQUES[40], a lei sueca permite *"a todos aqueles que, finda a adolescência, se não reconheçam como pertencentes ao sexo indicado no assento de nascimento, a possibilidade de peticionarem à autoridade administrativa competente a atestação de que são do sexo oposto, contando que se tenham comportado ou o venham, invariavelmente, a fazer, na sua vida de relação, como se de pessoas do sexo oposto se tratasse"*. Exige alguns requisitos: é preciso ser sueco, solteiro, maior de 18 anos, estéril ou impotente, devendo submeter-se à esterilização, na hipótese de não o ser, ficando a cirurgia dependente de autorização, a qual certifica os pressupostos concernentes ao âmbito médico. A lei também disciplina outras questões como a tutela da intimidade da vida privada do transsexual, a responsabilidade médica, a representação do menor e a necessidade do seu consentimento, os limites e modalidades da intervenção cirúrgica.

Mais abrangente e rigorosa apresenta-se a Lei Alemã de 1980[41]. Socorrendo-nos de REMÉDIO MARQUES[42], vemos que a normativa alemã apresenta vários instrumentos jurídicos ao transsexual, podendo escolher o simples pedido de mudança de nome (para quem há três anos viva de acordo com o sexo peticionado, presumindo-se que a convicção não se alterará) ou trilhar todo o caminho que conduz ao sexo de eleição, obtendo sentença declaratória de pertença ao sexo oposto (e seus efeitos jurídicos), para o que se exige a prévia submissão à cirurgia. Importante assinalar que a lei permite à pessoa retornar ao sexo de sua identidade inicial. É necessário que já tenha completado 25 anos, seja de nacionalidade alemã, apátrida ou refugiado, residente no território da República da Alemanha e solteiro.

---

[39] Em sueco, "Könsroller".

[40] REMÉDIO MARQUES, João Paulo. Mudança de Sexo - O Critério Jurídico, Coimbra, 1991, monografia não publicada – p. 206.

[41] A "transexullengesetz"

[42] REMÉDIO MARQUES, ob. cit. acima – p. 209.

Na Holanda, desde 1985, a lei permite que seja reconhecida ao transsexual holandês a sua nova identidade sexual, alterando seu ato de registro civil. Exige-se o celibato do transsexual, idade superior a 18 anos, intervenção cirúrgica e terapia hormonal. Estende a possibilidade dos estrangeiros requererem a mudança das menções relativas ao sexo, nos instrumentos registrais de nascimento, contanto que residam na Holanda há pelo menos um ano, com licença de residência válida. Nesse caso, devem pedir a transcrição do instrumento registral de nascimento estrangeiro, nos registros de nascimento da "Conservatória dos Registros Centrais de Haia".

Em 1982, entrou em vigor a lei italiana a respeito da mudança de caracteres sexuais. Não refere a palavra transsexual, embora deva aplicar-se aos casos de intersexualidade. A autorização judicial é necessária para a intervenção médico-cirúrgica, podendo valer-se o juiz da intervenção de peritos, e a sentença que acolha a *"modificação superveniente dos caracteres sexuais"* deve determinar a rectificação material do sexo no assento de nascimento. Provoca, ainda, a dissolução do casamento civil ou a cessação dos efeitos do casamento canônico.

10. CONSIDERAÇÕES FINAIS

No atual momento histórico, de afirmação dos direitos da pessoa e das liberdades fundamentais, a questão da transsexualidade precisa ser enfrentada pelo Direito[43]. Não faz muito tempo, a classificação dos sexos era indiscutível e não se reconheciam incertezas. Hoje, não apenas admite--se a possibilidade de falta de coincidência entre o sexo anatômico e o cerebral ou social, como a ciência desenvolveu técnicas para realização cirúrgica de retirada ou implantação de órgãos para a redesignação do sexo.

Apesar da artificialidade do procedimento, que produz órgãos sexuais externos coincidentes com o sexo cerebral do indivíduo, sem alterar o sexo cromossômico, esse, sim, imutável, a cirurgia de redesignação de sexo, considerado impróprio apenas o tratamento clínico (hormonal ou psiquiátrico), surge como solução eficaz de auxílio à configuração sexual

[43] O tema do transsexualismo já foi apreciado por dois órgãos do Conselho de Europa (a Assembléia Parlamentar e o Comitê de Ministros) e também pela Comissão e a Corte Européia dos Direitos do Homem, o que revela a importância da sua discussão, considerando que são órgãos com vocação para proteger os direitos dos indivíduos.

da pessoa segundo a sua identificação psicológica ou social. É meio de assegurar-lhe a dignidade, a liberdade, a integridade física e moral, a igualdade, pelo reconhecimento da sua diferença, através de conformação pessoal e única. De fato, também possui direito individual à identidade a pessoa que não corresponde à representação tradicional.

A possibilidade de radical alteração do corpo humano, do seu sistema reprodutor e sexual, suscita discussões éticas, especialmente nos campos do Direito e da Medicina. Em princípio, tal ideia é motivo de repugnância para a maior parte das pessoas, por força do princípio da imutabilidade do sexo, o que não autoriza rejeição ao debate do tema no âmbito jurídico. Adverte com precisão o médico e etólogo BORIS CYRULNIK[44], ao analisar experiências científicas em embriões: *"o terror colectivo que estas práticas provocam, não passa, talvez, de uma angústia milenarista. Sempre que uma descoberta científica ou um debate cultural altera a representação do homem, provoca uma angústia virtuosa que permite rejeitar esta alteração. Galileu, Darwin e Freud fizeram essa experiência. Mais recentemente, a descoberta do clorofórmio no século XIX foi combatida virtuosamente por Balzac. A descoberta do parto sem dor devia preparar as mulheres para parirem como vacas, visto que deixariam de conhecer o sofrimento redentor. A descoberta dos tranquilizantes é ainda mais angustiante. Os antituberculóticos, as vacinas, as perfusões provocaram manifestações indignadas. E, hoje, a genética e a procriação pela medicina desencadeiam receios antecipatórios provavelmente muito diferentes do que se vai passar no real"*.

Questão de profundo conteúdo humano, o transsexualismo traz à tona o problema da faculdade de disposição do próprio corpo, nos limites da ciência médica, bem como do reconhecimento do direito à identidade sexual, que se insere no direito à identidade pessoal. Adverte GOOREN[45] que *"o transsexualismo provém de um erro no processo de diferenciação sexual"* e que o transsexual *"não é pessoalmente responsável por seu estado, ele não o escolheu"*, observando-se que a espécie humana está exposta a este problema, existente em sistemas socioculturais bastante diferentes[46]. A redesignação do sexo não se insere num simples querer da

[44] BORIS CYRULNIK, Ob. Cit. p. 10.

[45] L.J.G. GOOREN. Vrije Universiteit, Amsterdão, in Transsexualisme, médecine et droit. XXIII Colloque de droit européen, avril 1993.

[46] RUSSEL W REID, Ob. Cit. p. 3, explica que o transsexualismo não é o sintoma de uma cultura ocidental decadente, porque existe em outros sistemas sócioculturais. São os "xanith" da cultura árabe islâmica, os "berdache", índios da América, do

pessoa, já que o simples consentimento *"nunca será suficiente, uma vez que este é mais um campo em que o ordenamento não prioriza a esfera de livre autonomia da vontade"*[47]. Corresponde a um sentimento profundo e forte, que acompanha o transsexual, normalmente, desde a infância, responsável por um desconforto psíquico intenso, que o impele em direção a uma verdadeira mutilação do corpo. O conflito interior com o sexo biológico é tão forte e persistente, que a pessoa se submete a diversas cirurgias para readequação sexual, em procedimentos dolorosos, na ânsia de libertar-se do sexo que não a identifica psicologicamente, para *"estar em paz com ela mesma"*, no dizer de ELISABETH BADINTER[48] e poder dar amplo curso ao desenvolvimento da sua personalidade.

Não se desconhece que os transsexuais encontram diversos problemas para viver em sociedade e são numerosas vezes desconsiderados e estigmatizados como degenerescência moral. São pessoas diferentes, sim, mas têm direito à igualdade de tratamento na ordem jurídica e social. Por isso, o reconhecimento do direito à identidade sexual e a possibilidade de redesignação do sexo, através da cirurgia, sem prejuízo de eventual consolidação normativa sobre o tema, já existente em alguns países, constituem caminho para o fortalecimento da sua auto-estima, da sua consideração social, a fim de que sejam tratados com respeito e dignidade a que fazem jus como seres humanos. Harmonizando os valores constitucionalmente protegidos na ordem jurídica – dignidade, integridade psicofísica, igualdade, liberdade, tem-se que a cirurgia de redesignação de sexo é instrumento capaz de garantir ao transsexual sua identidade pessoal como emanação de sua personalidade.

De fato, não será suficiente acolher uma modificação de sexo se a nova identidade não for reconhecida perante o Estado, permitindo a rectificação do registro civil, a fim de que a pessoa possa gozar de seus direitos como homem ou mulher, com dignidade, sem discriminação de qualquer espécie. É certo que talvez a ordem jurídica não esteja suficientemente esclarecida sobre o transsexualismo, porque também no meio médico existem algumas dúvidas sobre o prognóstico da doença. Por isso,

---

México ao Alasca, os "hijras" da Índia, os "kushra", no Paquistão, os "acaults" na Birmânia, sendo conhecidos também registros científicos na China, na Tailândia, em Singapura e em países do Leste Europeu.

[47] KONDER, Carlos Nelson. O Consentimento no Biodireito: Os casos dos transexuais e dos wannabes, in Revista Trimestral de Direito Civil, Ano 4, vol. 15, jul/set 2003, Editora Padma, Brasil.

[48] ELISABETH BADINTER. XY De l'identité masculine. Éditions Odile Jacob, 1992.

parece fundamental que se afastem as obscuridades sobre o tema, com apoio na multidisciplinariedade, a fim de que seja possível normatizar[49] as questões relativas à transsexualidade e os seus efeitos jurídicos, por razões de ordem pública.

Apesar da complexidade do tema, que acaba por afastar um conceito estático de sexualidade, fundado em razões de segurança jurídica, haverá de privilegiar-se o respeito à pessoa e seu direito à identidade como emanação de sua personalidade e dignidade. Quando se trata de sua saúde física e psíquica, é o primado do ser humano, seu interesse e bem-estar, que devem prevalecer, sobre o interesse único da sociedade ou da ciência[50].

11. BIBLIOGRAFIA

A Reis Monteiro e Outros. *Direitos das Crianças*. Corpus Iuris Gentium Conimbrigae 3, Coimbra Editora, 2004.

Aristóteles. *Ética a Nicómaco*. Edición bilingüe y traducción de María Araujo y Julián Marías. Centro de Estudios Políticos Y Constitucionales, 8.ª edición, Madrid, 2002.

Attal-Galy, Yaël. *Droits de l'Homme et Catégories D'Individus*. Bibliothèque de Doit Public, tome 237, L.G.D.J., Montehrestien, 2003, Paris.

Badinter, Elisabeth. XY – De l´identité masculine, Éditions Odile Jacob, 1992.

Bernard, Jean. *Da Biologia à Ética*. Workshopsy – Livraria, Editora e Promotora de Eventos, 1994, Campinas, Brasil.

BRASIL. Conselho Federal de Medicina. *Resolução n.º 1652, de 6 de Novembro de 2002* – Dispõe sobre a Cirurgia de transgenitalismo e revoga a resolução CFM n.º 1.482/97 – Diário Oficial da União Brasília (DF), 2002, 2 dezembro, seção 1 :80.

Castel, Pierre Henri. *Quelques réflexions pour établir la chronologie du «phénomène transsexuel»: 1910-1995*, artigo localizado pela Internet, em 24/02/2006, site http://pierrehenri.castel.free.fr

---

[49] A Corte Européia de Direitos Humanos não tem acolhido a alegação de infração ao art. 8.º (*toute personne a droit au respect de sa vie privée et familiale, de son domicile et de sa correspondance*) nos casos de recusa ao pleno reconhecimento dos efeitos jurídicos da redesignação sexual, sob o fundamento de que no trato da matéria deve-se dar larga margem de apreciação aos Estados.

[50] Art. 2.º da Convenção de Oviedo para a Proteção dos Direitos do Homem e da Dignidade do Ser Humano face às Aplicações da Biologia e da Medicina – em vigor desde 1999.

CYRULNIK, Bóris. *Nutrir os Afectos*. Instituto Piaget, Coleção Epigênese e Desenvolvimento, Lisboa, 1993. *Memória de Macaco e Palavras de Homem*, Epigênese e Desenvolvimento, Instituto Piaget, Lisboa.

COMEMORAÇÕES DOS 35 ANOS DO CÓDIGO CIVIL – Vol. I – Direito da Família e das Sucessões, publicação da Faculdade de Direito, Coimbra Editora, 2004.

CORDEIRO, Antonio Menezes. *Tratado de Direito Civil Português I* – Parte Geral, Tomo III, Pessoas, Livraria Almedina, Coimbra, Janeiro, 2004.

DE CUPIS, Adriano. Il diritti della personalità, Milano, Giuffrè, 1982.

FERRER, Urbano. *Qué significa ser persona?* Biblioteca Palabra, Madrid, 2002.

FOUCAULT, Michel. *A Vontade de Saber – História da Sexualidade – I*, Relógio D'Água Editores, Lisboa, 1994.

GALTUNG, Johan. *Direitos Humanos – Uma Nova Perspectiva*, Instituto Piaget, Lisboa, 1994.

GUILHERME DE OLIVEIRA e PEREIRA COELHO, Francisco. *Curso de Direito de Família*. Introdução Direito Matrimonial. 3.ª edição, Coimbra Editora, 2003.

GROSMAN, Cecilia P and IÑIGO, Delia B. *Problems of Bioethics Affecting Family Law*. in The International Survey of Family Law – 2002 Edition, published on Behalf of The International Society of Family Law, Cambridge.

HERRING, Jonathan. *What is Family Law?* in Family Law, Longman Law series, Oxford.

HOLDGAARD, Marianne. *Family Life and Transsexuals*, in Family Life and Human Rights – 11th. World Conference of the International Society of Family Law, Edited by Peter Lodrup and Eva Modvar, Gyldendal Akademisk, p. 283-89.

JORGE MIRANDA. *Manual de Direito Constitucional* – Tomo IV – Direitos Fundamentais, 3.ª edição, Coimbra Editora, 2000.

KONDER, Carlos Nelson. *O consentimento no Biodireito: Os casos dos Transexuais e dos wannabes*. In Revista Trimestral de Direito Civil, ano 4, vol. 15, jul/set. 2003, Editora Padma, Brasil.

LA SANTÉ FACE AUX DROITS DE L'HOMME, À L'ÉTHIQUE ET AUX MORALES – Réseau Européen «Médecine et droits de l'homme» – Council of Europe Publishing – Editions du Conseil de l'Europe – Alemanha, 1996.

LEITE DE CAMPOS, Diogo. *Nós – Estudos Sobre o Direito das Pessoas*. Livraria Almedina, Coimbra, março, 2004. – Lições de Direitos da Personalidade – BFDUC, vol. LXVII, 1991, Coimbra.

L'IDENTITÉ DE LA PERSONNE HUMAINE – Étude de droit français et de droit comparé – Sous La Direction de J. Pousson-Petit, Bruylant, Bruxelles, 2002.

MALAURIE, Philippe et AYNÈS, L. *Cours de Droit Civil – Les Personnes – Les Incapacités* – Cours de Droit Civil, 5e édition, 2000.

MANUILA, L et all. *Dicionário Médico*, 3.ª edição, Climepsi Editores, março 2004.

NOVA ENCICLOPÉDIA MEDICA PUBLICIT. Nono Volume, Publicit Editora, Porto, Março, 1979.

OTERO, Paulo. *Direito da Vida*, Livraria Almedina, Coimbra, Julho, 2004. – *Personalidade e Identidade Pessoal e Genética do Ser Humano: um perfil constitucional da bioética*, Livraria Almedina, Setembro de 1999.

PERLINGIERI, Pietro. *Perfis do Direito Civil* – Introdução ao Direito Civil Constitucional. Editora Renovar, Brasil, 1997.

RENAUD, Michel. *A Sexualidade Humana – Reflexão Ética*, parecer elaborado para o Conselho Nacional de Ética para as Ciências da Vida – CNECV, em 1999.

REMÉDIO MARQUES, João Paulo F. *Mudança de sexo – o critério jurídico: o problema do paradigma corporal de identificação/identidade sexual no registro civil*. Coimbra, 1991, dissertação de mestrado (ainda não publicada). Cota L-4-29, 894D- 74126 da Biblioteca da Faculdade de Direito da Universidade de Coimbra.

SANTOS JUSTO, A – *Direito Privado Romano – I* – Parte Geral, Coimbra Editora, 2.ª edição, 2003.

SARLET, Ingo Sarlet, Organizador. *Direitos Fundamentais e Direito Privado*. Livraria do Advogado, Porto Alegre, Brasil, 2003.

SESSAREGO, Carlos Fernández. *Derecho a la identidad personal*. Editorial Astrea. Buenos Aires, 1992.

SCHILLING, Voltaire. *As Grandes Correntes do Pensamento – Da Grécia Antiga ao Neoliberalismo*. Age Editora, 2.ª edição, Porto Alegre, 1999.

SZANIAWSKI, Elimar. *Limites e Possibilidades do Direito de Redesignação do Estado Sexual*. Editora Revista dos Tribunais, 1999, São Paulo, Brasil.

TEYSSIÉ, Bernard. *Droit Civil Les Personnes*. Cinquième édition, Litec, Paris, 2000.

TRANSSEXUALISME, MÉDECINE ET DROIT – XXIIIe Colloque de droit européen – Vrije Universiteit Amsterdam (Pays-Bas), 14-16 avril 1993, Editions du Conseil de L'Europe, Strasbourg, 1995.

VARELA DE MATOS. *Conflito de Direitos Fundamentais em Direito Constitucional e Conflito de Direitos em Direito Civil*, Almeida & Leitão, LDA, Porto, 1998.

VIEIRA DE ANDRADE, José Carlos. Os Direitos Fundamentais na Constituição Portuguesa de 1976, 3.ª edição, Livraria Almedida, Outubro de 2004.

WARD, Paul. *Transsexuals in Irish Law*, in The International Survey of Family Law – 2005 Edition, published on behalf of the International Society of Family Law.

A AUTONOMIA PRIVADA NA CONTRATAÇÃO ELETRÔNICA SEM INTERVENÇÃO HUMANA

Miguel Marques Vieira

1. Introdução

O presente estudo examina o conceito da chamada autonomia privada: o elemento pessoal imprescindível para a celebração de qualquer negócio jurídico, a criar direitos e deveres. O contrato, o negócio jurídico por excelência, é a mais plena consecução do livre ajuste entre as pessoas capazes[1]. Por tudo o que se acumulou empiricamente ele é o necessário encontro presencial daquelas pessoas para exercerem suas vontades: escolherem com quem, quando, como contratar, e, inclusive, se pretendem ou não contratar, exercendo assim de forma ampla a sua liberdade contratual.

Em Portugal, o princípio basilar da autonomia privada é consagrado no n.º 1, do artigo 405.º, do Código Civil, dessa maneira: "Dentro dos limites da lei, as partes têm a faculdade de fixar livremente o conteúdo dos contratos, celebrar contratos diferentes dos previstos neste Código ou incluir nestes as cláusulas que lhes aprouver."

Contudo, a partir da utilização das novas tecnologias e, em particular, da Internet, para a celebração de contratos, é requerida nova análise da autonomia privada. A questão cinge-se à constatação que na contratação eletrônica, perfectibilizada exclusivamente por meio de computadores não mais ocorre a caracterização da expressão da vontade, pelo menos como tradicionalmente conhecida.

Nessa espécie de contratação eletrônica, a produção e a manifestação de vontades ocorrem por meios informáticos. Identifica-se uma, ou até

---

[1] A capacidade jurídica da pessoa tem assento legal no artigo 67.º do Código Civil luso da seguinte forma: "As pessoas podem ser sujeitos de quaisquer relações jurídicas, salvo disposição legal em contrário; nisto consiste a sua capacidade jurídica."

mesmo duas máquinas, entre si "dialogando" em conformidade com os programas de computadores.

Dessa feita, até que ponto pode falar-se que exista uma vontade comum, ou o necessário consentimento na contratação automatizada, se as vontades não são mais produzidas pelas pessoas "per se". Alguns doutrinadores suscitam, inclusive, teorias a respeito da "desumanização" do contrato em se tratando do ambiente eletrônico.

A denominada contratação eletrônica sem intervenção humana assumiu tamanha prevalência que o legislador português inovou ao abordá-la no artigo 33.º, do Decreto-Lei n.º 7/2004, de 7 de Janeiro,[2] que enfrenta certos aspectos dos serviços da sociedade da informação, em especial os do comércio eletrônico no mercado interno; a norma é a chamada Lei do Comércio Eletrônico. O referido artigo[3] determina em seu n.º 1.º o seguinte: "À contratação celebrada exclusivamente por meio de computadores, sem intervenção humana, é aplicável o regime comum, salvo quando este pressupuser uma actuação."

Oportuno antes destacar o notável incremento do comércio realizado pela via eletrônica pelo mundo afora. Em Portugal, o comércio eletrônico, em 2004, atingiu valor aproximado a 6 bilhões de euros[4]. A corroborar,

---

[2] Tal Decreto-Lei é o resultado da transposição da Diretiva n.º 2000/31/CE do Parlamento Europeu e do Conselho, de 8 de Junho de 2000. A respeito das inovações do legislador pertinentes ao comércio eletrônico nacional relativas a essa Diretiva consultar ASCENSÃO, José de Oliveira. *Bases para uma transposição da Directiva n.º 2000/31/CE, de 8 de Junho (Comércio Electrónico).* Coimbra Editora. Coimbra. 2003. Ver ainda SILVA, João Calvão da. *Banca, Bolsa e Seguros – Direito Europeu e Português.* Tomo I. Parte Geral. Editora Almedina. Coimbra. 2005. p. 87 e ss., ROCHA, Manuel Lopes; Marques, Ana Margarida e outros. *Guia da Lei do Comércio Electrónico.* BAP. Centro Atlântico. Lisboa. 2004 e Ministério da Justiça de Portugal. *Lei de Comércio Electrónico Anotada.* Coimbra Editora. Coimbra. 2005.

[3] A respeito dessa inovação frente à Diretiva Européia JOSÉ DE OLIVEIRA ASCENSÃO explica que "O artigo 33.º do Decreto-Lei n.º 7/2004, com a epígrafe "Contratação sem intervenção humana", é provavelmente, o mais inovador, porquanto traz soluções até o presente dificilmente enquadráveis no nosso Direito Civil, pensando para os negócios resultantes do encontro de vontades (humanas, por definição). Pense-se, por exemplo, nas questões suscitadas a propósito da formação, interpretação e validade dos contratos, regulados no pressuposto da existência do elemento pessoal." *In* ASCENSÃO, José de Oliveira. *O comércio electrónico em Portugal – quadro legal e o negócio.* ANACOM. Lisboa: ICP, 2004. Disponível em: www.anacom.pt. Acessado em 03 de maio de 2006. p. 188.

[4] ASCENSÃO, José de Oliveira. *O comércio electrónico em Portugal.....* p. 29. Para a obtenção de informações atualizadas a respeito da utilização da Internet pelos

estudos prevêem que os negócios celebrados na Internet representarão, no ano de 2007, valor equivalente a 26% do comércio mundial[5]. Outrossim, depreende-se que, na prática, das transações comerciais eletrônicas a grande maioria realiza-se de forma automatizada por intermédio exclusivamente de computadores.

Tais contratações perfectibilizadas sem a intervenção humana passam a ser cada vez mais utilizadas pelas pessoas, tendo em vista que a facilidade de uso e a redução dos custos, são características muito convidativas a que as pessoas venham a ofertar seus bens e serviços pela via eletrônica e, em especial, pela Internet[6].

Importa analisar como se pode aplicar o regime usual, vigente por tantos anos, a essa contratação eletrônica automatizada, levando-se em consideração que não existe uma declaração de vontade contemporânea à formação do acordo de vontades. Exemplo dessa modalidade de contratação é o sistema informático com base na tecnologia denominada *EDI (Electronic Data Interchange).*

Vale ressaltar que o ambiente eletrônico, incluindo a Internet, pode ser compreendido como um meio virtual, em que a pessoa não possui a certeza da identidade da outra pessoa e do bem objeto da contratação eletrônica, tendo em vista a ausência de qualquer contato prévio entre estas pessoas.

Dessa forma, a contratação exclusivamente por meio de computadores torna ainda mais difícil a comprovação da ocorrência de defeitos ou vícios na declaração de vontade das pessoas como, por exemplo, o erro. Em

---

portugueses ver: Inquérito à utilização de Tecnologias da Informação e da Comunicação pelas Famílias 2005, INE/UMIC, Dezembro de 2005 e Inquérito à utilização de Tecnologias da Informação e da Comunicação nas Empresas 2005, INE/UMIC, Janeiro de 2006. Disponível em: www.anacom.pt. Acessado em 15 de maio de 2006.

[5] Electronic Commerce and the role of WTO. p. 23. Disponível em: http://www.wto.org/english/tratop_e/ecom_e/special_study_e.pdf. Acessado em 22 de Março de 2006. Outro importante dado a destacar é que enquanto o crescimento do comércio mundial foi, no ano de 2005, em valor equivalente a 7,2% em relação ao montante movimentado em 2004; o valor transacionado por meio do comércio eletrônico representou um aumento, no ano de 2005, equivalente a 24,6% em relação ao ano de 2004. Assim, constata-se que o valor pertinente ao crescimento do comércio eletrônico, no ano de 2005, foi superior a três vezes o percentual do incremento proporcionado pelo comércio mundial. Tais informações foram apresentadas em relatório do ano de 2005 disponibilizado pelo Departamento de Comércio dos Estados Unidos da América. Este conteúdo está disponível na seguinte Página da Internet: http://www.census.gov/mrts/www/data/html/05Q4.html. Acessado em 22 de Março de 2006.

razão da complexidade desse meio, em que não há a presença física e simultânea das pessoas, os contratos eletrônicos automatizados são mais suscetíveis de serem objeto de uma novel modalidade de erro: os erros de processamento.

Finalmente, observar-se-á as disposições legais de outros ordenamentos jurídicos a respeito do comércio eletrônico com a finalidade precípua de analisar a segurança jurídica da contratação eletrônica sem intervenção humana em outros países.

2. A autonomia privada e o contrato

A partir do século XIX o princípio da autonomia da vontade tornou-se a base do Direito Obrigacional, sendo imprescindível para a perfectibilização de qualquer negócio jurídico. A obrigação que se formava era uma verdadeira e eficaz *lex inter partes*.

Nas palavras de Mário Júlio Almeida da Costa a "autonomia privada, autonomia da vontade ou liberdade negocial traduz a amplitude deixada aos particulares para disciplinarem seus interesses."[7] Dessa forma, valoriza-se o poder autônomo, de iniciativa da pessoa de regular a efetivação de seus interesses.

As pessoas têm o condão de estabelecer, integralmente, as regras que venham reger sua relação.[8] A lei tem como função primordial assegurar às pessoas o exercício de sua vontade, sendo esta a denominada teoria da vontade ou voluntarismo.

---

[6] A respeito das vantagens da utilização da Internet para a transação de bens e serviços consultar ALMEIDA, Daniel Freire e. *A tributação do comércio electrónico nos Estados Unidos e na União Européia*. Dissertação de Mestrado apresentada na área de Ciências Jurídico-Comunitárias. Faculdade de Direito. Universidade de Coimbra. 2001. p. 32 e ss.

[7] COSTA, Mário Júlio de Almeida. *Direito das Obrigações*. Editora Almedina. 9.º edição. 2006. p. 206.

[8] A autonomia privada, segundo EMÍLIO BETTI, é valorizada da seguinte forma: "os negócios jurídicos têm a sua génese na vida de relações: surgem como actos por meio dos quais os particulares dispõem para o futuro, um regulamento obrigatório de interesses das suas recíprocas relações, e desenvolvem-se espontaneamente, sob o impulso das necessidades, para satisfazer diversíssimas funções econômico-sociais, sem a ingerência de qualquer ordem jurídica." *In* BETTI, Emílio. *Teoria geral do negócio jurídico*. 2.º edição. Coimbra Editora. 1969. p. 88-89.

Dessa forma, as pessoas presencialmente negociavam todas as cláusulas relativas ao seu acordo, sendo este o resultado da vontade comum. Merecia assim relevo questionar-se somente aquilo que fosse intimamente desejado pelas pessoas no ato da celebração do contrato.

Com a evolução dos tempos ocorreram alterações significativas nas operações econômicas. Dessa maneira, a partir do aperfeiçoamento dos meios de produção foram dinamizadas as transações de bens e serviços, implicando a impossibilidade de discussão da integralidade dos aspectos pertinentes a cada negócio jurídico.

Ocorre, por consequência, uma negação da vontade interna, não-declarada, em preferência à declaração de vontade manifestada pela pessoa, surgindo assim a teoria da declaração[9]. A manifestação de vontade a partir de condutas e declarações exteriores das pessoas passam a ter maior importância em relação à vontade íntima que motivou a perfectibilização do acordo.

Outrossim, salienta-se outro momento histórico marcado a partir do final da Revolução Francesa, em que as práticas comerciais demandaram a proposição dos contratos denominados de adesão ou standardizados[10]. Tais contratos são uniformizados e possibilitam a proposição de cláusulas em "bloco", as quais não permitem a discussão entre as pessoas, restringindo assim o exercício da liberdade contratual.

Outro fenômeno contratual que limita a autonomia da vontade são as leis imperativas, em que o Estado propõe normas com o objetivo de impor certas regras aos acordos de vontade. No caso, o legislador reduz, ou suprime, essa liberdade de escolha, quando entenda que deve haver uma predominância do interesse social.

A existência de monopólios ou oligopólios no fornecimento de determinados bens ou serviços seria uma forma prática de limitar-se também o exercício da plena liberdade contratual da pessoa. Há uma restrição quanto à escolha do parceiro contratual, sendo essa realidade

---

[9] DARCY BESSONE explica esta teoria da seguinte forma: "Justificando-a, doutrinam que a vontade se constitui não apenas internamente, mas por momentos integrativos sucessivos, dos quais o último é a declaração. Do ponto de vista jurídico ou social, não oferecem interesse especial as etapas volitivas internas, incapazes, precisamente pela falta de externação, da criação de vínculos ou relações exteriores. O que conta, sob esse aspecto, é somente a vontade declarada, porque é a declaração que, gerando vínculos, produz o ato jurídico." *In* BESSONE, Darcy. *Do Contrato – Teoria Geral.* Editora Saraiva. São Paulo. 1997. p. 29.

[10] COSTA, Mário Júlio de Almeida. *ob. cit.* p. 92.

muito comum, em alguns países, na prestação de serviços essenciais, tais como o fornecimento de água e energia elétrica.

Depreende-se que na evolução do conceito de contrato ocorreram algumas situações que limitam o exercício da autonomia da vontade das pessoas. Fala-se assim em uma autonomia privada da pessoa. Tal característica pessoal ainda é fundamental para a formação dos contratos, entretanto, somando-se a outros elementos como, por exemplo, a boa-fé objetiva.

Assim, indaga-se até que ponto a utilização das novas tecnologias para a celebração de contratos trouxe alterações para este imprescindível elemento pessoal formador do negócio jurídico. Propõe-se o exame da modalidade de contratação eletrônica em que não existe efetivamente a intervenção humana; as ditas contratações automatizadas.

3. **As contratações eletrônicas automatizadas**

É inegável que a utilização da via eletrônica e, em particular, a Internet[11] é uma atrativa ferramenta para se contratarem bens e serviços em nível global, a viabilizar a redução dos custos das transações, maior facilidade e agilidade para as pessoas negociarem entre si. Nesse sentido, a Organização Mundial do Comércio define o comércio eletrônico[12] como

---

[11] Interessante notar a evolução do comércio via Internet a partir das palavras de ANTÓNIO MENEZES CORDEIRO: "A contratação pela Internet conheceu uma evolução que cumpre referenciar. Num primeiro momento, a Internet era encarada como simples meio de comunicação. As declarações de vontade eram, simplesmente, transmitidas por essa via. Os problemas daqui resultantes eram similares aos da comunicação por correio ou pelo telefone. Designadamente: o contrato poderia ter-se celebrado entre presentes ou entre ausentes consoante, entre a proposta e a aceitação, mediasse algum lapso de tempo juridicamente relevante. No passo seguinte, o computador é programado de tal modo que, ele próprio percebe e processa a declaração do interessado, estando em condições de a aceitar. Temos uma declaração do computador ou automatizada. O exemplo mais claro é o das livrarias electrónicas que, de modo automático, negoceiam livros. A declaração electrónica é imputável à pessoa que programou ou mandou programar o computador." *In* CORDEIRO, António Menezes. *Tratado de Direito Civil Português. Parte Geral.* Tomo I. 3.º edição. Editora Almedina. 2005. p. 584.

[12] Outra definição de comércio eletrônico trazida pela International Data Corporation é "todo o processo pelo qual uma encomenda é colocada ou aceite através da Internet, ou de outro qualquer meio electrónico, representando, como consequência, um compromisso para uma futura transferência de fundos em troca de produtos ou serviços." *In* ASCENSÃO, José de Oliveira. *O comércio electrónico em Portugal – quadro legal e o negócio.........* p. 15. Acessado em 03 de maio de 2006.

a produção, venda e distribuição de bens e serviços por meio de redes de telecomunicações, mencionando como principais instrumentos[13] o telefone, fax, televisão, pagamentos eletrônicos, transferência eletrônica de fundos, EDI e a Internet.

Logo, pode-se afirmar que a contratação eletrônica em sentido estrito ocorre por intermédio da transmissão de declarações de vontade por qualquer uma das vias eletrônicas antes suscitadas. Nessa conceituação, a doutrina e a jurisprudência são unânimes em aplicar o mesmo regime jurídico geral para a contratação eletrônica realizada pelo telex, fax e telefone à Internet.[14]

Todavia, importa para o presente estudo as contratações eletrônicas denominadas de automatizadas, em que além da transmissão das declarações de vontade ocorre a produção dessas por intermédio de meios informáticos. Seriam essas as contratações eletrônicas em um sentido amplo, sendo uma modalidade de contratação eletrônica, em que não existe a intervenção humana.

Com efeito, os programas de computador geram e emitem tais declarações de vontade; também denominadas de declarações de vontade computadorizadas.[15] Assim, o sistema computacional interpreta determinado comando e emite a manifestação de vontade, de acordo com orientações pré-estabelecidas pela pessoa. Nessa situação, a produção da vontade é feita por um ou até mesmo dois autômatos, podendo falar-se, inclusive, em um "diálogo" promovido por máquinas.

O computador possui assim uma autonomia para operar em determinadas situações, de acordo com instruções programadas. Trata-se de um mero aplicador de regras pré-estabelecidas pela pessoa. Tal comportamento não pode ser comparado com a autonomia humana capaz de avaliar e valorizar determinadas circunstâncias frente a celebração de um contrato eletrônico.

---

[13] Para obter maiores detalhes a respeito dos meios eletrônicos pertinentes ao comércio eletrônico consultar: CORREIA, Miguel Pupo. *Comércio electrónico: Forma e segurança. In* As telecomunicações e o Direito na Sociedade da Informação – Actas do Colóquio organizado pelo IJC em 23 e 24 de Abril de 1998", coordenação de António Pinto Monteiro. Instituto Jurídico da Comunicação e FDUC. Coimbra. 1999.

[14] SILVA, Paula Costa e. *A contratação automatizada In* Direito da Sociedade da Informação. Volume IV. Coimbra Editora. Coimbra. 2003. p. 290.

[15] ROSA, Victor Castro. *Contratação electrónica In* Ministério da Justiça de Portugal. Lei de Comércio Electrónico Anotada. Coimbra Editora. 2005. p. 200. Ver ainda: SILVA, Paula Costa e. *A contratação automatizada*.........p. 290 e ss e PEREIRA, Alexandre Dias. *Comércio Electrónico e Consumidor In* Estudos do Direito do Consumidor. Centro de Direito do Consumo. Coimbra. n.º 6. pp. 341-400. 2004. p. 358.

ANTÓNIO MENEZES CORDEIRO explica que "No limite, o atutómato é programável para tomar decisões, sendo ainda perfeitamente concebível um negócio "celebrado" entre autómatos – devidamente programados para o efeito.[16]" A produção da declaração de vontade é, nesse sentido, automatizada e independente da vontade humana.

O estágio tecnológico atual possibilita cada vez mais que a partir de programas de computador haja a apresentação, por exemplo, de uma oferta de um bem ou serviço em determinado momento, mediante o preenchimento de determinadas condições[17]. Nessa situação não haveria um ato humano e sim uma manifestação volitiva unilateral proporcionada exclusivamente pelo computador. A título ilustrativo, uma oferta apresentada, no dia quinze de determinado mês a uma pessoa que seja cliente de um supermercado virtual e que de maneira reiterada adquire seus produtos no meado de cada mês de dito estabelecimento virtual.

PAULA COSTA E SILVA exemplifica as contratações automatizadas da seguinte forma:

> Por fim há um grau último de abstracção em que as declarações são geradas e transmitidas por sistemas informáticos sem qualquer intervenção humana no momento em que todo este processo acontece. Este último grau de abstracção já pode ser encontrado em alguns sectores de actividade como seja a gestão de stoks de grandes superfícies, o tráfego aéreo e o tráfego marítimo. Para além destas, há uma área em que toda a contratação é necessariamente automatizada. Referimo-nos ao sector financeiro. Todas as operações de

---

[16] CORDEIRO, António Menezes. *ob. cit.* p. 583. Outrossim, Andrea NERVI afirma que: "...il computer è una macchina dotada di una capacitá elaborativa sua propria, ed è pertanto in grado di compiere – in una certa misura – operazioni analoghe a quelle della mente umana, spesso con uma velocitá ed una precisione decisamente superiori" *In* NERVI, Andrea. *L´impiego del computer nel procdimento di formazione del contratto. In* GALGANO, Francesco. Trattato di diritto commerciale e di direitto pubblico dell´ economia. Il contratto telematico. CEDAM. Padova. pp. 111-126. 2002. p. 122.

[17] JOSÉ DE OLIVEIRA ASCENSÃO afirma que: "Há programas de computador que, perante os dados que lhe são fornecidos, desencadeiam ordens de encomenda para outros computadores, que emitem por sua vez avisos de recepção e dão as instruções para a execução correspondente." *In* ASCENSÃO, José de Oliveira. *Contratação electrónica.* Direito da Sociedade da Informação. Volume IV. Coimbra Editora. Coimbra. 2003. p. 64. Nessa linha, ANTÓNIO MENEZES CORDEIRO informa que "Nessa medida, a declaração feita através de autómato pode ser uma proposta ou aceitação ou, mais genericamente, pode ser de qualquer tipo, consoante a vontade dos programadores." *In* CORDEIRO, António Menezes. *ob. cit.* p. 583.

compensação monetária e de liquidação de operações celebradas sobre valores mobiliários são realizadas através de sistemas informáticos e sem intervenção humana.[18]

Dessa forma, tornou-se oportuno às pessoas automatizarem suas contratações via programação de seus computadores para a efetivação das transações eletrônicas. Tal possibilidade permite ainda maior dinamização e economia para as trocas comerciais nos mais diversos segmentos da economia.

Citam-se que as grandes empresas, desde os anos 70, promovem suas contratações exclusivamente por computadores a partir do desenvolvimento de sistemas baseados na tecnologia denominada *EDI*. Esta ferramenta permite a realização de transações eletrônicas de forma automática, em conformidade com o denominado "acordo para intercâmbio eletrônico de dados" anteriormente celebrado[19].

Um clássico exemplo dessa realidade é o acordo perfectibilizado entre a fábrica montadora de automóveis com o fabricante-fornecedor de pneus para o controle de peças havidas no stock. Os sistemas informáticas automatizados das duas empresas interligam-se eletrônicamente para a reposição da quantidade faltante de mercadoria na montadora de automóveis.

Essa formulação de contratação automatizada é muito comum entre as empresas, mas cada vez mais está sendo utilizada também pelas pessoas, uma vez que a segurança jurídica é garantida.[20] Portanto, observa-se nítida ampliação da utilização da via eletrônica para a celebração de contratos automatizados. Dessa forma, resta saber quais serão as conse-

---

[18] SILVA, Paula e Costa. *A contratação automatizada*............p. 291.

[19] PEREIRA, Alexandre Libório Dias. *Comércio Eletrónico na sociedade da informação: da segurança técnica à confiança jurídica.* Editora Almedina. Coimbra. 1999. p. 30 e ss.

[20] Nesse sentido, citam-se as palavras de MIGUEL PUPO CORREIA e MARIANO JOSÉ: "Em nosso entender, e para que a utilização ultrapasse o cenário frequente (consubstanciado na ligação de uma grande empresa a fornecedores), é forçoso que se acorde num enquadramento jurídico que viabilize as transacções entre parceiros com vínculos comerciais esporádicos..........Justificam-se, pois, todos os esforços com vista ao aperfeiçoamento do edifício jurídico do EDI. Mesmo porque, se este for implantado sobre alicerces sólidos, reforçar-se-ão consideravelmente as condições de atractividade da adesão à prática." *In* CORREIA, Miguel Pupo e MARIANO, José. *Introdução à problemática Jurídica do EDI.* Marconi-SVA. Lisboa. 1991. pp. 9-11. Consultar ainda APEDI – Associação Portuguesa para o Desenvolvimento do Comércio Electrónico e do EDI. Disponivel em: http://www.apedi.pt/. Acessado em 22 de Maio de 2003.

quências advindas dessas novas possibilidades de contratação sem intervenção humana, levando-se na devida consideração que a produção da manifestação de vontade passou a ser realizada por meios informáticos.

4. A ausência de vontade da pessoa na contratação eletrônica automatizada – Uma "desumanização" do contrato

Frente a realidade das inovações tecnológicas e, em particular, seus reflexos sobre a contratação automatizada via eletrônica alguns doutrinadores passaram a propugnar pela impossibilidade de identificação da genuína vontade humana no contrato. Nesse caso, a produção e a transmissão da vontade foram emitidas por meios informáticos, resultando em uma relação jurídica despersonificada ou "desumanizada".

Tal constatação alerta também para os perigos decorrentes da adoção única e exclusiva da via eletrônica por meio de computadores para contratar-se determinado produto ou serviço. Nessa nova realidade, não haveria mais qualquer contato humano direto seja por telefone, fax etc. Para esses casos não existe mais uma voz humana em contato simultâneo com a pessoa que tencione contratar algo, negociando uma a uma as cláusulas do acordo de vontades.

Ricardo Lorenzetti traz à discussão a noção de que o contrato eletrônico estaria sendo marcado como um conjunto de manifestações tão-somente unilaterais, emitidas, na realidade, por sistemas de computadores[21]. Na contratação eletrônica automatizada, as vontades das pessoas seriam produzidas e expressadas por meios eletrônicos, o que significa dizer que a declaração negocial é gerada e transmitida mediante algoritmos, que são dirigidos a um receptor e, daí, ao sistema de computação da outra pessoa.

No limite, Natalino Irti classifica os contratos eletrônicos como "um conjunto de atos unilaterais desprovidos de manifestação de vontade das partes contratantes que aliás não sobrepõem-se."[22] Assim, não haveria o acordo de vontades por intermédio da via eletrônica, tendo em vista que tais contratos são "sem diálogo" ou "em silêncio".[23]

---

[21] Lorenzetti, Ricardo. *Comercio Eletrónico.* Editora Abeledo-Perrot. Buenos Aires. 2001. p. 167.

[22] Irti, Natalino. *Scambi senza accordo.* Rivista Trimestrale e Procedura Civile. Ano LII. n.º 2. pp 347-364. giug. Milão. 1998. p. 347.

[23] Natalino Irti diz que: "Il declino del dialogo è declino di libertà: i benefici della pura oggetività, che sarebbero compromessi o minacciati dall`usso della parola,

Portanto, na via eletrônica existiria um contrato sem acordo, em que as pessoas agem mais por aspectos visuais ou imagens, sendo conduzidas pelo ato de clicar um botão, ao invés da linguagem propriamente dita. Explica ainda que o acordo ou a vontade comum nada mais é do que o resultado de um diálogo linguístico. Entretanto, os contratos eletrônicos proporiam o fim do diálogo contratual, inviabilizando a vontade comum e efetiva das pessoas envolvidas.[24]

Por outro lado, GIORGIO OPPO questiona a posição de NATALINO IRTI que estaria pressupondo uma "desumanização" do contrato no ambiente eletrônico. De fato, reconhece que haveriam duas "decisões" ou manifestações unilaterais de vontade, entretanto, afirma que todo contrato é a combinação de duas declarações de vontade que convergem para o mesmo sentido.[25] Existiria sim um acordo de vontades ou um "consenso" das pessoas envolvidas. Finalmente, conclui que a manifestação de vontade emanada pelo sistema informático é imputada aquele que nele inseriu os comandos, e que, portanto, haveria a celebração de um contrato, de acordo com a legislação vigente.[26]

Há, nessas eventualidades, um grande choque de realidades. Basta lembrar que o sistema jurídico português também é, como esperado, baseado na tradição de reunir e cotejar declarações de vontade de pessoas, reunidas no ato de celebração do contrato.

É este o modelo clássico como analisado anteriormente.

---

esigono 'il costo dell`autonomia" *In* IRTI, Natalino. *È vero ma...(replica a Giorgio Oppo).* Rivista di Diritto Civile. n.º 2. ano XLV. pp. 273-278. Milão. 1999. p. 277.

[24] Sobre essa "desumanização" do contrato eletrônico, CLAUDIA LIMA MARQUES tece o seguinte comentário: "Os contratos à distância no comércio eletrônico seriam apenas um subtipo dos contratos "automatizados", contratos realizados diretamente com "computadores" (como os contratos de home-banking) ou com máquinas de respostas (como os contratos por telefone com respondedores automáticos), contratos "em silêncio" ou "sem diálogo" (expressão de Irti), conduzidos mais pela imagem, pela conduta de apertar um botão, do que pela linguagem" *In* MARQUES, Claudia Lima. *ob. cit.* p. 99.

[25] OPPO, Giorgio. *Disumanizzazione del contrato?*. Rivista di Diritto Civile. ano XLIV. n.º 5. pp. 525-533. set-out. Pádua. 1998. p. 530.

[26] Para obter maiores detalhes a respeito dessa "controvérsia" na doutrina italiana consultar CAMARDI, Carmelita. *Gli accordi telematici: un nuovo modello di scambio In* GALGANO, Francesco. Trattato di diritto commerciale e di direitto pubblico dell´ economia. Il contratto telematico. CEDAM. Padova. 2002. pp. 1-14. A doutrina italiana iniciou essa discussão a partir do artigo IRTI, Natalino. *Scambi senza accordo...* pp 347-364, sendo o mesmo respondido por OPPO, Giorgio. *ob. cit.* pp. 525-533 que depois foi objeto de réplica de IRTI, Natalino. *È vero ma......*pp. 273-278.

Na nova situação, contrariamente, deve-se realizar um grande esforço para caracterizar a imputação da manifestação de vontade ao responsável legal do computador, haja vista que essa não é detectável de forma visível e imediata. Dessa forma, propõe-se a imputação da declaração de vontade à pessoa que programou o computador, a fim de identificar-se o necessário consentimento.

5. A imputabilidade da vontade à declaração eletrônica automatizada

As noções conceituais relativas à autonomia privada tradicionalmente conhecidas passam por alterações frente à contratação automatizada.[27] Dessa forma, torna-se necessária uma nova análise deste imprescindível elemento pessoal do negócio jurídico a partir da utilização das novas tecnologias.

Primeiramente, cabe relembrar que a contratação sem intervenção humana é feita a partir da instrução de programas de computador para atuarem de acordo com a vontade da pessoa – uma vontade potencial em contratar.[28] Naquele momento anterior é que surge a formação da vontade da pessoa em contratar, definindo-se com quem, onde e em que condições contratar com outras pessoas.

Nessa linha, Renato Clarizia explica que:

> La volontá potenziale inserita nel programma è gia una compiuta manifestazione di volontá, la quale si specificherà secondo determinati contenuti, direzioni, objettivi quando si procederà all´esternazione finale con l´ invio dell´impulso elettronico.[29]

Os computadores realizam essas transações de forma automática pela via eletrônica, sendo muitas delas programadas, de acordo com modelos pré-estabelecidos como, por exemplo, o sistema baseado na tecnologia

---

[27] Paula Costa e Silva faz interessante observação a este respeito: "Não é possível ficcionar que está um homúnculo sentado dentro do computador ou do autómato e que é a vontade formada e manifestada a cada momento por este homúnculo que constitui a declaração de vontade integrante do negócio jurídico." *In* Silva, Paula Costa e. *A contratação automatizada*........ p. 293.

[28] Nervi, Andrea. *ob. cit.* p. 121.

[29] Clarizia, Renato. *Informatica e conclusione del contratto*. Giuffre editore. Milão. 1985. p. 72.

EDI. Tais manifestações de vontade não são diretas como ocorre por intermédio do telex, fax e telefone, mas sim segundo um programa precedentemente inserido na máquina de computador – este é o momento da formação da vontade propriamente dita. Com efeito, a declaração de vontade transmitida pela via eletrônica (vontade expressada) já estava programada por uma pessoa, sendo que a esta deve ser imputada a declaração.[30] Nessa situação como observado anteriormente não há a caracterização da vontade contemporânea à declaração de vontade. Necessário assim fazer-se uma imputação dessa vontade à declaração antes mencionada para observar-se a vontade comum necessária para a caracterização de um contrato eletrônico.[31]

Nesse linha, Antonio Pinto Monteiro destaca que:

> A este propósito, não deixa de haver quem entenda que as declarações emitidas por computador implicariam o abandono da doutrina da vontade. Mas parece que não seja assim. Nada de especial, para este efeito, quando o computador surge como simples meio de transmissão da declaração negocial. Mas quando a declaração é concretizada ou integrada pelo próprio computador não deixa ela de ser, ainda neste caso, imputável: à vontade de quem preparou a máquina para actuar nos termos programados. [32]

---

[30] António Menezes Cordeiro afirma que "Em esquemas mais elaborados, o autómato reproduz a vontade do seu programador ou da pessoa a quem as actuações deste sejam imputáveis" *In* Cordeiro, António Menezes. *ob. cit.* p. 583. Desse modo, nem poderia ser diferente a observação de Ricardo Lorenzetti de "quien utiliza el medio eletrónico y crea una apariencia de que éste pertenece a su esfera de intereses, soporta los riesgos y la carga de demonstrar lo contrario." *In* Lorenzetti, Ricardo. *ob. cit.*, p. 178.

[31] Ainda, José de Oliveira Ascensão afirma que "não há, efetivamente, consciência do conteúdo individualizado do contrato que afinal se celebra. Mas não é desproporcionado afirmar que há ainda então mútuo consenso, porque o processo é comandado pelas partes, segundo linhas que elas predeterminaram. O contrato deve abranger ainda estas situações." *In* Ascensão, José de Oliveira. *Contratação Eletrônica..............* p. 66.

[32] Monteiro, Antonio Pinto. *A responsabilidade civil na negociação informática* *In* Direito da Sociedade da Informação. Separata do Volume I. Coimbra Editora, 1999. p. 233. Ainda, nesse sentido, Paula Costa e Silva diz que: "Se a máquina gera e envia a declaração por impulso contemporâneo de alguém que tem o controlo efectivo da máquina, a estas declarações deve ser aplicado o regime genericamente previsto para o contrato." *In* Silva, Paula Costa e. *A contratação automatizada............* p. 303.

Portanto, deve imputar-se a pessoa responsável pelo computador a declaração eletrônica automatizada, considerando que ela previamente estabeleceu as condições para a contratação. Esta declaração de vontade possui caráter vinculativo, independentemente de ter sido produzida e enviada por via eletrônica, merecendo assim aplicação do regime comum relativo ao negócio jurídico.

O regime comum aludido é o regime geral relativo à celebração dos contratos, compreendendo o artigo 217.º e seguintes do Código Civil português e outras normas que tratem especificamente das contratações por meios eletrônicos. Tal determinação é estabelecida pelo n.º 1, do artigo 33.º, da Lei de Comércio Eletrônico.

Dessa forma, resta evidente que aplicam-se as disposições atribuídas ao regime geral dos negócios jurídicos para, por exemplo, a formação, interpretação e validade dos contratos eletrônicos celebrados exclusivamente por meio de computadores. Tal orientação é ratificada uma vez que a declaração eletrônica automatizada é imputada ao responsável legal do computador.

Por fim, salienta-se que os únicos limites que o Direito opõe-se a este prolongamento da vontade humana estão relacionados com a forma prescrita para certas celebrações negociais, em que é necessária a atuação humana como, por exemplo, os negócios legalmente sujeitos a reconhecimento ou autenticação notariais.[33] Nessas situações, a lei determina uma atuação da pessoa de forma direta.

Ainda, como consequência da utilização das novas tecnologias para a celebração dos contratos eletrônicos automatizados importante verificar que aquele que assume os benefícios dessa via também suportará os riscos. Nesse caso, os riscos estão relacionados principalmente a incidência dos vícios de vontade associados aos erros de processamento.

---

[33] Para fins de compreensão reproduz-se o n.º 1, do artigo 33.º, sublinhando-se a parte final: "À contratação celebrada exclusivamente por meio de computadores, sem intervenção humana, é aplicável o regime comum, *salvo quando este pressupuser uma actuação"*. Outrossim, importa reproduzir o n.º 2, do artigo 25.º, do Decreto-Lei n.º 7/2004, de 7 de Janeiro, que dispõe sobre os negócios jurídicos em que não se admite a utilização da via eletrônica, quais sejam: "a) familiares e sucessórios; b) que exijam a intervenção de tribunais, entes públicos ou outros entes que exerçam poderes públicos, nomeadamente quando aquela intervenção condicione a produção de efeitos em relação a terceiros e ainda os negócios legalmente sujeitos a reconhecimento ou autenticação notariais; c) reais imobiliários, com excepção do arrendamento; d) de caução e de garantia, quando não se integram na actividade profissional de quem as presta."

6. **Os erros de processamento**

Pelo que foi exposto até este momento, a manifestação de vontade automatizada via eletrônica necessariamente é consentida, sem qualquer contato das pessoas envolvidas. Dessa forma, alguns contratos eletrônicos podem ser prejudiciais a outrem quando forem celebrados mediante condições de erro[34] de alguns elementos ou de qualidades do objeto do contrato, independente de existir a má-fé, ou não.

Portanto, vislumbram-se sérias dificuldades na contratação eletrônica quanto à possibilidade da ocorrência dos vícios de vontade, quando existentes na manifestação volitiva de qualquer uma das pessoas. Por razão dessa "desumanização" da relação jurídica na Internet, torna-se de difícil comprovação a existência, por exemplo, de erro em relação a qualquer declaração de vontade, o que configuraria o ato jurídico como sendo anulável, frente à aplicação do artigo 247.º do Código Civil português[35].

Desse modo, importa destacar que, para o aplicador do direito português, resta claro que será pertinente aos contratos eletrônicos, sem intervenção humana, o regime legal estabelecido na Lei de Comércio Eletrônico e no Código Civil português. Reitera-se que tal dispositivo ainda prevê que poderá ser necessária uma atuação ou intervenção humana na contratação eletrônica em caso de exigência legal de forma.

O erro ocorre quando a declaração de vontade emana de um erro substancial, ou seja, quando existe informação equivocada, ou imperfeita sobre algo imprescindível para a celebração do contrato. Isso é mais comum, na Internet, quando não se possui qualquer certeza no que se refere ao local e com que pessoa se está contratando.

Outrossim, tais erros podem decorrer de informações defeituosas sobre a natureza, a identidade ou as qualidades do objeto da contratação eletrônica. Para efeito de anulabilidade do negócio jurídico, deve ser considerada a essencialidade do erro, ou seja, se de fato aquele vício no conhecimento do negócio foi determinante para a celebração de contrato eletrônico em análise.

---

[34] Para Paula Costa e Silva "Mais problemática é já a situação em que a contraparte, porque é um autómato, se não aperceber das vicissitudes do processo formativo ou comunicativo da vontade da contraparte." *In* Silva, Paula Costa e. *A contratação automatizada*.......p. 303.

[35] A regra geral está disposta no artigo 247.º do Código Civil luso, *in verbis*: "Quando, em virtude de erro, a vontade declarada não corresponda à vontade real do autor, a declaração negocial é anulável, desde que o declaratário conhecesse ou devesse ignorar a essencialidade, para o declarante, do elemento que incidiu o erro".

A Lei de Comércio Eletrônico inovou em seu artigo 33.º ao versar também sobre os erros de processamento como dito anteriormente. Nesse caso, trouxe três modalidades de erro que podem ser classificadas nas seguintes categorias, quais sejam, o erro na programação, o erro de máquina e o erro obstativo ou na transmissão[36], conforme o disposto abaixo:

> Artigo 33.º – Contratação sem intervenção humana
> ....
> 2. São aplicáveis as disposições sobre erro:
> a) Na formação da vontade, se houver erro de programação;
> b) Na declaração, se houver erro no funcionamento da máquina;
> c) Na transmissão, se a mensagem chegar deformada em seu destino.
> 3. A outra parte não pode opor-se à impugnação por erro sempre que lhe fosse exigível que dele se apercebesse, nomeadamente pelo uso de dispositivos de detecção de erros de introdução.

O erro na programação ocorre por deficiência desta, podendo chegar-se a grandes anomalias, sendo que a pessoa lança a sua proposta negocial porque está em erro sobre o seu significado. Ao programar equivocadamente o computador ocorre um vício na formação da vontade da pessoa[37].

---

[36] A respeito dos vícios da vontade Renato CLARIZIA afirma que "Invero, le domande che il fenomeno informatico suscita, quando si discute dei vizi dele consenso, si originato tutte della peculiare natura e caratterizzazione della dichiarazione resa mediante l´elaboratore: quest´ultima, infantti, constituisce il risultato finale di un processo volitivo che si è formato attraverso una elaborazione di dati introdutti nella machina, elaborazione effettuata secondo un programma precedentemente predisposto. Si è più volte detto che l'elaboratore ha una propria (volontá potenziale), orbene proprio tal caracteristica impone di volta una verifica di quale fase sia affetta dal particolare vizio: se quella di programmazione, di elaborazione o di transmissione vera e propria." *In* Clarizia, Renato. *ob cit.* p. 121. Ver ainda GENTILI, Aurelio. *Inefficacia e vizi della volontá della contrattazione telematica In* GALGANO, Francesco. Trattato di diritto commerciale e di direitto pubblico dell´ economia. Il contratto telematico. CEDAM. Padova. pp. 133-151. 2002. p. 147 e ss.

[37] Em paralelo seria aplicável nesse caso a regra do artigo 251.º do Código Civil que informa que "O erro que atinja os motivos determinantes da vontade, quando se refira à pessoa do declaratário ou ao objecto do negócio, torna este anulável nos termos do artigo 247.º". Sobre essa questão ver MARQUES, Garcia; MARTINS, Lourenço; DIAS, Pedro. *Ciberlaw em Portugal – O Direito das Tecnologias da Informação e Comunicação.* Centro Atlântico. Lisboa. 2004. p. 264.

Destaca-se ainda, em especial, o erro de máquina[38], em que emitem-se ordens desconformes, ou duplicam-se ordens já emitidas. Seria o caso da ocorrência de um problema de fundo técnico[39] no computador de quem declara sua manifestação de vontade.

Finalmente, o erro obstativo[40] ocorre em razão de erro na transmissão da declaração volitiva, provocando divergências entre a vontade da pessoa e a manifestação emanada. Emílio Betti ensina que tal erro incide sobre a declaração, significando "uma falsa representação, devido à qual a parte atribui a sua declaração, ou até ao próprio comportamento, um significado diferente daquele que ele, objetivamente, tem"[41].

O erro obstativo pode ser facilmente constatado na Internet por esta constituir uma relação de cunho virtual, sem a presença física das pessoas, podendo ocorrer, inclusive, em decorrência de problemas de ordem tecnológica. Dessa forma, é possível que no momento em que se emite uma declaração de vontade haja uma falha na transmissão da mesma, em razão da conexão com o provedor de acesso à Internet.

Outrossim, depreende-se do n.º 3, do artigo 33.º, do Decreto-Lei n.º 7/2004, de 7 de Janeiro, que a pessoa suportará todos os riscos decorrentes da ocorrência dos erros de processamento[42]. Contudo, tais

---

[38] Os autores Garcia Marques, Lourenço Martins e Pedro Dias entendem que a respeito da alínea "b" do artigo ora analisado "sempre se enquadraria na aplicação do artigo 247.º do Código Civil, porventura acolitado da regra específica do artigo 249.º do mesmo Código." *In* Marques, Garcia; Martins, Lourenço; Dias, Pedro. *ob. cit.* p. 264. O artigo 249.º dispõe que "O simples erro de cálculo ou de escrita, revelado no próprio contexto da declaração das circunstâncias em que a declaração é feita, apenas dá direito à rectificação desta". Nessa mesma linha, António Menezes Cordeiro afirma que "estas mesmas regras têm aplicação na hipótese de erro informático." *In* Cordeiro, António Menezes. *ob. cit.* p. 822.

[39] Ainda, nas palavras de José de Oliveira Ascensão, "atinge-se o máximo de acuidade quando se considerem os erros que podem sobrevir neste processamento. A questão é de importância maior. Na negociação informática podem seguir desvios. Por exemplo, "os erros de máquina", que podem atingir valores espantosos: o suficiente para levar uma das empresas à falência." *In* Ascensão, José de Oliveira. *Contratação Electrónica....................* p. 65.

[40] Para esta hipótese, aplicar-se-ía a regra do artigo 250.º do Código Civil ora reproduzido: "A declaração negocial inexactamente transmitida por quem seja incumbido da transmissão pode ser anulada nos termos do artigo 247".

[41] BETTI, Emilio. *ob. cit.,* p. 417.

[42] Silva, Paula Costa e. *A contratação automatizada........*p. 304. Ainda, José de Oliveira Ascensão afirma que "Estamos em crer, por outro lado, que "a tendência será a de imputar as anomalias ao declarante", i. e. àquele que utiliza a máquina em seu

riscos estão limitados à obrigação dessa pessoa em instalar dispositivos automáticos com o objetivo de evitar a ocorrência de erros na introdução das informações necessárias para a celebração do contrato.

Nesse sentido, PAULA COSTA E SILVA afirma que "parece dever impor-se uma exclusão de responsabilidade daquele que usa a máquina em seu proveito, traduzida, no caso, por uma imputação de ordens erradas ou injustificadas, sempre que o receptor tenha meios que lhe permitam ou lhe devessem permitir identificar os erros."[43] Dessa forma, uma vez que as pessoas tenham instalados alguns dispositivos de segurança para a contratação automatizada estaría assim limitada a sua responsabilidade civil. Tal novel dispositivo possui a finalidade precípua de evitar um ônus excessivo para as pessoas que utilizem-se da via eletrônica automatizada para a realização de seus negócios.

7. A contratação eletrônica automatizada em outros ordenamentos jurídicos

Por derradeiro, observa-se o tratamento legal concedido a contratação via eletrônica perfectibilizada exclusivamente por meio de computadores em outros ordenamentos jurídicos. Assim, dita apreciação é de grande valia prática para os operadores do direito com a finalidade precípua de assegurar a segurança jurídica e, por consequência, a confiança no comércio eletrônico mundial.[44]

Primeiramente, cabe assinalar que o tratamento legal dos demais ordenamentos jurídicos à contratação eletrônica automatizada é diverso da inovadora experiência portuguesa até o presente momento registrada.

---

proveito. Tem sido, no entanto, defendido pela doutrina que esta imputação não deve ser ilimitada. Neste sentido, entendeu o legislador expressamente impedir a outra parte de se opor à impugnação por erro sempre que lhe fosse exigível que dele se apercebesse (artigo 33.º, n.º 3)." *In* ASCENSÃO, José de Oliveira. *O comércio electrónico em Portugal – quadro legal e o negócio*........p. 169.

[43] SILVA, Paula Costa e. *Transferência electrónica de dados: a formação dos contratos (o novo regime jurídico dos documentos electrónicos).* Volume I. Coimbra Editora. Coimbra. 1999. p. 224.

[44] Este é um dos principais desideratos da Diretiva sobre o comércio eletrônico ora reproduzido: "(7) A fim de garantir a segurança jurídica e a confiança do consumidor, é essencial que a presente diretiva estabeleça um quadro geral claro, que abranja certos aspectos legais do comércio eletrônico no mercado interno."

Na União Européia, cita-se que a Diretiva n.º 2000/31/CE do Parlamento Europeu e do Conselho, de 8 de Junho de 2000, relativa a certos aspectos legais dos serviços da sociedade da informação, em especial, os do comércio eletrônico, no mercado interno (Diretiva sobre comércio eletrônico) não possui previsão específica pertinente à contratação eletrônica sem intervenção humana.[45]

Oportuno assinalar que os demais países europeus também não enfrentaram a contratação eletrônica sem intervenção humana, cabendo referir alguns desses países e as leis que transpuseram a Diretiva Européia mencionada: na Itália vigora o Decreto-Legislativo n.º 70, de Abril de 2003, que regulamenta o comércio eletrônico italiano; no Reino Unido, o Statutory Instrument n.º 2013, de 30 de Julho de 2002; na Bélgica, a Lei n.º 32, de 11 de Março; na República da Irlanda, o Statutory Instrument n.º 68, de 24 de Fevereiro de 2003; na França, a Lei n.º 235, de 8 de Janeiro de 2004; na Bélgica, a Lei n.º 11/31, de 11 de Março de 2003; na Espanha, vigora a Lei n.º 32/2002, de 11 de Julho.

Em termos mundiais destaca-se o pioneirismo da UNCITRAL – *United Nations commission of international trade law* ao promover leis modelos que possuem como finalidade precípua a uniformização das regras e princípios aplicáveis ao comércio eletrônico. Tais leis modelos são integral ou parcialmente adotadas pelas mais diversas nações. Nesse sentido, citar-se-á a Lei Modelo sobre o Comércio Eletrônico, de 1996, que em seu artigo 11.º, estabelece da seguinte forma a contratação eletrônica: "a proposta e a aceitação podem ser validamente expressas por meio de dados, incluindo informação gerada, enviada, recebida ou armazenada por meios eletrônicos, ópticos ou similares, incluindo, mas sem limitação, o EDI, correio eletrônico, telegrama, telex ou telecópia."[46] Dessa forma,

---

[45] Rocha, Manuel Lopes; Marques, Ana Margarida e outros. *ob. cit.* p. 85.

[46] O referido dispositivo, na versão original, está disposto da seguinte forma: "article 11.º....an offer and the acceptance of an offer may be expressed by means of data message." No artigo 2.º, alínea "a", a expressão "Data message" é definida como "information generated, sent, received or stored by electronic, optical or similar including, but not limited to, electronic data interchange (EDI), electronic mail, telegram, telex or telecopy." Ambas as previsões constam da Lei Modelo sobre o Comércio Eletrônico, de 1996 (Disponível em: http://www.uncitral.org/uncitral/en/uncitral_texts/electronic_commerce/1996Model.html). Acessado em 7 de Maio de 2006. Ainda, para ter conhecimento da lista atualizada de países que adotaram parcial ou integralmente a Lei Modelo sobre o Comércio Eletrônico, de 1996, consultar http://www.uncitral.org/uncitral/en/uncitral texts/electronic commerce/1996Model./status/status-e.htm. Acessado em 7 de Maio de 2006.

existe previsão expressa de que a manifestação de vontade objeto da proposta ou aceitação pode ser produzida por meios eletrônicos, formando--se assim um contrato eletrônico automatizado.

Nos Estados Unidos da América foi aprovado, em 29 de Junho de 1999, e após revisado, em 2000, o *Uniform Computer Information Transactions Act – UCITA* que na Seção 112 determina que "uma transação autômata significa transação em que o contrato é formado de maneira integral ou parcial pela ações eletrônicas de uma ou duas partes, e que não são sejam previamente revisadas por algum indivíduo durante a contratação."[47] Tal disposição de lei atribui aos autômatos uma função essencial para a perfectibilização de contratos via eletrônica.

Naquele país, existe ainda o *Uniform Electronic Transactions Act – UETA,* de 1999, que foi adotado pela grande maioria dos Estados norte--americanos, a prever, na Seção 2, que uma "transação eletrônica significa uma transação conduzida ou realizada, de forma integral ou parcial, por meios eletrônicos ou registros eletrônicos, em que os atos ou registros de uma ou duas partes não são revisados por um indivíduo durante a formação do contrato, funcionando sob as regras de um contrato existente, ou preenchendo uma obrigação requerida por essa transação."[48] Salienta-se que tal previsão legal prevê a situação existente na celebração de contratos eletrônicos baseados na tecnologia EDI, em que existe um acordo prévio celebrado pelas partes contratantes.

O mesmo diploma legal norte-americano estabelece a transação automatizada, na Seção 14, afirmando que "um contrato pode formar-se mediante a interação de agentes eletrônicos das partes, mesmo que nenhum indivíduo esteja disso consciente ou tenha revisto as ações dos agentes eletrônicos ou os termos e condições daí resultantes."[49] O contrato eletrônico

---

[47] A mencionada previsão, em versão não traduzida, consubstancia-se no n.º 7, *in verbis*, "Automated transaction" means a transaction in which a contract is formed in whole or part by electronic actions of one or both parties which are not previously reviewed by an individual in the ordinary course."

[48] O mencionado dispositivo, em texto original, *in verbis*, "(2) "Automated transaction" means a transaction conducted or performed, in whole or in part, by electronic means or electronic records, in which the acts or records of one or both parties are not reviewed by an individual in the ordinary course in forming a contract, performing under an existing contract, or fulfilling an obligation required by the transaction."

[49] O dispositivo aludido original, *in verbis*, "Section 14. Automated Transaction. In an automated transaction, the following rules apply: (1) A contract may be formed by the interaction of electronic agents of the parties, even if no individual was aware

pode ser perfectibilizado exclusivamente por intermédio de computadores, desde que os mesmos sejam pré-instruídos pelas pessoas.

No Brasil, inexiste qualquer regulamentação específica que trate do comércio eletrônico. Com efeito, valoriza-se o principal projeto de lei existente, qual seja o Projeto de Lei n.º 4.906, de 26 de Setembro de 2001, que dispõe sobre o valor probante do documento eletrônico e da assinatura digital, regula a certificação digital, institui normas para as transações de comércio eletrônico e dá outras providências. Todavia, não há qualquer alusão específica à contratação eletrônica sem intervenção humana.

Dessa forma, evidencia-se na maioria das regulamentações oriundas de diferentes ordenamentos jurídicos uma omissão do legislador em tratando-se da contratação via eletrônica automatizada. A admissibilidade do regime geral como o aplicável para a normatização dessa modalidade de contratação eletrônica parece ser conveniente.

Contudo, a aplicação automática desse regime geral deve ser feita com o devido cuidado, tendo em vista tratarem-se de sistemas jurídicos pensados no mútuo consenso a partir de declarações de vontade contemporâneas à formação do contrato. Além disso, maiores constrangimentos podem ocorrer frente aos vícios de vontade como, por exemplo, os erros de processamento advindos dessas declarações de vontade. O comércio eletrônico merece assim maior atenção dos sistemas legislativos para que as pessoas optem cada vez mais pela contratação eletrônica automatizada.

8. **Considerações finais**

A contratação eletrônica automatizada possui papel preponderante no atual contexto sócio-econômico mundial, a exigir a necessária segurança jurídica. Em Portugal, estabeleceu-se de forma inovadora a base legal para essa realidade a partir da proposição do artigo 33.º, do Decreto-Lei

---

of or reviewed the electronic agents' actions or the resulting terms and agreements." A respeito dessa previsão legal norte-americana VICTOR CASTRO ROSA afirma que "Esta formulação nega qualquer pretensão no sentido de que a falta de um substrato de vontade humana impede a formação válida de um contrato. Quando se trata de máquinas, o requisito da vontade fluiria dos actos de programação e da autorização e intenção de uso das mesmas máquinas." *In* ROSA, Victor Castro. *ob. cit.* p. 193. Ver ainda GABRIEL, Henry D. *The New United States Uniform Electronic Transactions Act: Substantive Provisions, Draftings History and Comparison to the UNCITRAL Model Law on Electronic Commerce*. Uniform Law Review. n.º 4. Paris. 2000. p. 657.

n.º 7/2004, de 7 de Janeiro, que justifica a aplicação do regime comum a essa modalidade de contratação via eletrônica.

Contudo, necessário relembrar que a manifestação da vontade ocorre em momento anterior à perfectibilização do contrato automatizado. Na escolha do computador e instruções quanto ao funcionamento do programa de computador verificar-se-á a formação da vontade da pessoa.

A partir desse momento o computador frente a determinadas situações reitera "decisões" de contratar ou não contratar e em quais condições. Todavia, os atos praticados pela máquina não podem ser considerados similares aos desempenhados pela pessoa no exercício de sua autonomia privada. Não pode haver confusão entre a autonomia operativa do computador com a autonomia da vontade humana.

O computador passa a contratar em nome da pessoa, assumindo essa os riscos de tal forma de contratação como, por exemplo, a incidência dos erros de processamento. Assim, a pessoa ao optar pela contratação eletrônica automatizada assume os benefícios – e riscos – da utilização das novas tecnologias.

Finalmente, pode-se afirmar que na evolução histórica do contrato mais uma vez o exercício da liberdade contratual prevista no n.º 1, do artigo 405.º, do Código Civil, é limitado frente, agora, à contratação via eletrônica automatizada. As pessoas deixam de exercê-la de forma plena em benefício das possibilidades econômicas auferidas a partir da utilização exclusiva de computadores; sem falar mais em uma intervenção humana da forma tradicionalmente conhecida.

9. Referências bibliográficas

1. ALMEIDA, Daniel Freire e. *A tributação do comércio electrónico nos Estados Unidos e na União Européia*. Dissertação de Mestrado apresentada na área de Ciências Jurídico-Comunitárias. Faculdade de Direito. Universidade de Coimbra. 2001.
2. APEDI – Associação Portuguesa para o Desenvolvimento do Comércio Electrónico e do EDI. Disponível em: http://www.apedi.pt/. Acessado em 22 de Maio de 2003.
3. ASCENSÃO, José de Oliveira. *Bases para uma transposição da Directiva n.º 2000/31/CE, de 8 de Junho (Comércio Electrónico)*. Coimbra Editora. Coimbra. 2003.
4. ASCENSÃO, José de Oliveira. *O comércio electrónico em Portugal – quadro legal e o negócio*. ANACOM. Lisboa: ICP, 2004. Disponível em: www.anacom.pt. Acessado em 03 de maio de 2006.

5. ASCENSÃO, José de Oliveira. *Contratação electrónica.* Direito da Sociedade da Informação. Volume IV. Coimbra Editora. Coimbra. 2003.
6. BESSONE, Darcy. *Do Contrato – Teoria Geral.* Editora Saraiva. São Paulo. 1997.
7. BETTI, Emílio. *Teoria geral do negócio jurídico.* 2.º edição. Coimbra Editora. p. 88-89. 1969.
8. CAMARDI, Carmelita. *ali acocorai telemática: nu nu ovo modello di scambio In* GALGANO, Francesco. Trattato di diritto commerciale e di direitto pubblico dell´ economia. Il contratto telematico. CEDAM. Padova. pp. 1-14. 2002.
9. CLARIZIA, Renato. *Informatica e conclusione del contratto.* Giuffre editore. Milão. 1985.
10. CORDEIRO, António Menezes. *Tratado de Direito Civil Português.* Parte Geral. Tomo I. 3.º edição. Editora Almedina. Coimbra. 2005.
11. CORREIA, Miguel Pupo e MARIANO, José. *Introdução à problemática Jurídica do EDI.* Marconi-SVA. Lisboa. 1991.
12. CORREIA, Miguel Pupo. *Comércio electrónico: Forma e segurança In* As telecomunicações e o Direito na Sociedade da Informação – Actas do Colóquio organizado pelo IJC em 23 e 24 de Abril de 1998", coordenação de António Pinto Monteiro. Instituto Jurídico da Comunicação e FDUC. Coimbra. 1999.
13. COSTA, Mário Júlio de Almeida. *Direito das Obrigações.* 9.º edição. Editora Almedina. Coimbra. 2006.
14. Departamento de Comércio dos Estados Unidos da América. Disponível em: http://www.census.gov/mrts/www/data/html/05Q4.html. Acessado em 22 de Março de 2006.
15. Electronic Commerce and the role of WTO. Disponível em: http://www.wto.org/english/tratop e/ecom e/special study e.pdf. Acessado em 22 de Março de 2006.
16. GABRIEL, Henry D. *The New United States Uniform Electronic Transactions Act: Substantive Provisions, Draftings History and Comparison to the UNCITRAL Model Law on Electronic Commerce.* Uniform Law Review. n.º 4. Paris. 2000.
17. GENTILI, Aurelio. *Inefficacia e vizi della volontá della contrattazione telematica In* GALGANO, Francesco. Trattato di diritto commerciale e di direitto pubblico dell´ economia. Il contratto telematico. CEDAM. Padova. pp. 133-151. 2002.
18. IRTI, Natalino. *Scambi senza accordo.* Rivista Trimestrale e Procedura Civile. Ano LII. giug. n.º 2. pp 347-364. Milão. 1998.
19. IRTI, Natalino. *È vero ma...(replica a Giorgio Oppo).* Rivista di Diritto Civile. n.º 2. ano XLV. pp. 273-278. Milão. 1999.
20. LORENZETTI, Ricardo. *Comercio Eletrónico.* Editora Abeledo-Perrot. Buenos Aires. 2001.

21. Marques, Claudia Lima. *Confiança no comércio eletrônico e a proteção do consumidor – um estudo dos negócios jurídicos de consumo no comércio eletrônico.* Editora Revista dos Tribunais. Porto Alegre. 2004.
22. Marques, Garcia; MARTINS, Lourenço; Dias, Pedro. *Ciberlaw em Portugal – O Direito das Tecnologias da Informação e Comunicação.* Centro Atlântico. Lisboa. 2004.
23. Ministério da Justiça de Portugal. *Lei de Comércio Electrónico Anotada.* Coimbra Editora. Coimbra. 2005.
24. Monteiro, Antonio Pinto. A responsabilidade civil na negociação informática. Direito da Sociedade da Informação. Separata do Volume I. Coimbra Editora, 1999.
25. Nervi, Andrea. *L´impiego del computer nel procedimento di formazione del contratto. In* Galgano, Francesco. Trattato di diritto commerciale e di direitto pubblico dell´ economia. Il contratto telematico. CEDAM. Padova. pp. 111-126. 2002.
26. Pereira, Alexandre Dias. *Comércio Electrónico e Consumidor. In* Estudos do Direito do Consumidor. Centro de Direito do Consumo. Coimbra. n.º 6. pp. 341-400. 2004.
27. Pereira, Alexandre Libório Dias. *Comércio Eletrónico na sociedade da informação: da segurança técnica à confiança jurídica.* Editora Almedina. Coimbra. 1999.
28. Oppo, Giorgio. *Disumanizzazione del contrato?.* Rivista di Diritto Civile. ano XLIV. n.º 5. pp. 525-533. set-out. Pádua. 1998.
29. Rocha, Manuel Lopes; Marques, Ana Margarida e outros. *Guia da Lei do Comércio Electrónico.* BAP. Centro Atlântico. Lisboa. 2004.
30. Rosa, Victor Castro. *Contratação electrónica In* Ministério da Justiça de Portugal. Lei de Comércio Electrónico Anotada. Coimbra Editora. 2005. pp.191-208.
31. Silva, João Calvão da. *Banca, Bolsa e Seguros – Direito Europeu e Português.* Tomo I. Parte Geral. Editora Almedina. Coimbra. 2005.
32. Silva, Paula Costa e. *Transferência electrónica de dados: a formação dos contratos (o novo regime jurídico dos documentos electrónicos).* Volume I. Coimbra Editora. Coimbra. 1999.
33. Silva, Paula Costa e. *A contratação automatizada In* Direito da Sociedade da Informação. Volume IV. Coimbra Editora. Coimbra. 2003.

O VALOR DO CORPO HUMANO

CONSIDERAÇÕES SOBRE OS ATOS DE DISPOSIÇÃO DO PRÓPRIO CORPO E OS TRANSPLANTES DE ÓRGÃOS INTERVIVOS

Sandra Marques Magalhães

A 'ciência do viver' consiste em saber como distinguir entre o mundo estranho sobre o qual o homem não possui poder e o eu do qual ele pode dispor como achar melhor.
Epicteto[1]

1. **Introdução**

No início deste ano, um jovem egípcio faleceu em plena rua, por complicações decorrentes de cirurgia para extração de um rim, que vendeu para viabilizar seu casamento[2]. Notícias como essa surgem com certa freqüência nas páginas de jornais, a ensejar, em colóquios multidisciplinares e conversas de amigos, inflamadas discussões e algumas indagações: somos donos do nosso corpo? Até que ponto é legítimo dispor dele conforme nossa própria conveniência ou mesmo necessidade?

As disposições do próprio corpo podem ser as mais diversas e vão desde a prostituição – ligada à venda das funções sexuais – aos cortes de cabelo, *piercings* e tatuagens. As hipóteses são inúmeras e sua admis-

---

[1] *apud* Hannah Arendt, *Entre o passado e o futuro*, São Paulo, Perspectiva, 2005, p. 193.

[2] Notícia publicada em 18/01/2006, no jornal "O Globo Online", disponível em http://oglobo.globo.com/online/mundo/mat/2006/01/18/189987086.asp, acesso em 03/ /03/2006.

sibilidade varia de acordo com fatores culturais e religiosos, por exemplo, que prevaleçam num certo grupo social. Se, por um lado, o uso de brincos em orelhas de mulheres é ato de disposição do corpo largamente aceito, inovações como a *apotemnophilia* (amputação por escolha) provocam um grau acentuado de repulsa e reprovação.

Embora a aceitação de um fato pelo ordenamento seja influenciada por fatores históricos, culturais e ideológicos, deve haver um "núcleo duro", com pretensão de universalidade[3], um conteúdo mínimo ético, moral, axiológico que não varie com o tempo, com os ânimos, com as constantes alterações que a própria volubilidade humana determina, consubstanciado na consciência de que toda pessoa, pelo simples fato de sê-lo, é titular de uma dignidade inviolável.

A proposta do presente ensaio é apreciar sumariamente o valor intrínseco do corpo humano como elemento constitutivo e indissociável da pessoa, essencial à sua existência, e as conseqüências das considerações acerca desse valor no que respeita à sua inviolabilidade.

Em seguida, diante das incontáveis hipóteses de disposição do corpo, algumas tuteláveis e outras não, optou-se por enfocar os transplantes de órgãos intervivos para análise da questão sob as perspectivas da integridade psicofísica e da solidariedade, enquanto substratos materiais da dignidade da pessoa, da qual seu corpo é projeção.

Procurou-se, então, proporcionar uma visão panorâmica acerca desse relevante ato. Os apontamentos sobre direito positivo restringem-se aos ordenamentos português e brasileiro, para delimitar tão vasto objeto. Abordou-se, finalmente, a delicada discussão em torno do comércio de órgãos, que se afigurou mais vasta e desconcertante ao longo das pesquisas realizadas do que esperado. Questionou-se, aqui, o valor do corpo humano como bem, propriedade, a que se atribua um preço e de que se disponha livremente.

As considerações a seguir pretendem oferecer um convite à reflexão. As respostas às perguntas em torno dos temas abordados não são prontas e requerem sensíveis ponderações, porque relacionadas a concepções sobre a pessoa, seu corpo e a relação deste com sua dignidade.

---

[3] Paulo Mota Pinto e Diogo Leite de Campos, "Direitos fundamentais de terceira geração", *in* Ives Gandra da Silva Martins e Diogo Leite de Campos, *O direito contemporâneo em Portugal e no Brasil*, Coimbra: Almedina, 2003, p. 500.

[4] Stefano Rodotà, "Transformações do corpo", in *Revista Trimestral de Direito Civil*, vol. 19, 2004, Rio de Janeiro, Padma, p. 91.

2. **Atos de disposição do próprio corpo**

2.1. ***O corpo e a dignidade humana***

O corpo humano constitui uma complexa estrutura biológica, destacável em sistemas, órgãos, tecidos, funções, sentidos, substâncias, células. Todavia, embora se tenha tornado múltiplo[4] – em virtude dos progressivos avanços do conhecimento que permitiram identificar e até mesmo separar tais fragmentos –, é necessário pensá-lo como uno: ao atuarem conjunta e coordenadamente, ao interferirem cada um nas atividades dos outros, seus elementos constitutivos conferem-lhe unidade e coesão.

Reflexo de múltiplas pressões e transformações sociais, o corpo representa verdadeiro receptáculo dos valores e crenças predominantes em determinada cultura[5], que lhe atribui os mais diversos significados e definições, consoante, sobretudo, a concepção de *pessoa* ali prevalecente.

A atual compreensão atributiva de valor e dignidade iguais a todo ser humano, pelo simples fato de sê-lo, conheceu percurso histórico que contabilizou escravidão, servidão, guerras, genocídios, totalitarismo e desapreço pelos semelhantes e pela convivência harmônica com estes[6]. Em sua evolução, que não se encerrou, a concepção humanitária da pessoa viu o tratamento do homem como objeto e propriedade de outro homem; a crença na superioridade de determinadas classes sociais, etnias ou religiões em relação a outras; a força política como forma de imposição de ideais.

O cristianismo, ao revelar o valor infinito da pessoa, feita à imagem e semelhança de Deus[7], contribuiu para a formação da hodierna idéia de defesa e promoção integral daquela em virtude da dignidade que lhe é conferida por sua condição humana. O período subseqüente ao término da segunda guerra mundial, por sua vez, desencadeou a afirmação expressa da dignidade humana nos principais documentos internacionais sobre direitos humanos[8]. O reconhecimento de tal preceito e de seus corolários

---

[5] M. Marzano, *apud* Stefano Rodotà, *op. cit,* p. 91.

[6] Gustavo Tepedino, "Direitos humanos e relações jurídicas privadas", in *Temas de Direito Civil*, Rio de Janeiro, Renovar, 1999, pp. 56-57.

[7] Diogo Leite de Campos, "O Direito e os direitos da personalidade", in *Nós – Estudos sobre os Direitos da Pessoa*, Coimbra, Almedina, 2004, p. 111.

[8] Contêm expressas exigências à proteção da personalidade humana a Declaração Universal dos Direitos do Homem, de 1948, a Convenção Européia dos Direitos do Homem, de 1950, o Pacto Internacional sobre Direitos Humanos e Civis, de 1966, e mais recentemente, a Carta de Direitos Fundamentais da União Européia, de 2000.

alcançou, em seguida, *status* de valor supremo, direito fundamental, positivado nas Constituições promulgadas em Estados democráticos[9].

Consolida-se, assim, o princípio da dignidade humana como valor que se pretende universal, desdobrando-se em pelo menos quatro substratos materiais essenciais: a liberdade, a integridade psicofísica, a igualdade e a solidariedade[10].

O direito ao corpo, sem o qual é inviável a existência da pessoa, consubstancia-se, por conseguinte, em projeção do postulado da dignidade humana e seus sub-princípios, consistente em uma maneira de sentir e de atuar de forma a "nunca instrumentalizar o outro, respeitar sempre e em tudo sua inviolabilidade, e considerar cada pessoa como uma realidade indisponível e intangível"[11].

Ultrapassadas concepções dualistas, como a platônica, que considerava o corpo prisão do espírito, e a tradição ética judaico-cristã, que teve o mérito de reconhecer a inviolabilidade sacra do corpo como instrumento para realização de missão do ser humano na terra[12], tem lugar, hoje, a concepção unitária de pessoa[13], a compreender o corpo, em sua integralidade, como "suporte insubstituível da *persona*"[14]. Essa integralidade (ou unidade, afirmada inicialmente) afasta a atribuição de valores diferentes aos diversos elementos que constituem, harmonicamente, o ser humano dotado de uma inafastável dignidade.

Nesse cenário, não é concebível tratar o corpo humano como propriedade, pois esta é associada a coisas, não a pessoas. A noção de propriedade do corpo, portanto, violenta irremediavelmente a dignidade

---

[9] Cita-se, exemplificativamente, a Constituição da República Portuguesa, de 1977, art. 1.º; Constituição da República Brasileira, de 1988, art. 1.º, III; Constituição Italiana, de 1947, arts. 2.º e 3.º; Lei Fundamental de Bonn, art. 1.º; Constituição Espanhola, art. 10.º, 1.

[10] Maria Celina Bodin de Moraes, "O conceito de dignidade humana: substrato axiológico e conteúdo normativo", *in* Ingo Wolfgang Sarlet (org.), *Constituição, Direitos Fundamentais e Direito Privado*. Porto Alegre, Livraria do Advogado Editora, 2003, p. 117.

[11] CARLO MARIA Martini, "Onde encontra o laico a luz do bem?", *in* Umberto Eco e Carlo Maria Martini, *Em que crê quem não crê?,* Gráfica de Coimbra, p. 62.

[12] Gustavo Tepedino, Heloisa Helena Barboza e Maria Celina Bodin de Moraes *ET AL*(coord), *Código Civil interpretado conforme a Constituição da República*, Rio de Janeiro, Renovar, 2004, p. 35.

[13] *Ibidem.*

[14] José de Faria Costa, "O valor do silêncio do legislador penal", in *Transplantações. Colóquio Interdisciplinar.* Publicações do Centro de Direito Biomédico da Universidade de Coimbra – N.º 3, 1993, p. 89.

humana. Equacionar o corpo como coisa é desumanizar a existência humana; ao extremo, a idéia conduz à repulsiva noção de que seres humanos podem ser propriedade de alguém[15].

2.2. *Limites à disposição do corpo humano*

A disciplina da disposição do corpo humano encontra-se, à primeira vista, permeada pela idéia de autodeterminação, consubstanciada na livre manifestação da personalidade através do próprio corpo[16].

No contexto individualista e patrimonialista característico dos séculos XVIII, XIX e início do século XX, liberdade equivalia ao reconhecimento de cada indivíduo como ser autonomamente responsável por si mesmo, cuja vontade sempre deveria prevalecer e encontrava limite, unicamente, na esfera de liberdade de outros indivíduos[17]. Apenas em alguns setores, considerados estratégicos, os interesses da coletividade poderiam prevalecer sobre os privados[18]. A única responsabilidade do particular, à altura, era para com seus próprios interesses, devendo zelar por seus familiares e seus bens[19].

Tal entendimento, que traduzia "uma mentalidade hipervalorizadora da permissividade egoísta, visando tornar legítimo tudo aquilo que dá prazer ou é útil"[20], não se coaduna, todavia, com a centralidade da pessoa no ordenamento jurídico, reconhecida hoje no postulado da dignidade humana. Superada aquela concepção insular do ser humano, as situações jurídicas patrimoniais legitimam-se quando funcionalizadas às situações jurídicas extrapatrimoniais ou existenciais. A liberdade assume contornos de proteção à realização e ao pleno desenvolvimento da pessoa, de maneira a preservar sua dignidade "prioritariamente, ainda que mediante o sacrifício de sua vontade"[21]. Em outras palavras, à liberdade individual

---

[15] David Price, *Legal and Ethical Aspects of Organ Transplantation*, Cambridge University Press: 2000, p. 19.

[16] Gustavo Tepedino, Heloisa Helena Barboza e Maria Celina Bodin de Moraes *ET AL*(coord.), *op. cit.* p. 36.

[17] Maria Celina Bodin de Moraes, *op. cit.*, p. 134.

[18] *Ibidem.*

[19] *Ibidem.*

[20] Paulo Otero, *Direito da Vida. Relatório sobre o programa, conteúdo e métodos de ensino*, Coimbra, Almedina, 2004, pp. 19-20.

[21] Carlos Nelson Konder, "O consentimento no Biodireito: Os casos dos transexuais e dos *wannabes*", in *Revista Trimestral de Direito Civil*, vol. 15 – jul/set 2004, p. 41.

acresceram-se outros valores que devem ser considerados para proteger, promover e resguardar a dignidade da pessoa.

Não é simples, contudo, justificar a proibição de atos individuais que não atinjam terceiros, quando confrontada com o pluralismo, a tolerância e a não-discriminação preconizados hoje[22]. A articulação entre a liberdade e as limitações à vontade individual é tarefa difícil. À intervenção do Estado na liberdade do indivíduo podem contrapor-se valores como o direito ao trabalho ou a meios de sobrevivência.

No que pertine especificamente à disposição do corpo, o princípio da liberdade, ponderado em relação ao da integridade física e da solidariedade social, há que ser relativizado. A pessoa pode usar seu corpo como lhe convier, desde que não importe em prejuízo irreversível à sua integridade e esse uso não incida negativamente na imprescindível relação que estabelece com os outros, pelo simples fato de viver em sociedade.

Com efeito, o indivíduo existe em relação de alteridade e reconhecimento com os outros indivíduos e com o mundo a ele externo[23]. O olhar[24] e o acolhimento do outro[25] o realizam, definem e moldam. Ao próximo é devido o respeito consentâneo com a noção de que todos fazemos parte de uma mesma "comunidade interpessoal de objectiva solidariedade, entendida como co-responsabilidade"[26].

No âmbito solidarístico assim compreendido, há atos de disposição que se apresentam como legítimas manifestações do livre desenvolvimento da personalidade, especialmente se considerados num determinado ambiente sócio-cultural, como os brincos indígenas que aumentam o lóbulo auricular, a circuncisão judaica ou a tatuagem Maori neozelandeza[27].

Em contrapartida, a abordagem do ordenamento e do intérprete deve voltar-se para a proteção do indivíduo na sua integralidade, quando a

---

[22] Gustavo Tepedino, Heloisa Helena Barboza e Maria Celina Bodin de Moraes *et al*(coord), *op. cit,* p. 36

[23] Maria Celina Bodin de Moraes, "O princípio da solidariedade", *http://www.idcivil.com.br/artigos.html,* pp. 3 ss.

[24] Umberto Eco, "Quando os outros entram em cena nasce a ética", *in* Umberto Eco e Carlo Maria Martini, *op. cit,* p. 68

[25] Diogo Leite de Campos, "A relação da pessoa consigo mesma", *op. cit,* p. 88.

[26] *Id. ibidem,* p. 89, em que assenta: "Ser com os outros reenvia ao respeito do próprio eu. (...) O que cada um faz em relação a si interessa radicalmente aos outros. E não se deve fazer a si mesmo o que não se deve fazer aos outros".

[27] Anja Nyberg, "Modern Primitives and Body Modification", *http://www.bmezine.com/ritual/A10430/modprim.html#1*

vontade deste acometer profundamente o valor da pessoa, como na hipótese de disposições do corpo que importem em significativa violação à sua integridade física.

Num ordenamento *social*, autodeterminação não é arbítrio. Na preciosa lição de Pietro Perlingieri, "[a]s situações existenciais exprimem-se não somente em termos de direitos, mas, também, de deveres: no centro do ordenamento está a pessoa, não como vontade de realizar-se libertariamente, mas como valor a ser preservado também no respeito de si mesma"[28].

Admitir-se, portanto, a livre disposição do próprio corpo, tratando-o como coisa "que nos pertence", sem preocupação com as conseqüências danosas de alguns atos dessa espécie, é de todo incompatível com a dignidade humana e contrário à existência normal da sociedade[29]. A restrição da liberdade do indivíduo funda-se, assim, na afirmação de sua própria dignidade.

3. **Transplantes de órgãos intervivos**

3.1. ***Tutela dos transplantes de órgãos intervivos: exceção à indisponibilidade do corpo humano***

Transplante ou transplantação de órgãos intervivos é o procedimento cirúrgico que visa substituir um órgão, cuja irremediável enfermidade compromete a vida de uma pessoa (receptor), pelo de outra pessoa viva (doador ou dador)[30]. Trata-se da retirada de parte do corpo de alguém, que importa em diminuição permanente de sua integridade física[31], em benefício da saúde e da vida de outrem.

A remoção do órgão de uma pessoa saudável envolve claramente um grau de dano físico e de comprometimento permanente do corpo humano, o que soaria, em princípio, inaceitável, não fosse o uso pretendido, na hipótese dos transplantes intervivos, ato altruístico de reconhecido valor solidário.

---

[28] in *Perfis do Direito Civil*, 3.ª ed, Rio de Janeiro, Renovar, 1997, p. 299.

[29] Paulo Otero, *op. cit*, p. 63.

[30] *http://www.geocities.com/HotSprings/Villa/1298/per2.html.*

[31] Adriano de Cupis, *Direitos de Personalidade*, Lisboa, Livraria Morais, 1961, p. 89.

Revela-se, na disciplina da questão, a busca pelo "sutil equilíbrio entre proteger a livre manifestação da personalidade através do corpo e vedar atos de autolesão que impliquem prejuízo à saúde e à dignidade humana"[32]. Se, por um lado, não se admite a livre disposição do corpo humano quando esta importar em afronta à dignidade da pessoa, em virtude da ponderação entre os princípios da liberdade, integridade física e solidariedade, é em atenção a este último que se justifica a tutela dos transplantes de órgãos.

Há que se impor, obviamente, limitações a esse altruísmo, ponderando-se o risco atual e futuro da extração de um órgão ou tecido do doador[33]. Por conseguinte, o seu consentimento, ainda que expresso, livre, esclarecido e imprescindível ao ato, não é condição suficiente[34] à sua realização.

Coloca-se, aqui, um trinômio composto pela vontade (altruísta) do doador, a necessidade terapêutica do receptor e o juízo da equipe responsável pelo transplante sobre os riscos da extração, para o primeiro, e os potenciais benefícios, para o último[35]. O discernimento em torno desse trinômio ganha particular importância, considerando-se que a extração de órgãos de doadores vivos pertence a um restrito setor da cirurgia no qual uma operação de grande porte é realizada em indivíduos sadios[36].

As conseqüências da cirurgia de extração para o doador são óbvias. Ao dispor de um órgão, ainda que duplo, ou de parte dele – como rim e fígado, respectivamente –, a função atribuída àquele órgão ou ao sistema que ele compõe será necessariamente reduzida, o que finda por alterar a harmonia e coordenação que deve existir entre os vários elementos envolvidos no funcionamento do corpo humano.

Para além, o próprio ato cirúrgico envolve riscos consideráveis, inerentes à sua complexidade, e carregam algum potencial de mortalidade e morbidade ainda hoje. No Brasil, em 2002 foram noticiadas sete mortes

---

[32] GUSTAVO TEPEDINO, HELOISA HELENA BARBOZA E MARIA CELINA BODIN DE MORAES *ET AL*(coord), *op. cit,* p. 36.

[33] MICHÈLE HARICHAUX, "Le corps et le produits du corps", in RAPHAËL DRAÏ, MICHÈLE HARICHAUX (org.), *Bioéthique et Droit*, Centre Universitaire de recherches administratives et politiques de Picardie, Presses Universitaires de France, Paris, 1988, p. 109.

[34] JOÃO CARLOS SIMÕES GONÇALVES LOUREIRO, "Transplantações: um olhar constitucional", in *Transplantações. Colóquio Interdisciplinar*, Publicações do Centro de Direito Biomédico da Universidade de Coimbra – No. 3. 1993), p. 25.

[35] Orlando de CARVALHO, "Transplantações e direitos das pessoas", in *Transplantações. Colóquio Interdisciplinar*, Publicações do Centro de Direito Biomédico da Universidade de Coimbra – No. 3. 1993), pp. 142-143.

de doadores voluntários de parte do fígado, num universo de quase 700 cirurgias realizadas. Se aos mais de cinco mil candidatos a receptores desse tipo de transplante fossem atribuídos enxertos vindos de doadores vivos, poder-se-ia estimar, estatisticamente, que cerca de cinqüenta doadores teriam morrido[37].

Dados desse tipo suscitam fundados receios e mesmo dúvidas quanto à tutelabilidade da doação de órgãos, se analisada a questão somente sob o sustentado prisma da proteção da integridade física da pessoa até mesmo contra sua vontade.

Todavia, a solidariedade envolvida nos transplantes intervivos é de relevante valor na promoção da dignidade humana, tanto do doador quanto do receptor: deste, porque representa a cura ou até mesmo sua única possibilidade de vida; daquele, porque, ao auxiliar o próximo, realiza-se na satisfação de fazer o bem, ainda que com perdas e riscos consideráveis. A acentuada carga de reciprocidade envolvida resguarda, simultaneamente, a integridade física do receptor e a integridade psíquica do doador, refletida no seu bem-estar para consigo mesmo.

Logo, sob esta análise, os transplantes de órgãos intervivos podem representar uma forma de "nutrir uma verdadeira cultura da vida", se realizados "de um modo eticamente correto, com uma perspectiva de proporcionar a recuperação da saúde, e até mesmo da vida, a doentes que algumas vezes não têm outra esperança"[38]. Merecem tutela, portanto, pois funcionalizados à realização de valores da pessoa humana.

---

[36] Silvano Raia, "Ética em transplantes", *http://www.abto.org.br/populacao/populacao.asp#*

[37] *Ibidem.*

[38] João Paulo II, "O Evangelho da Vida – Carta Encíclica *Evangelium Vitae*, de 25 de março de 1995, n.º 86", *http://www.vatican.va/holy_father/john_paul_ii/encyclicals/documents/hf_jp-ii_enc_25031995_evangelium-vitae_po.html*. Note-se que a afirmação é realizada com relação aos transplantes realizados com órgãos extraídos de pessoas já falecidas. Aplica-se, contudo, também à transplantação intervivos, conforme ressalva Francisco Javier Elizari, in *Questões de Bioética – Vida em Qualidade*, Porto: Editorial Perpétuo Socorro, 1996, p. 285: "Hoje, parece estranho que pensadores vinculados a uma tradição em que tanto é exaltado o amor ao próximo se opusessem a essas doações, quando elas parecem perfeitamente coerentes com o exemplo e a doutrina de Cristo".

3.2. *Os transplantes de órgãos intervivos nos ordenamentos português e brasileiro*

Tanto o ordenamento jurídico português quanto o brasileiro admitem expressamente os transplantes de órgãos intervivos e estabelecem limites à sua realização.

Em Portugal, a Lei n.º 12/93, de 22 de abril, permite a colheita em vida de substâncias regeneráveis, como sangue, e, excepcionalmente, a dádiva de órgãos ou substâncias não regeneráveis apenas para parentes até o terceiro grau do doador vivo, desde que não envolva elevado grau de probabilidade de diminuição grave e permanente de sua saúde (art. 6.º). A referida norma determina, ainda, que o consentimento das partes seja livre, esclarecido, inequívoco e, no caso do doador, revogável a qualquer momento (art. 8.º, n.ºs 1 e 6).

Em Portugal a questão não se encontra positivada em sede constitucional, o que não implica "que o domínio das transplantações constitua uma zona constitucionalmente irrelevante"[39]. Ao contrário, abrange valores fundamentais das pessoas envolvidas, assentados, por exemplo, no direito à integridade física e na reserva da intimidade(arts. 25.º d 26.º da Constituição da República Portuguesa)[40].

A Constituição da República Brasileira, por sua vez, no artigo 199, § 4.º, já prevê a criação de lei que disponha sobre "a remoção de órgãos, tecidos e substâncias humanas para fins de transplante". Infraconstitucionalmente, a matéria encontra-se regulada pelo Código Civil, de 2002, onde são vedados os atos de disposição do próprio corpo que impliquem diminuição permanente da integridade física ou contrariem os bons costumes, exceto quando realizados por exigência médica ou para fins de transplantes (art. 13 e parágrafo único).

A Lei n.º 9.434/97, de 4 de fevereiro, em atendimento à determinação constitucional, regulamenta a remoção de órgãos e tecidos para fins de transplantes e terapêuticos.

Assim como a norma infraconstitucional portuguesa, a brasileira admite os transplantes intervivos com limitações e garantias às partes envolvidas, dentre as quais: restrição da doação a órgãos duplos, partes de órgãos, tecidos ou partes do corpo cuja retirada não prejudique sobremaneira o organismo do doador e satisfaça necessidade terapêutica

---

[39] João Carlos Simões Gonçalves Loureiro,*op. cit*, p. 24.

[40] *Ibidem*, pp. 25-26.

indispensável ao receptor (art. 9.º, § 3.º); exigência de consentimento formal e específico do doador, revogável a qualquer tempo antes de sua concretização (Art. 9.º, § 5.º), além do consentimento do receptor (art. 10). Prevê, ainda, severas sanções penais e administrativas aos que infringem seus dispositivos, inclusive doador e receptor (arts. 14 a 23).

Por configurarem exceção à inviolabilidade do corpo humano, as normas sobre transplantes são rigorosas, como se depreende dos ordenamentos apreciados, que dão respaldo à pessoa que dispõe de seu corpo "na medida necessária para a sua humanização", impondo limites que não pode ultrapassar[41]. Daí a impossibilidade de doação de órgãos que impeça o doador de continuar vivendo sem risco para sua integridade ou que represente grave ameaça a suas aptidões vitais[42].

Aspecto relevante a denotar o rigor comum a ambos os ordenamentos é a proibição absoluta de comercialização de órgãos e tecidos humanos[43]. Trata-se de vedação difundida globalmente e que tem por preocupação os altos valores existenciais envolvidos no que poderia vir a se transformar num "mercado humano"[44], conforme será exposto a seguir.

3.3. *O comércio de órgãos*[45]

Os transplantes, no século XX, transformaram-se, progressivamente, de uma estratégia experimental e não comprovada na efetiva possibilidade de tratamento de muitas doenças e hoje se afiguram, em alguns casos, a única solução terapêutica para viabilizar a vida do paciente[46]. O aperfeiçoamento das técnicas cirúrgicas, dos conhecimentos sobre rejeição e o desenvolvimento de medicamentos imunossupressores promoveram sua extraordinária expansão na década de oitenta daquele século[47].

---

[41] Diogo Leite de Campos, *Lições de Direitos da Personalidade*, 2.ª ed, Coimbra, 1992, p. 71.

[42] Francisco dos Santos Amaral Neto, *Direito Civil: introdução*, 5.ª ed, Rio de Janeiro, Renovar, 2003, p. 266.

[43] Em Portugal, art. 5.º, n.º 1, da Lei n.º 12/93; no Brasil, art. 199, § 4.º, da Constituição de 1988; arts. 1.º, 9.º e 15, da Lei n.º 9.434/97.

[44] Giovanni Berlinguer e Volnei Garrafa, *O Mercado Humano: Estudo bioético da compra e venda de partes do corpo*, Brasília: Editora UnB. 1996, *passim.*

[45] Uma abordagem incisiva sobre o tema é feita por Giovanni Berlinguer e Volnei Garrafa, *op. cit.*, acompanhada de perto no presente estudo.

[46] David Price, *op. cit*, p. 2.

[47] David Price, *op. cit*, p. 3.

Ironicamente, os transplantes tornaram-se "vítimas de seu próprio sucesso": o número de transplantados saudáveis cresce com os avanços que a medicina implementa nessa área; o número de doadores, contudo, não acompanha esse ritmo[48]. A procura, portanto, é sempre maior que a disponibilidade de órgãos transplantáveis, de doadores vivos ou já falecidos.

As soluções usualmente apontadas são diversas: investimento em pesquisas para utilização de órgãos de animais (xenotransplantes); desenvolvimento de técnicas de criação de órgãos e tecidos em laboratórios, inclusive com uso de células estaminais; abertura e regulação do mercado de vendas de órgãos. Todas elas despertam entusiásticas discussões éticas, morais e religiosas, que certamente ainda hão de atravessar mais um século sem consenso, porquanto abrangem concepções variadas sobre as partes do corpo humano, sobre este e sobre sua relação com a pessoa e sua dignidade.

No que concerne especificamente ao comércio de órgãos, uma aproximação normativa já existe. Hoje, um número crescente de países proíbe a obtenção de qualquer vantagem financeira com a disposição de órgãos, admitindo-a apenas quando decorrente de altruísmo do doador[49]. Até mesmo a Índia, que durante muitos anos freqüentou assiduamente as páginas de jornal em notícias sobre comercialização de órgãos, adotou lei que proíbe tal prática no final do século passado[50].

As normas proibitivas, contudo, não afastam a existência de práticas mercantis relativas a órgãos humanos, o que incrementa os questionamentos em torno de sua vedação. O mercado clandestino de órgãos é uma realidade contra a qual se insurgem discursos e ações estatais, mas que ainda não vislumbra cessação. A demanda é crescente e diz respeito a pessoas que buscam sua cura ou mesmo sua única chance de vida a qualquer preço; a oferta é reduzida, nas formas legalmente aceitas, e envolve pessoas que, na maioria das vezes, dispõem de seus órgãos em troca de meios de subsistência.

Questiona-se, assim, se a venda de um órgão para transplante seria legítima quando representasse a única possibilidade de obtenção de dinheiro

---

[48] Sylvia Morvan, *Les flux transfrontières de produits biologiques d'origine humaine*, Les Études Hospitalières Éditions, Bourdeaux: 2002, p. 34.

[49] Além de Portugal e Brasil, já referidos, cita-se como exemplos França, Rússia, Singapura, Reino Unido, Espanha, Áustria, Hungria, Austrália e Tunísia (http://www.al.gov.mo/lei/col lei/po/04/p3.htm), bem como o Egito, onde ocorreu a hipótese que introduz o presente trabalho.

[50] Giovanni Berlinguer e Volnei Garrafa, *op. cit.*, p. 93-96.

para o disponente, argumentando-se, por exemplo, que de nada adianta ter dois rins, mas não possuir meios de se alimentar e, portanto, viver dignamente. Aduz-se, ainda, que, diante da efetiva existência do mercado paralelo de compra e venda de órgãos, correto seria o ordenamento regulá-lo, estabelecendo normas com limitações que afastem o prejudicial furor dos intermediários e assegurem a proteção dos potenciais vendedores[51].

Pode ser tentador analisar o assunto apenas sob esses aspectos e vislumbrar aqui uma solução para problemas que há tanto assolam o mundo, como a pobreza e as desigualdades sociais, e ainda resolver o desequilíbrio entre demanda e oferta de órgãos para transplantes. Mais que isso, pensar no mercado de órgãos como um negócio com vantagem para o disponente e para o receptor, que faz feliz quem compra e quem vende[52]. Talvez seja até prático ver o corpo humano como um automóvel do qual se substituem regularmente as peças descartáveis, quando começam a se exaurir, comprando-se outras de segunda ou terceira mão de um proprietário precedente[53].

Todavia, a recusa em se considerar o corpo humano propriedade de alguém, inclusive da pessoa de que se trata, é construção da civilização moderna que superou a escravidão, a submissão da mulher ao homem, as trágicas experiências totalitaristas, a tortura. Violar esse princípio significa retroceder em muitos séculos[54].

A não mercantilização da pessoa é corolário lógico da dignidade humana, a determinar a prevalência dos aspectos existenciais os patrimoniais. O corpo humano, suas partes e substâncias, por serem valores jurídicos inestimáveis, não podem ser negociados por meio de transações mercantis semelhantes às utilizadas na negociação de automóveis ou de quaisquer outros bens materiais. Não há vitrine que exponha o corpo humano sem que, ao fazê-lo, violente a dignidade da pessoa humana.

Admitir tal comércio, ainda que por motivos alegadamente humanitários, é atribuir *preço* ao que não é *coisa*: o corpo humano e suas partes, valores intrínsecos à compreensão una da pessoa, têm, portanto, *dignidade*[55]; não são *bens*, mercadorias das quais é possível dispor[56].

---

[51] Giovanni Berlinguer e Volnei Garrafa, *op. cit, op. cit.*, p. 47.

[52] *Id. ibidem*, p. 49.

[53] M. Lockwood, *apud* Giovanni Berlinguer e Volnei Garrafa, *op. cit*, p. 51.

[54] Giovanni Berlinguer e VolneiGarrafa, *op. cit.*, p. 143.

[55] Refere-se aqui à conhecida afirmação de Immanuel Kant, para quem "as coisas têm preço; as pessoas, dignidade".

[56] Jean-Marie Auby, *Direito da Saúde e Bioética*, Lisboa: Lex Edições Jurídicas, 1991, p. 180.

Permitir a venda de órgãos à pessoa que necessita de recursos financeiros, ainda que estes sejam usados para proporcionar-lhe meios de subsistência, é benefício paliativo que acarreta definitiva condenação: o auxílio pode garantir-lhe algum sustento temporário, mas não representa, necessariamente, extinção da miséria por que passa. O estado de necessidade eventualmente superado é sempre passível de voltar, porquanto a solução se afigura provisória. Mata-se a sede, mas não se apresenta o caminho onde buscar a água.

A perda de um órgão, em contrapartida, não tem caráter transitório e não comporta arrependimento ou revogação depois de efetuada. Vista como fonte de superação de problemas materiais, portanto, mesmo que estes tenham reflexos sobre situações existenciais, é fonte esgotável por natureza.

Para além, considerar-se tal possibilidade como exercício da liberdade individual não leva em conta o grau de vulnerabiliade da pessoa nesse complexo contexto: qual a liberdade e discernimento de um indivíduo que sequer tem sustento econômico para se alimentar?[57] Qual a validade de uma vontade que não parece ser retamente formada, porquanto pretende contrapartida econômica[58] em troca da integridade física de um ser humano, que lhe provoca danos irreversíveis e põe em risco sua saúde e até sua vida?

Note-se que a violação à dignidade humana aqui descrita não se restringe à integridade física da pessoa. A igualdade é valor também frontalmente violentado na mercantilização do corpo humano. Apenas quem tiver condições de pagar o "preço de mercado" por um órgão terá acesso aos transplantes, até porque a possibilidade de venda – intuitiva e empiricamente – desestimularia as doações.

Quem não tivesse recursos para comprar um órgão padeceria sem direito a um transplante. O atual desequilíbrio entre oferta e procura transformar-se-ia em inexistência de oferta para quem não pudesse pagar por um órgão. O acesso a tratamentos médicos com base na possibilidade de pagamento é inconsistente com os princípios de justiça[59].

---

[57] João Carlos Simões Gonçalves Loureiro, *op. cit*, p. 51.

[58] *Ibidem.*

[59] Cf. declaração da Associação Médica Mundial sobre doação e transplante de órgãos e tecidos, feita na 52.ª Assembléia-Geral de Edimburgo em outubro de 2000, *http://pt.wikipedia.org/wiki/Transplanta%C3%A7%C3%A3o_de_%C3%B3rg%C3%A3os*

Dentro desse raciocínio "mercadológico", o excesso de ofertas de órgãos para venda acarretaria, ainda, um progressivo declínio no seu "valor de mercado", em flagrante prejuízo aos potenciais vendedores.

A implementação desse mercado geraria mais outra possível conseqüência social: se todas as pessoas com necessidades, por mais honrosas que fossem, dispusessem de seus órgãos para satisfazê-las, o aumento do número de indivíduos com saúde debilitada seria inevitável. A demanda por atendimentos em hospitais públicos incrementaria substancialmente, sobrecarga esta a ser suportada, em última instância, pela própria sociedade e por indivíduos que não optaram por vender seus órgãos, mas precisariam de vagas naqueles hospitais que poderiam estar ocupadas por quem vendeu.

Permitir e tutelar o comércio de órgãos representa, ainda, o risco concreto de que sejam deixadas de lado quaisquer perspectivas de se atacar diretamente problemas como a miséria, esvaindo-se definitivamente a esperança de que ninguém nunca precise ser induzido a vender seu corpo ou partes dele por motivos de necessidade e sobrevivência[60]. A sociedade solidária que se propugna ainda é relapsa na sua dimensão prestacional de assistência aos necessitados; admitir soluções individuais de momentânea eficácia é contribuir para a perpetuação dessa realidade.

4. **Considerações finais**

O corpo e sua preservação são indispensáveis à dignidade e – pode-se afirmar – à própria existência do ser humano. Sua disponibilidade encontra limite no afrontamento que ela importe à integridade da pessoa e acolhida na solidariedade que possa representar.

Entretanto, é árdua a tarefa de ponderar tais valores em concreto, principalmente porque abarcam aspectos tão sensíveis quanto a liberdade individual, as opções de vida e as escolhas pessoais.

A preocupação do presente ensaio foi transmitir a dificuldade dessa equação, sopesando os aspectos considerados mais relevantes. Se, por um lado, demonstrou-se o ponto de vista formado no decorrer da elaboração do trabalho, não foi seu propósito apresentá-lo como único e inalterável. O esforço se empenhou, acima de tudo, por transmitir reflexões sobre a

---

[60] Giovanni Berlinguer e Volnei Garrafa, *op. cit*, p. 46.

constante necessidade de se reconhecer valores e apregoá-los, sem descurar, contudo, das vicissitudes decorrentes da defasagem entre a teoria e a prática ainda hoje existente[61].

5. Referências bibliográficas

AMARAL NETO, Francisco dos Santos – *Direito Civil: introdução*, 5.ª ed., Rio de Janeiro, Renovar, 2003.

ARENDT, Hannah – *Entre o passado e o futuro*, São Paulo, Perspectiva, 2005.

AUBY, Jean-Marie – *Direito da Saúde e Bioética*, Lisboa, Lex Edições Jurídicas, 1991.

BARBOZA, Heloisa Helena, *et al.* – *Código Civil interpretado conforme a Constituição da República*, Rio de Janeiro, Renovar, 2004.

BERLINGUER, Giovanni; *et al.* – *O Mercado Humano: Estudo bioético da compra e venda de partes do corpo*, Brasília, Editora UnB, 1996.

CAMPOS, Diogo Leite de – *Lições de Direitos da Personalidade*, 2.ª ed, Coimbra, 1992.

____ – *Nós – Estudos sobre os Direitos da Pessoa*, Coimbra, Almedina, 2004.

____ – CAMPOS, Diogo Leite de, *et al.* – "Direitos Fundamentais "de Terceira Geração"", in IVES GANDRA DA SILVA MARTINS e DIOGO LEITE DE CAMPOS (coords.), *O Direito Contemporâneo em Portugal e no Brasil,* Coimbra, Almedina, 2003, p. 500.

CARVALHO, Orlando de – "Transplantações e direitos das pessoas", in *Transplantações. Colóquio Interdisciplinar*, Publicações do Centro de Direito Biomédico da Universidade de Coimbra – No. 3, 1993, pp. 142--143

COSTA, José de Faria – "O valor do silêncio do legislador penal", in *Transplantações. Colóquio Interdisciplinar*, Publicações do Centro de Direito Biomédico da Universidade de Coimbra, 3, 1993, p. 89.

CUPIS, Adriano de – *Direitos de Personalidade*, Lisboa, Livraria Morais, 1961.

ECO, Umberto – "Quando os outros entram em cena nasce a ética", *in* UMBERTO ECO e Carlo Maria Martini, *Em que crê quem não crê?*, Gráfica de Coimbra, p. 68.

FACHIN, Luiz Edson – *Teoria crítica do Direito Civil*, 2.ª ed., Rio de Janeiro, Renovar, 2003.

GARRAFA, Volnei, *et. al.* – *O Mercado Humano: Estudo bioético da compra e venda de partes do corpo*, Brasília, Editora UnB, 1996.

GOMES, Joaquim B. Barbosa – "O poder de polícia e o princípio da dignidade da pessoa humana na jurisprudência francesa", in *ADV-COAD*, Seleções Jurídicas, n.º 12, 1996, pp. 17 e ss.

HARICHAUX, Michèle – "Le corps et le produits du corps", in RAPHAËL DRAÏ, MICHÈLE HARICHAUX (org), *Bioéthique et Droit*, Centre Universitaire de recherches administratives et politiques de Picardie, Presses Universitaires de France, Paris, 1988, p. 109.

KONDER, Carlos Nelson – "O consentimento no Biodireito: Os casos dos transexuais e dos wannabes", in *Revista Trimestral de Direito Civil*, vol. 15, 2004, p. 41.

LOUREIRO, João Carlos Simões Gonçalves – "Transplantações: um olhar constitucional", in *Transplantações. Colóquio Interdisciplinar*, Publicações do Centro de Direito Biomédico da Universidade de Coimbra – No. 3, 1993, p. 25.

MARTINI, Carlo Maria – "Onde encontra o laico a luz do bem?", in UMBERTO ECO E CARLO MARIA MARTINI, *Em que crê quem não crê?*, Gráfica de Coimbra, p. 62.

MORAES, Maria Celina Bodin de – "O conceito de dignidade humana: substrato axiológico e conteúdo normativo", in INGO WOLFGANG SARLET (org), *Constituição, Direitos Fundamentais e Direito Privado*, Porto Alegre, Livraria do Advogado Editora, 2003, p. 117.

____ – "Constituição e Direito Civil: tendências", in *RT*, 779, 2000, p. 62.

____ – "O princípio da solidariedade", *http://www.idcivil.com.br/artigos.html, pp. 3 ss.*

MORAES, Maria Celina Bodin, *et al.* – *Código Civil interpretado conforme a Constituição da República*, Rio de Janeiro, Renovar, 2004.

MORVAN, Sylvia – *Les flux transfrontières de produits biologiques d'origine humaine*, Les Études Hospitalières Éditions, Bourdeaux, 2002.

NYBERG, Anja – "Modern Primitives and Body Modification", *http://www.bmezine.com/ritual/A10430/modprim.html#1.*

OTERO, Paulo – *Direito da Vida. Relatório sobre o programa, conteúdo e métodos de ensino*, Coimbra, Almedina, 2004.

PAULO II, João – *O Evangelho da Vida – Carta Encíclica "Evangelium Vitae"*, 25 de março de 1995, n.º 86, http://www.vatican.va/holy father/john paul ii/encyclicals/documents/hf jp-ii enc 25031995 evangelium-vitae po.html

PERLINGIERI, Pietro – *Perfis do Direito Civil*, trad. de Maria Cristina de Cicco, 3.ª ed., Rio de Janeiro, Renovar, 1997.

PRICE, David – *Legal and Ethical Aspects of Organ Transplantation*, Cambridge University Press, 2000.

PINTO, Paulo Mota; CAMPOS, *et al.* – "Direitos Fundamentais "de Terceira Geração"", in IVES GANDRA DA SILVA MARTINS e DIOGO LEITE DE CAMPOS (coords.), *O Direito Contemporâneo em Portugal e no Brasil,* Coimbra, Almedina, 2003, p. 500.

RAIA, Silvano – "Ética em transplantes", *http://www.abto.org.br/populacao/populacao.asp#*

RODOTÀ, Stefano – "Transformações do corpo", in *Revista Trimestral de Direito Civil*, vol. 19, Rio de Janeiro, Padma, 2004, p. 91.

TEPEDINO, Gustavo – "Direitos humanos e relações jurídicas privadas", in *Temas de Direito Civil*, Rio de Janeiro, Renovar, 1999, pp. 56-57.

___ – *Temas de Direito Civil,* Tomo II, Rio de Janeiro, Renovar, 2006.

TEPEDINO, Gustavo *et al.* – *Código Civil interpretado conforme a Constituição da República*, Rio de Janeiro, Renovar, 2004.

DISPOSIÇÕES ANTECIPADAS DE VONTADE

A EXPERIÊNCIA ESTRANGEIRA POSSIBILIDADE DE ENQUADRAMENTO NO DIREITO PORTUGUÊS?

Selma Marina Lopes Martins

INTRODUÇÃO

A medicina visa o combate contra a doença e, neste sentido, o retardamento do destino da morte.

Contudo, esta manutenção da "vida", através de técnicas sofisticadas de "engenharia" e a aceitação da "mumificação tecnológica", leva muitas vezes a prescindir da própria definição da vida e da morte, correndo o risco de esquecer a pessoa e a sua dignidade inerente, como sujeito do fenómeno vital. Quando isto acontece, entramos num conflito entre o "prolongamento artificial da vida", se é que podemos falar de "vida", e o direito de morrer dignamente, ou como alguns afirmam, o "*direito de viver a própria morte*".

Perante os avanços realizados no campo da medicina, resultando no aumento da esperança de vida (muitas das pessoas que antes faleciam por causas naturais, hoje em dia mantêm-se vivas á custa de tratamentos e cuidados especiais), tem-se questionado se este tipo de tratamento resulta numa qualidade de vida aceitável para o paciente.

É neste contexto que surgiram os chamados "*Living Wills*", com origem nos Estados Unidos da América[1], cujo principal objectivo era fornecer ás entidades hospitalares, aos seus profissionais e o próprio paciente, uma base legal para aceitar e justificar a vontade deste em recusar determinado tratamento em fase terminal.

---

[1] Desde 1976, data em que o Estado da Califórnia adoptou o *Natural Death Act* vindo a estender-se a vários Estados americanos, que alguns países europeus adoptaram legislação para a regulamentação da Directivas Antecipadas de Vontade na forma de testamentos de pacientes e, ou nomeação de procuradores de saúde.

Na maioria dos países, a pessoa, conforme as leis ou a tradição, possui um direito pessoal para decidir se começa, mantém ou termina um tratamento médico. Uma pessoa com capacidade pode e deve ser consultada acerca do tratamento, ao contrário de uma pessoa com capacidade diminuída.

Alguns Estados já adoptaram a figura dos "*testamentos biológicos*" para salvaguardar a vontade da pessoa que escolhe ou não um tratamento médico. Caso não possua um testamento médico, a decisão de seguir com uma terapêutica para mantê-lo com vida recairá sobre outros, sejam as entidades médicas, os seus familiares ou autoridades legais. Nas situações em que os pacientes não pretendam seguir com o tratamento, é importante que comuniquem a sua vontade antes que o não possam fazer. Os seus desejos podem, por exemplo, ficar registados numa *disposição de vontade antecipada*.

Este não é o caso de Portugal, onde apenas existe o disposto no artigo 9.º da Convenção sobre os Direitos do Homem e da Biomedicina, segundo a qual "*a vontade anteriormente manifestada no tocante a uma intervenção médica por um paciente que, no momento da intervenção não se encontra em condições de expressar a sua vontade, será tomada em conta*"[2].

Neste estudo, iremos balançar na permanente dialéctica entre o direito à vida e o direito sobre a vida. Iremos apontar a experiência estrangeira sobre esta problemática, sem qualquer pretensão de impor uma solução para o direito português.

Parte I
ENQUADRAMENTO

1.1. *A Pessoa enquanto ser consigo mesma e com os outros*

A pessoa é o seu corpo físico, biológico e espírito, os seus pensamentos, a sua inteligência, as suas acções boas ou más, os seus sentimentos, os seus valores, a sua relação com os outros e consigo mesmo.

---

[2] Convenção para a protecção dos direitos do Homem e da Dignidade do ser humano face às aplicações da Biologia e da Medicina, assinado em Oviedo, a 4 de Abril de 1997, ratificada pela Resolução da Assembleia da Republica n.º1/2001, de 3 de Janeiro.

"Tudo o que de bom e mau eu tenho sido desde o inicio da minha vida. (...) As nossas experiências, medos, alegrias, amor (desconfianças, inveja) influenciam as relações connosco mesmos. Tal como afectam as relações com os outros"[3].

A pessoa é o somatório deste conjunto de acontecimentos e experiências desde o início da sua existência.

"A relação connosco mesmo é uma relação com tudo o que amamos e odiamos em nós. Uma boa relação connosco é a condição de amor e de tolerância para com os outros"[4].

Não se pode separar a pessoa das outras, nem dela mesma.

"Só eu sendo e tendo que os outros podem ser e receber. Só respeitando-se a si próprio se pode respeitar os outros"[5].

Quando a pessoa reconhece o seu ser (sede de valores, irredutível a qualquer pessoa e a si mesma), conhece o valor absoluto da sua dignidade, reconhece-se a si também em qualquer outro.

"O ser para ser, reencontra-se nos outros, negando-se na universalidade do ser (seres). (...) Nasce assim uma comunidade interpessoal de objectiva solidariedade, entendida como co-responsabilidade. O bem do eu só se realiza nos outros. Ser com os outros reenvia ao respeito do próprio eu. (...) O que cada um faz em relação a si interessa radicalmente aos outros. E não se deve fazer a si mesmo o que não se deve fazer aos outros"[6].

1.2. *Soberania da Vontade?*

Sem dúvida que somos influenciados por sentimentos egoístas e religiosos, o que nos leva a indagar se poderemos participar na tomada de decisão sobre a escolha da nossa morte, bem como, se o constrangimento deste direito poderá ser qualificado como um abuso de autoridade sobre a autonomia da vontade humana.

O facto de aceitarmos a liberdade de dispor do corpo e da própria vida será o corolário da liberdade de autodeterminação sobre o nosso corpo?

---

[3] Diogo Leite Campos, "Nós, Estudo sobre o direito das pessoa", pág. 86 e 87

[4] Diogo Leite Campos, obra citada, pág. 86 e 87

[5] Diogo Leite Campos, obra citada, pág. 88

[6] Diogo Leite Campos, obra citada, pág. 89

Este princípio encontra-se intimamente ligado à ideia de privacidade e do consentimento da pessoa assumido diferentes perspectivas sejam elas individualistas ou colectivistas.

Nesta linha de pensamento, segundo Stuart Mill (Sec. IX), "*sobre si mesmo, sobre o seu corpo e a sua mente, o indivíduo é soberano*".

Como reforço desta ideia individualista, o Juiz Benjamim Cardozo afirmou que "*Todo o ser humano de idade adulta e com plena consciência, tem o direito de decidir o que pode ser feito no seu corpo*"[7].

Kant[8] propôs como imperativo categórico a ideia de que a autonomia passa por um critério de universalidade: "*O princípio da autonomia é, pois, não escolher de outro modo, mas sim deste: que as máximas da escolha, no próprio querer, sejam ao mesmo tempo incluídas como lei universal*".

Nos Estados Unidos, o Relatório Belmont[9] propunha que a autonomia incorporasse dois princípios éticos: o primeiro seria de que os indivíduos deveriam ser tratados (e considerados) como agentes autónomos, o segundo de que as pessoas com autonomia diminuída deveriam ser protegidos.

Mas, o que será uma pessoa autónoma?

O princípio do respeito da pessoa, da sua autonomia, significará o respeito (ou limite) do individualismo sobre o colectivo?

Uma pessoa autónoma é uma pessoa com capacidade para definir os seus objectivos pessoais (fazer escolhas e assumir os seu resultados) e de agir em consonância com os mesmos.

"*Respeitar a autonomia é valorizar a consideração sobre as opiniões e escolhas, evitando, da mesma forma, a obstrução de suas acções, a menos que elas sejam claramente prejudiciais para outras pessoas*"[10].

O desrespeito pela autonomia da pessoa é impedir a sua livre escolha, a determinação dos seus objectivos pessoais, ou impedir a realização dos mesmos.

Beauchamp e Chlidress reduziram o Princípio do Respeito da Pessoa para o Princípio da Autonomia. Segundo eles o conceito de autonomia assume significados diferentes consoante as várias teorias. Afirmam, porém, que existem dois pressupostos essenciais à figura da autonomia:

– A liberdade (independência);
– A acção (capacidade de agir).

---

[7] Diaulas Ribeiro, in "Eutanásia ou já a Revolução dos Bichos", Brasil, 2005
[8] Kant, "Fundamentos da Metafísica dos Costumes", 1785
[9] Estabeleceu as bases éticas no campo da investigação médica
[10] José Roberto Godim, "Principio do Respeito à Pessoa ou da Autonomia".

Outros autores introduzem uma perspectiva social ao conceito de Autonomia, tais como, Charlesworth que dispôs "*Ninguém está capacitado para desenvolver a liberdade pessoal e sentir-se autónomo se está angustiado pela pobreza, privado de educação básica ou se vive desprovido de ordem pública. Da mesma forma a assistência à saúde é uma condição para o exercício da autonomia*".

Alguns autores colocam a noção de autonomia numa dimensão social, pois a pessoa é autónoma "*quando tem em consideração factores relevantes para decidir agir da melhor forma para com todos. Não pode haver moralidade quando se considera apenas o próprio ponto de vista*"[11].

Tristram Engelhardt, propõe a alteração do Princípio da Autonomia em Princípio do Consentimento, afirmando "*o que está em jogo não é algum valor possuído pela autonomia ou pela liberdade, mas o reconhecimento de que a autoridade moral secular deriva do consentimento dos envolvidos num empreendimento comum. O princípio do consentimento coloca em destaque a circunstância de que, quando Deus não é ouvido por todos do mesmo modo (ou não é de maneira alguma ouvido por ninguém), e quando nem todos pertencem a uma comunidade perfeitamente integrada e definida, e desde que a razão não descubra uma moralidade canónica concreta, então a autorização ou autoridade moral secularmente justificável não vem de Deus, nem da visão moral de uma comunidade particular, nem da razão, mas do consentimento dos indivíduos. Nessa surdez a Deus e no fracasso da razão os estranhos morais encontram-se como indivíduos*".

O Princípio da Autonomia não pode ser compreendido apenas como uma zona reservada à autodeterminação individual de uma pessoa.

Tal como para Kant a pessoa é o fim da actuação e não um meio: "*procede de tal modo que uses a humanidade, tanto quanto à tua pessoa como quanto à pessoa de qualquer outro como escopo e nunca como um meio (...) Por isso eu não posso dispor, na minha pessoa de seres humanos, mutilá-los, pervertê-los ou matá-los*".

Com efeito, estaremos perante uma perspectiva que alia a acção individual com a componente social (eu – nós), surgindo a responsabilidade pelo respeito á pessoa (do nós).

---

[11] C. CAMII, "A criança e o número", 1895

1.3. *Conflito de Direitos e sua ponderação*

No estudo desta problemática, iremos confrontar-nos com eventuais conflitos entre direitos fundamentais, mas cuja solução de equilíbrio será possível encontrar (tais como o direito à vida, o direito à autodeterminação em matéria de cuidados de saúde, o direito à liberdade de consciência e de religião, o direito à organização da própria morte e o direito de morrer em paz e com dignidade), recorrendo ao princípio da harmonização ou da concordância prática.

1.3.1. *O Direito à Vida*

O dano da morte é o dano mais grave e irreversível que pode ser causado ao direito à vida[12], apresentando uma dimensão positiva e negativa.

A dimensão negativa verifica-se no direito a não ser morto, sendo corolários deste direito a proibição ao homicídio[13], ainda que solicitado pela vítima e a proibição da pena de morte[14]. Também se costuma associar a este, o direito à protecção e o auxílio em caso de grave necessidade que ponha em perigo a vida.

Podemos afirmar, como sublinha Gomes Canotilho e Vital Moreira,[15] que o bem jurídico vida humana é, em regra, indisponível perante terceiros, "*impondo-se contra todos, perante o Estado e os outros indivíduos*".

Na sua dimensão positiva, o direito à vida manifesta-se no direito à sobrevivência, ou seja, no direito a dispor das mínimas condições de subsistência.

Neste sentido, alguns autores questionam se o direito à vida implica um dever de viver.

Manuela Valadão e Silveira[16] e Teresa Pizarro Beleza[17] entendem que não, pois o direito à vida não é uma obrigação constitucional que impende sobre o seu titular.

---

[12] O direito á vida encontra-se consagrado no artigo 24.º da Constituição da Republica Portuguesa.

[13] Cf. os artigos 131.º e segs. do Código Penal.

[14] Cf. o artigo 24.º, n.º 2 da Constituição da República Portuguesa

[15] Canotilho, J.J. Gomes, e Moreira, Vital (1993), *Constituição da República Portuguesa Anotada, 3.ª Ed. Ver.* Coimbra, Coimbra Editora, pág. 174.

[16] Silveira, Manuela Valadão (1997), *Sobre o Crime de Incitamento ou Ajuda ao Suicídio*, 2.ª Ed. Ver. Lisboa, Associação Académica da Faculdade de Direito de Lisboa, pág. 63.

[17] Beleza, Teresa Pizarro, (1983), *Direito Penal, Vol. 2*, Lisboa, Associação Académica da Faculdade de Direito de Lisboa, pág. 295.

Para estas autoras, a disponibilidade do titular sobre o direito à vida, no âmbito do suicídio livre e consciente, situa-se uma zona isenta de direito, e neste sentido não configura um acto ilícito, não sendo, contudo um direito, mas apenas uma "tolerância" da ordem jurídica relativamente ao suicídio, desde que efectuado sem intervenção alheia que contribua para a sua promoção. Se estas intervenções existirem, estaremos perante o crime de incitamento ou ajuda ao suicídio[18].

1.3.2. *O Direito à Autodeterminação nos Cuidados de Saúde*

Considerado como um direito de "ultima geração"[19], constitui uma das mais importantes dimensões da protecção da integridade pessoal e da liberdade do individuo, na medida em que através do seu exercício este consente ou recusa a prestação de cuidados de saúde que lhe são propostos pelo médico. A recusa de um tratamento médico coercivo traduz a livre determinação da pessoa sobre o seu corpo, assegurando a protecção do bem jurídico de "*dispor sobre o corpo e a própria vida*"[20]. Por outro lado, a aplicação de um tratamento médico não consentido implica uma agressão ilícita.

Paula Ribeiro de Faria[21] salienta que o legislador no artigo 156.º do Código Penal "*procedeu a uma hierarquização de interesses onde mais alto do que a própria vida fala a autodeterminação da pessoa*". Assim, se o paciente "*não pretende sujeitar-se a uma intervenção, e qualquer que seja o motivo invocado, o medico terá que respeitar essa decisão e omitir quaisquer tratamentos sob pena de ter que assumir o risco da responsabilidade penal*".

---

[18] Cf. artigo 135.º do Código Penal.

[19] Cf. o artigo 30.º da carta dos Direitos do Utente dos Serviços de saúde, adoptado pela entidade Reguladora da Saúde, Junho de 2005; ponto 8.º da Carta dos Direitos e Deveres dos Doentes, adoptado pela Direcção-Geral de saúde em 1998; artigo 5.º da Convenção sobre os Direitos do Homem e a Biomedicina.

[20] DIAS, Jorge de Figueiredo, 1973, "O Problema da Ortotanásia: Introdução à sua consideração Jurídica", in As técnicas Modernas de Reanimação; Conceito de Morte; Aspectos Médicos, Teológicos-Morais e Jurídicos, Porto, Conselho Distrital da Ordem dos advogados, pág. 33.

[21] FARIA, Paula Ribeiro, 1998, "A Lei do Sangue – ou o Conflito entre o Respeito pela Autonomia da Pessoa e a Defesa da Vida e da Integridade Física", Direito e Justiça, Vol. XII, Lisboa, pág. 263.

1.3.3. *O Direito à Liberdade Religiosa*

A decisão de não aceitar um determinado tratamento médico tendo em conta os seus padrões éticos, morais e religiosos, deve ser uma decisão de consciência livre e informada, constitucionalmente protegida.

Neste sentido, Gomes Canotilho, Vital Moreira, a exemplo do caso da Testemunha de Jeová, entendem a existência de uma garantia constitucional na "*faculdade de escolher os próprios padrões de valoração ética ou moral da conduta própria e alheia*"[22].

Para Jónatas Machado[23] esta decisão tomada no âmbito da liberdade religiosa está também protegida pela lei fundamental.

Guilherme de Oliveira[24] refere que deverão ser fornecidos ao paciente todos os elementos informativos relevantes para que este tome uma decisão.

Esta decisão para além de ser informada deverá ser livre, no sentido de não estar sujeita a coacção.

Parte II

A EXPERIÊNCIA ESTRANGEIRA

EUROPA

Em 1976, perante a Resolução 613, a Assembleia Parlamentar Europeia declarou que *«convaincue que les malades mourants tiennent avant tout à mourir dans la paix et la dignité, si possible avec le réconfort et le soutien de leur famille et de leurs amis»*, mais tarde, com a Recomendação 779, *«la prolongation de la vie ne doit pas être en soi le but exclusif de la pratique médicale, qui doit viser tout autant à soulager les souffrances»*.

---

[22] Canotilho, J.J. Gomes, e Moreira, Vital (1993), Constituição da Republica Portuguesa Anotada, pág. 243.

[23] Machado, Jónatas, 1996, Liberdade Religiosa numa Comunidade Constitucional Inclusiva, Dos Direitos da Verdade aos Direitos dos Cidadãos, Coimbra Editora, pág. 222.

[24] Oliveira, Guilherme de, 2005, Temas de Direito da Medicina, Vol. I, 2.ª ed. ver., Coimbra Editora, pág. 67: os elementos informativos deverão ser "pelo menos aqueles que uma pessoa média no quadro clínico que o paciente apresenta, julgaria necessários para tomar uma decisão".

Mas é com a Recomendação n.º 1418 de 1999, relativa á Protecção dos Direitos do Homem e da Dignidade dos Doentes Incuráveis ou Terminais, que se deu ênfase ao tema, no sentido de convidar os Estados Membros a criar normas internas de protecção jurídica e social perante tais situações, pois a "*obrigação de respeitar e proteger a dignidade de um doente terminal é uma consequência natural da inviolabilidade da dignidade da espécie humana, presente em todos as etapas da vida. O respeito desta protecção traduz-se na criação de mecanismos apropriados, que permitam o ser humano de morrer com dignidade*". Neste sentido, uma das recomendações visa expressamente "*le risque de voir leur existence prolongée contre leur volonté*"[25]. O ponto b., refere-se á protecção dos direitos dos doentes incuráveis e terminais quanto á sua autodeterminação, tendo em conta as seguintes medidas, entre outras: "*iii. Não receber quaisquer tratamentos contra a sua vontade, ou sob a pressão de terceiros; iv. Respeitar as instruções ou declarações formais ("living will") que visem a recusa a certos tratamentos médicos, realizados por doentes incuráveis ou em fase terminal; deverá ser definido o representante legal, as circunstancias temporais em que foi realizado as instruções ou as declarações formais; a existência ou não de pressões exteriores ou deficiências de vontade; sendo certo que em caso de dúvida, a decisão será a favor da manutenção da vida; v. A terapêutica médica não poderá atingir a dignidade da essência humana; vi. A falta de instruções antecipadas ou declarações formais não conduz necessariamente ao prolongamento da vida se tiver endereçado uma lista de tratamentos que não deseja receber ou pretende interromper*". Apesar desta "abertura", pretendeu-se salvaguardar o *direito á vida* como um bem supremo, garantido pela Convenção Europeia dos Direitos do Homem, "*la mort ne peut être infligée á quiconque intentionellement*", pois o desejo expresso de um doente incurável ou terminal, não pode justificar a sua morte nem fundamentar a execução de acções destinadas ao seu auxílio, exposto no ponto c. desta regulamentação.

Nos últimos anos tem-se assistido nos ordenamentos jurídicos dos Estados Membros da União Europeia a uma notável diversificação sobre a protecção da incapacidade do doente nesta fase da sua vida.

Não iremos tecer considerações sobre este instituto, apenas referir que existem duas orientações: um sistema que protege os interesses do

---

[25] Recomendação n.º 1418/99, ii).

incapaz mediante uma procuração irrevogável (Enduring Power – Inglaterra, Irlanda e Escócia) e um sistema de criação de um organismo tutelar (Espanha – Catalunha). Uma excepção a esta orientação é o caso da Alemanha, que reconhece uma procuração irrevogável de autotutela. Outros países encontram-se em reformas legislativas como a França, Bélgica e Espanha.

Espanha

– *Disposições de Vontade Antecipada* (DVA)

Os avanços da medicina e da tecnologia médica tem levado a sociedade a posicionar-se sobre o dilema de qual a atitude a tomar perante um paciente que se encontra numa situação terminal e sem capacidade de decisão. Nestas circunstâncias, a ciência permite prolongar artificialmente a vida durante algum tempo, mas mediante processos que podem ser evasivos.

Estes factos abriram uma brecha no ordenamento jurídico espanhol, permitindo o surgimento dos *testamentos vitais* ou *biológicos,* com o Convénio de Oviedo de 1997 e a Lei da Catalunha 21/2000, que vieram regulamentar tais disposições. Em Dezembro de 2001, estendeu-se a todo o território Espanhol a possibilidade de subscrição de um documento com tais características.

A figura do *testamento vital* consiste numa declaração escrita que prevê uma eventual situação de incapacidade do seu autor, originada por um estado terminal ou coma irreversível, em que se ordena aos familiares e aos seus médicos, que no futuro, se o tratamento a adoptar for extraordinário ou desproporcionado, este deve ser recusado ou cessado[26].

Alguns autores descrevem o *testamento vital* como uma pronúncia escrita e antecipada sobre os tratamentos que se desejam receber ou não, na hipótese de vir a padecer de uma doença irreversível que leve a um tal estado que o paciente não se possa expressar por si próprio[27].

A 4 de Abril de 1997, com o Convénio de Oviedo sobre a Protecção dos Direitos Humanos e o respeito da dignidade do ser humano referentes ás aplicações da Biologia e Medicina, estipulou-se, no artigo 9.º que:

---

[26] Pedro F. Silva-Ruiz, "Testamento vital" o "Testamento biológico",in "El derecho a morir con dignidad y el testamento vital" – Revista General de Derecho, núms. 592--593, págs. 435-436

[27] Salvador Pániker, "El derecho a morir dignamente", Anuário de Psicologia, 1998, Vol. 29, n.º 4, pág. 85

"*serão considerados os desejos anteriormente expressos com respeito a uma intervenção médica por um paciente que, no momento da intervenção, não se encontre em situação de expressar a sua vontade*"[28].

De salientar, que as directrizes relacionados com a informação clínica e a autonomia dos pacientes foram objecto de regulamentação pela Lei Geral de Saúde.

Apesar do Parlamento da Catalunha ter aprovado a lei que regula o testamento vital, a doutrina optou por considerar a expressão "*vontades antecipadas*", mais certa e adequada que "*testamento*", que visa disposições para depois da morte.

A "*Proposta de Lei sobre os Direitos de Informação referentes à Saúde e Autonomia do Paciente e da Documentação Clínica*" abriu a possibilidade de aprofundar a prática do direito à informação, ao consentimento informado e o acesso à história clínica de todos os cidadãos espanhóis. Nesta citada proposta o *testamento vital* é definido como "*documento dirigido al médico en el cual una persona mayor de edad, con capacidad suficiente y libremente, expresa las instrucciones a tener en cuenta cuando se encuentre en una situación en que las circunstancias que concurran no le permitan expresar personalmente su voluntad*".

Itália

– *Testamentos Biológicos* e *Directtive Antecipate*

A questão que vem sendo debatida no ordenamento jurídico italiano prende-se com a valoração jurídica da vontade de uma pessoa, expressa conscientemente e, num determinado momento, com vista a produzir um efeito em momento posterior, cujo autor se encontra incapaz para poder exprimir a sua decisão.

Podemos observar duas situações: um estado de incapacidade que está previsto, como uma doença degenerativa em consequência de uma estado genético ou de uma cirurgia ou uma incapacidade acidental que se manifesta em presença de uma vontade de tratamento médico, prevendo-se a necessidade de se manter ou efectuar esse mesmo tratamento.

No primeiro caso, apesar de não existir uma regulamentação jurídica, é orientação dominante, que a vontade expressa de um paciente no momento em que era plenamente consciente e informado da doença de que estava afectado e o seu desenrolar, deve ser vinculante e a sua escolha respeitada.

---

[28] BOE el 20 de Octubre de 1999

No segundo caso, a vontade, referindo-se a uma situação incerta e futura, representa a situação típica que tem dado origem a uma maior contradição: de um lado a valorização da vontade sem consideração de qual o momento em que foi manifestada; de outro, a não consideração da vontade que pode não estar conformada com o que sentia.

A doutrina italiana tem sido assertiva no sentido da criação de uma legislação explícita da vontade, inserida no *testamento biológico*, devendo ser considerada como fundamento da liberdade de expressão, de pensamento[29] e religiosa[30] constitucionalmente garantidas, e como tal respeitadas. A própria *Constituzione* afirma[31] que "*Nessuno può essere obbligato ad un determinato tratamento sanitário se non per disposizione di legge. La legge non puo in nessun caso violare i limiti dal rispetto della persona umana*", portanto o paciente que efectuou um *testamento biológico* para evitar o seu sofrimento inútil não pode ser sujeito a tratamentos que contrariem a sua liberdade, consciência e decisão motivada se não com grave violação dos seus direitos fundamentais.

As críticas que se têm efectuado ao *testamento biológico* resultam do facto de a pessoa ao realizar este testamento não ter previsto ou considerado, por exemplo, uma inovação médica que na altura ignorava, que a saber, provavelmente, não recusaria o tratamento; há quem sustente que o *testamento biológico* é um instrumento de certificação da eutanásia; outras orientações defendem que o *testamento biológico* não pode ser considerado como uma declaração de vontade, não existindo nenhuma característica, nem do ponto de vista formal, nem social, que possa ser entendido como um verdadeiro e próprio testamento.

O próprio *Codice Civile*[32] sublinha que: *o testamento é um acto típico e definitivo, é um negócio jurídico unilateral, expressão da vontade e autoregulamentação do próprio interesse consentido, através do qual se dispõe dos seus bens próprios e por um período sucessivo à sua morte, com chamada dos seus herdeiros*. É um documento que contem disposições prevalentemente de carácter patrimonial.

Ao invés, o *testamento biológico* não é um acto de disposição de carácter patrimonial, nem existe a figura do herdeiro, não é um acto dispositivo em sentido estrito, porque o único objecto da disposição será

---

[29] Vide, Constituzione Italiana, artigo, 21
[30] Vide, Constituzione Italiana, artigo 19.º
[31] Vide, Constituzione Italiana, artigo 32.º, n.º 2
[32] Vide, artigo 587.º ss

a própria vida, que é um direito absoluto e indisponível e fundamental da pessoa singular e enquanto membro da colectividade.

A posição da moral católica tem sido clara: *é inadmissível a eutanásia activa, mas nalgumas circunstâncias será lícita a suspensão de terapêuticas inúteis e dolorosas*[33].

Se se afirma a necessidade da revalorização da doença e da sua assistência, será aceitável uma assistência integral, não só médica mas também moral, espiritual e social.

Neste sentido, e apesar de algumas vozes em contrário, em Março de 1992, foi elaborada a *Carta dell'autodeterminazione*, apresentada ao *Conselho de Bioética Italiano*, com o principal escopo de garantir a d*irecttive antecipate* sobre o tratamento que pretende receber ou recusar no caso de vir a estar em condições de não poder exprimir a sua vontade e com o fim de valorizar a dignidade do indivíduo, reafirmando o direito de autodeterminação da pessoa, que encontra limitações no momento em que esta vem a perder a capacidade de decidir ou comunicar a própria decisão.

Esta *carta* prevê disposições de carácter geral e especial. Na primeira parte do documento faz-se uma referência ao consentimento informado e ao alcance terapêutico; na segunda parte, ao invés de se analisar as disposições particulares referentes a qual o tratamento que pretende receber, confronta os aspectos ligados à fase terminal, como a possibilidade de receber assistência religiosa, bem como o tipo de funeral, sepultura e doação de órgãos. Como qualquer documento, não se prevêem todas as situações prováveis de se concretizar, sendo possível que o subscritor delegue num fideicomissário a valorização duma situação que se venha a verificar, devendo aceitar o encargo frente a uma testemunha, confirmando a declaração de vontade. Este será o garante do cumprimento da carta. Por esse motivo é necessário quer seja consultado e colabore com o médico no caso em que se verifique uma situação de inconsciência em que seja relevante a sua presença.

As reacções suscitadas pela Carta são diversas: foi notável a sua adesão pelo mundo laico; no âmbito católico existe ainda controvérsia.

Em 14 de Março de 1998 o *Conselho de Bioética* fez aprovar uma proposta de lei (que veio a ser ratificada por este órgão em Abril do mesmo ano) no sentido de regulamentar o Princípio do Consentimento

---

[33] Lucilla Iapichino, " Testamento Biológico e Directtive Antecipate", 4.1, nota

Informado e estabelecer a modalidade de manifestação e o âmbito de aplicação da *direttive anticipate*.

Este projecto veio colmatar a lacuna existente no sistema jurídico italiano ao atribuir a máxima relevância á vontade individual, não importando em que momento é expressa, regulando apenas a disciplina do consentimento informado e da *directiva antecipada*.

Não se prevê um sistema de publicidade para o testamento biológico, ou a instituição de um registo da sua existência.

Com efeito, outra proposta foi apresentada e objecto de regulamentação, incidindo sobre a manifestação da vontade e os seus efeitos sobre os tratamentos médicos e, em particular, a suspensão dos tratamentos médicos em doentes terminais. Esta proposta consiste numa alternativa, e não uma oposição, à *Carta dell´autodeterminazione*. Nesta *proposta di testamento biológico*, procurou-se clarificar o fim, os sujeitos (paciente, médico), circunscrever o objecto (procedimento de suspensão vital) e formalidade do documento (acto escrito). Relevante é a situação de se procurar certificar a vontade (declaração escrita, tendo por base um formulário que faz parte integrante do articulado, que deve ser consignada ao próprio médico e confirmada por duas testemunhas maiores que irão atestar a subscrição) e o sistema previsto para a certificação da existência da incapacidade (diagnosticada por três médicos que verificam a condição terminal e os procedimentos inúteis para a sustentação da vida). De realçar que o declarante pode revogar esta declaração, a todo o tempo, por destruição da mesma, envio ao médico uma revogação escrita, comunicação oral feita ao médico ou a uma pessoa designada pelo declarante.

A) Alemanha

– Patiententestament

Com a Lei de 1.º de Janeiro de 1992 (*Gesetz zeu Reform des Rechts der Vormundshaft und Pfegshaft fur Volljahrige, Betreuungsgesezt, Bundesgesetzblatt*), introduziu-se o instituto da *Betreuungsgesezt*, que visou dar assistência, através da família e da assistência social, ás pessoas maiores que, em virtude de uma doença psíquica ou de um impedimento, estavam incapazes de querer e entender.

Diferente deste instituto foi criado o *Patiententestament* (*testamento biológico*) que consiste numa declaração de vontade especificamente prevista para tratamentos de saúde. Este documento vincula os profissionais de saúde, destinando-se a permitir a recusa de um tratamento terapêutico, realizado num determinado momento, em que o paciente está plenamente consciente e goza de todas as suas faculdades, antevendo o caso de, futuramente, se encontrar num estado físico ou mental que não seja capaz de tomar decisões sobre a sua própria saúde.

Este documento dirige-se ao conjugue capaz, mas também aos seus filhos, amigos, médico assistente e toda a equipa de saúde em geral.

Existe ainda um outro instituto que prevê a situação de uma pessoa se encontrar num estado de incapacidade para tomar decisões em virtude da sua idade e o seu consequente estado de saúde que é *Altersvorsorgevollmacht*. Recorre á figura jurídica do mandato, prevendo-se a nomeação de um mandatário que assiste ao idoso, contendo geralmente disposições de ordem médica e raramente de ordem patrimonial.

Este tema tem sido objecto de um amplo debate na Alemanha, tendo sido regulado[34] em Setembro de 1998, os *Princípios do Acompanhamento Médico do Doente Terminal*, prescrevendo que: "*o médico em presença de uma doença terminal deve proceder aos cuidados paliativos e ajudar o paciente a morrer dignamente*".

Também a jurisprudência alemã admite este tipo de documento, veja-se o caso da pronuncia do Tribunal Regional Superior de Frankfurt, de Julho de 1998, no sentido da interrupção da alimentação artificial a um homem de oitenta anos, em coma há dois meses, que em posse das suas capacidades expressou a vontade de, no caso de se encontrar à morte, não ser deixado numa longa e dolorosa agonia.

B) Inglaterra

O direito inglês não prevê explicitamente a possibilidade de recorrer ao *testamento biológico* apesar deste instituto ser reconhecido há muito tempo pela jurisprudência, que considera como liberdade fundamental da pessoa o direito do paciente com capacidade em recusar um tratamento médico.

A *Câmara dos Lords* pronunciou-se perante um caso concreto[35] sobre a suspensão ou não da alimentação e hidratação artificial de um paciente que estava em estado vegetativo desde 1989. Na sentença proferida afirmou-se como principio fundamental o direito de se recusar um tratamento médico perante uma doença, cuja recusa vai implicar a morte

---

[34] Vide, artigo 1896.º c. 2 ponto 2 BGB

[35] *Airedale NHS Trust vs Bland* de 9/02/93

da pessoa e a validação do documento em que o paciente, prevendo uma possibilidade de ficar em estado vegetativo persistente ou num estado semelhante a esse, dar instruções afim de não receber qualquer tratamento médico ou nutrição artificial.

Perante a *Corte Civil* reconheceu-se a validade do testamento biológico se estivermos em presença de quatro situações (acrescentando, cumulativas):

1) O paciente estar mentalmente capaz no momento de exprimir a sua vontade e de prever manifestar a recusa perante uma doença;
2) Consideração desta situação no momento em que perde a capacidade de entender e querer;
3) Avaliação das consequências da recusa do tratamento médico;
4) Não haver influência ou constrangimento de terceiros no momento em que a pessoa efectuou a decisão.

O valor jurídico do testamento biológico e o seu uso é, no entanto, incerto, sendo a tendência actual para a realização de uma procuração irrevogável perante as disposições relativas á pessoa e á sua cura.

C) França

Perante um estado de incapacidade, o direito francês considera três figuras: a tutela, curatela e a *sauvegarde de justice*.

Não prevê algum tipo de documento com intuito de dispor futuramente no caso de advir uma incapacidade.

Uma eventual solução pode ser encontrada na *Lettre d'Intention.* Neste documento, o paciente afirma que em posse das suas faculdades mentais, deseja que, se a sua situação de saúde vier a mudar, o juiz aceite como administrador legal a pessoa por si designada. Porém, o juiz não está vinculado a esta escolha podendo nomear outra pessoa.

CONTINENTE AMERICANO

A) EUA

Nos finais dos anos sessenta iniciou-se um amplo debate envolvendo a comunicação social, médicos e juristas sobre a questão de saber qual a posição do médico confrontado com um paciente inconsciente e o direito de este ter previamente recusado um determinado tratamento.

Este debate alargou-se e reforçou-se com a jurisprudência resultante do caso *Quinlan*, que representou o primeiro acontecimento em que se iniciou a discussão sobre o "*right do die*".

De modo muito sintético, Karen Ann Quinlan era uma rapariga de 22 anos que entrou em coma irreversível em 15 de Abril de 1975. Os pais, conhecendo a sua situação, solicitaram aos médicos que suspendessem todos os tratamentos médicos extraordinários, assegurando que a sua filha havia manifestado previamente a vontade de não se mater viva artificialmente. O médico recusou aceder ao pedido, alegando motivos ético-profissionais. A questão final veio a ser resolvida pelo Tribunal de New Jersey, em 1976, estabelecendo que Quinlan, não obstante estar incapacitada, era titular de um direito de privacidade (que exclui a intromissão do Estado na vontade do particular) e a fim de evitar a invasão deste direito, a sua família podia exercê-lo, aplicando a lei e decidindo segundo a sua vontade.

Nesse mesmo ano, o Estado da Califórnia vê aprovado o "*Natural Death Act*", reconhecendo-se, pela primeira vez, o direito de autodeterminação do paciente e o respectivo procedimento (*Advance Directives* e *Living Wills*).

Com esta lei, reconhece-se o direito dos maiores e capazes controlarem a decisão de empregar ou interromper uma terapêutica de sustentação da vida quando esteja em causa a condição existencial.

Com a incerteza, seja no campo médico, como no campo jurídico, sobre a legitimidade de suspender o uso e aplicação da terapêutica, no caso de o paciente haver manifestado tal vontade, a lei americana afirma que "*no respeito da dignidade e da privacidade individual é reconhecido o direito de cada indivíduo predispor por escrito uma disposição (directive) que dê instruções ao próprio médico de não empregar ou interromper o emprego do sustento vital no caso de doença terminal*".[36]

Com efeito, por todos os Estados americanos assistia-se a uma significativa produção de normas e disciplina do direito à autodeterminação, mas nem sempre homogénea.

Em 1983, publicou-se o "*President´s Commission Repor Deciding to Forego Life – Sustaining Treatment*" que visou unificar as várias leis existentes (na época 14). Em 1985, a National *Conference Law Commissioners*" aprovou o "*Uniform Rights of a Terminally Ill Act*" (URTIA) com vista a uniformizar a legislação por todos os Estados Americanos. A

[36] Sez.7187, Natural Death Act

norma em questão, amplamente revista com a aquisição do "*Guidlines on Termination of a Life-Sustaining Treatment and the Care of a Dying dell'Hasting Center*", constitui um importante impulso para os "*advance directives*" e "*living wills*", pois não se limitou a dar uma definição precisa e correcta da instituição em questão, mas mudou também do âmbito da validade da norma.

Outro impulso ao debate veio a ser dado pelo caso de Nancy Cruzan, em 1990, cuja decisão do Tribunal Supremo dos Estados Unidos estabeleceu que cada pessoa (não necessariamente um doente terminal) tem direito a decidir sobre a sua saúde e recusar a cura, inclusive o tratamento de sustentação da vida.

Com esta sentença reconheceu-se outra margem de aplicabilidade das directivas antecipadas e foi dada a base para a aprovação do "*Patient self determination act*" (Lei Federal de Autodeterminação do *Pacient*), que entrou em vigor em 1991 e portadora definitiva legitimação jurídica dos *Living Will* nos EUA. Nesta lei reconheceu-se o direito ao paciente de tomar decisões sobre a sua terapêutica médica, inclusive o direito de recusar ou aceitar tratamento médico ou cirúrgico e o direito de formular uma declaração antecipada de vontade ao médico.

Em concreto, são possíveis dois tipos de declarações: o *living will*, em que o paciente indica qual o tratamento que pretende obter, caso não possa tomar a sua decisão; o *durable power of attorney for health care*, em que o paciente nomeia um representante – *attorney* – que possa tomar decisões em seu lugar, quando não possa vir a fazê-lo.

Actualmente as *directivas antecipadas* e os *living will* são reconhecidos em todos os Estados Americanos.

B) Brasil

– Suspensão do esforço Terapêutico (SET)

No Brasil existe a figura da *"Suspensão de Esforço Terapêutico – SET"*.

De acordo com esta figura, os pacientes em estado vegetativo persistente ou em fase terminal de doenças incuráveis, autorizam, previamente, a suspensão de tratamentos "inúteis" que apenas tendem a adiar a morte em vez de manter a vida.

Com a evolução das tecnologias médicas existem cada vez mais meios capazes de manter esses doentes sob tratamentos paliativos que apenas visam aliviar o sofrimento, não sendo terapêuticas curativas. Estes tratamentos visam o suporte de actividades vitais primárias, podendo manter vivo, por anos a fio, alguém que está clinicamente morto.

Contudo, a figura da *suspensão do esforço terapêutico* tem uma dificuldade que pode ser intransponível: necessita de uma manifestação de vontade do paciente, que, na maioria dos casos, deve ser feita *antes* da perda da sua capacidade civil. Para que isso seja possível, três alternativas se apresentam. A primeira, uma escritura pública realizada num cartório notarial, na qual o paciente declara não aceitar a insistência terapêutica, não aceita ser mantido vivo por aparelhos, especificando, ainda, que tipo de tratamento aceita. A segunda, uma declaração escrita em documento particular, numa simples folha de papel assinada, de preferência com assinatura reconhecida. Nesses dois casos temos os "*testamentos vitais*". É evidente que, também aqui, se considera que os testamentos vitais não têm os requisitos de um testamento tradicional (a ser cumprido após a morte). Ao contrário destes, devem ser mantidos abertos, do conhecimento da família, dos médicos ou de terceiro, a quem o paciente pode nomear para tomar, nessas matérias, decisões não incluídas no testamento. Finalmente, há uma solução para quem não teve oportunidade de fazer um testamento vital, mas que disse a amigos que rejeitaria o esforço terapêutico em caso estado vegetativo persistente ou de doença terminal. Nesse caso, é necessário reproduzir prova válida dessa vontade do paciente, o que demandaria processos judiciais longos, como ocorreu com Nancy Cruzan e Terri Schiavo.

No Brasil, não há autorização legal para a eutanásia nem para o suicídio assistido. Mas a *suspensão de esforço terapêutico* está autorizada na Constituição, na Lei Orgânica da Saúde (Lei n. 8080/90, artigo 7.º, III), que reconhece o direito à autonomia do paciente, e no Código de Ética Médica, que proíbe o médico de realizar procedimentos terapêuticos contra a vontade do paciente, fora dos casos de emergência de assistência, o que não é o caso desses pacientes, com quadros irreversíveis.

Há, ainda, uma lei excepcional sobre esse tema. A *Lei dos Direitos dos Usuários dos Serviços de Saúde do Estado de São Paulo* (Lei 10.241//99) que no artigo 2.º afirma: "*São direitos dos usuários dos serviços de saúde no Estado de São Paulo: XXIII – recusar tratamentos dolorosos ou extraordinários para tentar prolongar a vida*".

Parte III

ENQUADRAMENTO JURÍDICO DAS DISPOSIÇÕES DE VONTADE ANTECIPADA – SUA ADMISSÍBILIDADE?

Apesar das diferentes denominações, "testamentos de pacientes"[37], "testamentos biológicos"[38], "consentimento antecipado", "directivas prévias"[39], "testamentos vitais" ou "procuradores de cuidados de saúde", estas *disposições antecipadas de vontade* (designação preferida) representam um paradigma da protecção da liberdade e da autonomia do seu criador.

Neste conceito, reúnem-se todas as declarações em que se procura acautelar consequências de uma intervenção médica indesejada, nos casos de perda de consciência ou da vontade, configurando hipóteses de desenvolvimento de uma doença, exprimindo antecipadamente, as respectivas instruções.

Em alguns países, os hospitais perante tratamentos inúteis, ou seja, situações em que o paciente está fatalmente doente, permite-se que, este, através de um escrito, deixe indicações para a interrupção de tratamento, verificadas determinadas circunstancias. A intenção é prevenir a situação em que o paciente entra em coma, sem expectativa de retomar a consciência até ao desenlace fatal. É um estado que o doente quer prevenir e evitar por razões pessoais (sofrimento e "fardo" para a sua família, degradação física, etc.).

Para Ad Nieuw através dos *testamentos em vida* e a prestação de *consentimento informado* reconhece-se o direito de autodeterminação em relação ao próprio corpo, ao invés daqueles onde se constata apenas a determinação a outrem das decisões correspondentes, sustentando que quem não tenha formulado um testamento em vida pode ficar submetido à vontade discricionária do médico, ou pior, sujeito a uma interpretação pela qual a falta de testamento em vida signifique um consentimento passivo de uma substituição na tomada de decisões[40].

Estas manifestações de vontade para produzirem efeitos jurídicos devem ser reduzidas a escrito, para posteriormente serem guardadas e reproduzidas, podendo ser utilizado para o efeito os meios audiovisuais.

---

[37] Manuel da Costa Andrade, *Consentimento e Acordo*...cit., p. 457

[38] Gomes Canotilho e Vital Moreira, *Constituição da República Portuguesa Anotada*....cit., p. 176

[39] João Loureiro, *Metáfora*...cit., pp. 27-65

[40] João Vaz Rodrigues, *O Consentimento Informado*...cit., p. 367, Nota (201)

Apesar destas declarações serem aceitáveis existe uma enorme dificuldade em regulamentar tal realidade. Com efeito, as regras que imponham o respeito pela indicação antecipada de instruções sobre a actuação médica podem nos levar ao oposto da doutrina do consentimento informado, como nos casos, em que a declaração tenha sido manifestada a uma distância tal dos factos que se questiona se a vontade do declarante permanece reflectida. A previsibilidade das circunstâncias pode-se alterar pela intensificação dos sentimentos.

O carácter compulsório da vontade do indivíduo, mesmo nos casos em que contraria a opinião dos familiares e dos médicos, foi recentemente reconhecido pelo Conselho Nacional de Ética para as Ciências da Vida (CNECV)[41].

De forma sucinta, podemos dizer que o que esteve na origem deste parecer, foi a possibilidade de não efectuar determinados tratamentos que prolongassem artificialmente a vida, como por exemplo, cessar a alimentação medicamente assistida a um doente em estado vegetativo persistente (EVP), se esta tiver sido a decisão previamente expressa e conscientemente prestada pelo paciente.

A posição que o Conselho de Ética tomou[42], forneceu um contributo para se poder definir as fronteiras com a figura da eutanásia, já que, apesar de essa questão nunca ter sido chamada à colação nas reuniões que antecederam o parecer, consagrava "*uma forma prévia de expressar o desejo de uma eutanásia passiva*".

A opinião tomada, foi seguida com prudência, visto que na eutanásia a pessoa está consciente e pode exprimir a sua opinião, o que será diferente no caso de um doente ter expresso antecipadamente e claramente que não quer que lhe seja feito nenhum tratamento e recusa até a alimentação. O CNECV considera que, nestes casos, "*a pessoa deve ser deixada morrer em paz*".

Sucede porém, que a vontade expressa, prévia e documentalmente, está longe de ser a norma em Portugal.

Com efeito, coloca-se o problema de, estando em causa a decisão de respeitar a autonomia do doente, como agir em conformidade com a decisão do paciente?

---

[41] Relatório de Fevereiro de 2005 da CNECV

[42] Os pareceres desta Comissão não têm carácter vinculativo apenas servem de referência ética à classe médica.

Podemos ainda questionar em que termos deverá a vontade, de iure constituto, ser atendida? Ou, qual a validade de um testamento de paciente ou uma nomeação de procurador de saúde no nosso ordenamento jurídico?

O CNECV determinou que a vontade expressa dever ser reconstituída através das pessoas mais próximas, tentando perceber o que este doente quereria se estivesse consciente., atendendo ao valor meramente indicativo da manifestação do consentimento antecipado, sobretudo, nos casos em que se detectem desvios significativos nas opiniões dos pacientes entre o momento em que firmou o texto e o momento em que se suscita a sua aplicação, ou em que este lapso de tempo seja extremamente longo[43]. Para ultrapassar esta dificuldade, propõe-se o recurso a outros expedientes como, por exemplo, indagar junto das pessoas da esfera próxima do paciente sobre a eventual evolução da maneira de pensar desta a respeito das instruções expressas, desde que sobre estas impenda a suspeição de anacronismo; bem como, atribuir relevância ao instituto da representação, "*health care proxies*", instrumento mediante o qual se assegura a possibilidade de designar uma pessoa com competência para tomar decisões em matéria de saúde perante a impossibilidade do declarante.

Contudo, deparamo-nos com outro problema, no sentido da indisponibilidade da delegação de poderes sobre o conteúdo de direitos fundamentais. Pois uma coisa é o testemunho da posição do paciente sobre o que, em termos de dignidade e liberdade, pretende seja feito caso ocorram determinadas eventualidades, facto diferente, é a designação de alguém em cuja interpretação se confia para se substituir perante um quadro prefigurado da realidade.

Disposições antecipadas de vontade: conceito e tipos

Mas em que consistem as disposições antecipadas de vontade? Segundo Yvon Kenis, estas são "*instruções que uma pessoa dá antecipadamente, relativa aos tratamentos que deseja ou recusa receber no fim da vida, para o caso de se tornar incapaz de exprimir as suas vontades ou de tomar decisões por e para si própria*"[44].

---

[43] João Vaz Loureiro, ob. cit., p. 369

[44] Yvon Kenis, "Directivas Antecipadas", in Nova Enciclopédia da Bioética, Trad. Orig. de 2001 por Maria Carvalho, Lisboa, Instituto Piaget, pág 235

As directivas antecipadas de vontade ou disposições de vontade antecipada podem revestir duas formas: *testamento de paciente* (vulgarmente designado por "*living will*", testamento de vida, testamento biológico) e a de *nomeação de procurador de cuidados de saúde* (*durable power of attorney ou health care proxy*).

O primeiro é um documento escrito no qual uma pessoa regista a sua vontade quanto aos cuidados médicos que pretende ou não receber se vier a perder a capacidade de se exprimir ou se encontrar num tal estado de incapacidade para tomar uma decisão.

Este instrumento revela algumas semelhanças com a sucessão testamentária[45], pois também consiste num acto pessoal, unilateral e revogável pelo qual uma pessoa expressa claramente a sua vontade. Porém, as suas disposições, ao contrário do acontece na sucessão, são de natureza estritamente pessoal, não possuem carácter patrimonial, destinando-se a ser validadas no período anterior à morte do testador[46].

O segundo tipo é a nomeação de um procurador de saúde feita através de um documento que atribui poderes a um "procurador" para tomar decisões em matéria de saúde em nome da pessoa que o nomeia quando esta não estiver em condições de expressar a sua vontade. Por vezes esta nomeação encontra-se associada à elaboração de um testamento de paciente.

O testamento de Paciente: Argumentos a Favor e Contra

Na maioria da legislações que analisámos, o testamento de paciente é um documento escrito, redigido por um indivíduo capaz[47], onde se declara que no caso de se vir a encontrar inconsciente ou com a anomalia psíquica que o torne incapaz de governar a sua pessoa, deseja ou não deseja receber determinado cuidado medico.

---

[45] Cf. artigos 2179.º e seguintes do Código Civil

[46] Neste sentido alguns autores consideram inadequada a expressão "testamentos de vida". Para o Parecer n.º P/05/APB/06, elaborado pela Associação Portuguesa da Bioética, tratam-se de verdadeiros testamentos ou cláusulas testamentárias sobre a vida. Vide, Rui Nunes, (1996), in "Humanização na Doença terminal", Comissões de Ética: Das Bases Teóricas à actividade Quotidiana, nota de rodapé, n.º 6, pág. 2.

[47] I. é, maior de idade e não interdito por anomalia psíquica.

Podemos extrair que neste testamento existem dois sentidos diferentes de expressar a declaração de vontade: consentir ou não consentir na realização de determinada intervenção ou tratamento.

Poucas dúvidas se levantam no caso de *aceitação de um determinado tratamento* se se vier a encontrar incapaz para nele consentir.

Se este tratamento se mostrar o indicado, a sua realização não será punida a título de intervenções e tratamentos médico-cirúrgicos arbitrários, apesar de no momento da realização não existir um consentimento, esta realização funda-se no consentimento presumido (causa de justificação autónoma e excludente da ilicitude).

A regra no nosso ordenamento jurídico é a de que só pode realizar-se uma intervenção ou tratamento médico-cirúrgico com o consentimento do paciente[48]. Existem situações excepcionais em que se prevê uma equiparação do consentimento presumido ao consentimento efectivo quando não for possível obter a manifestação expressa da vontade do paciente ou se a espera por essa obtenção por em perigo a vida ou a saúde do paciente. Nestes casos a intervenção ou o tratamento realizados sem o consentimento actual do paciente não são punidas[49].

Manuel da Costa Andrade salienta a eficácia justificativa do consentimento presumido na "*vontade hipotética que é possível referenciar, por mais irracional e incompreensível que ela possa parecer*"[50]. No entanto, o paciente não está impedido de, entretanto, alterar a sua intenção – o testador no momento da aplicação das disposições do Living Will, pode declarar que a sua vontade actual já não será a de receber determinado tratamento ou intervenção.

No caso de a intervenção ou tratamento não se mostrar o mais indicado, o médico não deve sujeitar o paciente a encarniçamento terapêutico que considera com maiores riscos e sofrimentos do que benefícios. Pelo contrário, o médico tem a obrigação deontológica de não prescrever tratamentos supérfluos, fúteis ou inúteis, devendo antes limitar-se à prestação de cuidados paliativos, quando a cura e tratamento não se afigurem possíveis, com respeito do direito do paciente a morrer em paz e com dignidade[51].

---

[48] Cf. o artigo 38.º, n.º 3 do Código Penal.

[49] Cf. o artigo 156.º do Código Penal.

[50] ANDRADE, Manuel Costa, 2004, "*Consentimento em Direito Penal – O Consentimento Presumido*", Revista Portuguesa de Ciência Criminal, Ano 14, n.os 1 e 2, Coimbra, pág. 134.

[51] Este direito encontra-se consagrado no artigo 43.º da Carta dos Direitos do Utente dos Serviços de Saúde elaborado pela Entidade Reguladora da Saúde em Junho de 2005.

O direito à protecção da saúde[52], constitucionalmente garantido, não exige uma pretensa imortalidade clinicamente sustentada.

Levantam-se muitas questões, sobretudo no plano jurídico-penal, quanto á *recusa de tratamento ou intervenção medica* exposta num testámento de paciente.

Exemplos desta problemática são os casos frequentes do não consentimento para a realização de uma cesariana numa situação de urgência (por desrespeitar o "ritual" que algumas culturas associam ao parto), a recusa a terapias evasivas (como a traqueotomia, a quimioterapia, uma perfusão cutânea), a recusa a alimentação por anorexia ou greve de fome), a recusa a transfusão sanguínea por motivos religiosos ou a recusa de receber uma vacina ou tratar uma tuberculose.

Como afirmamos no início deste trabalho, a recusa a um determinado cuidado médico tem consequências não só para o seu titular mas também para terceiros ou para a comunidade no seu todo.

Neste estudo apenas nos debruçaremos sobre as consequências no contexto da pessoa que expressa a recusa.

A questão fundamental que se coloca nesta matéria é a de saber se o Direito Português actual aceita a justificação de perante uma recusa de um determinado cuidado médico-cirúrgico redigida num Living Will, aplicar a figura do consentimento presumido indispensável para salvar a vida de um paciente.

A generalidade os autores responde afirmativamente a esta questão, defendendo o regime privilegiado do consentimento presumido constante do artigo 156.º, operando como via de legitimação para se realizar determinado tratamento ou intervenção médica.

O principal argumento invocado é que a recusa de consentimento (dissentimento) não é actual, logo, não é eficaz.

Afirmam que este testamento pode induzir os profissionais de saúde numa presunção errada se tiver sido realizado anos antes do acontecimento que esteve na origem da incapacidade e se a pessoa tiver entretanto alterado a sua vontade não obstante o não ter revogado, ou se os avanços médicos entretanto ocorridos estiverem na origem de uma alteração significativa das circunstancias inicialmente previstas. Com efeito, podem surgir tratamentos que tornem menos dolorosos determinados estados ou que permitam curar patologias anteriormente fatais.

---

[52] Cf. o artigo 64.º da Constituição da República portuguesa.

Por estas razões, e não sendo possível a comunicação com o paciente para se certificar se pretende ou não a realização de determinado tratamento ou intervenção, recorrem ao princípio ético-jurídico fundamental *in dúbio pro vita*.

Para esta corrente doutrinal a realização de um procedimento médico não se encontra apenas justificada pelo consentimento presumido, já que a omissão poderia ser punida á luz do artigo 10.º do Código Penal, pois sobre o profissional da saúde recai um dever jurídico que obriga a evitar a morte do seu paciente.

Assim sendo, atribuem aos testamentos de paciente apenas um valor indiciário, no sentido de consistirem apenas num elemento a recorrer, entre outros, para determinar a vontade do paciente, não determinado *de per si* a responsabilidade penal do médico.

Outro sector da doutrina, ainda que minoritário, propugna que no direito português vigente existem algumas dúvidas quanto à solução de realização de um acto médico justificado pelo consentimento presumido. Refutam o requisito da actualidade do consentimento.

Para Augusto Silva Dias[53], o médico, perante uma recusa livre e consciente de um tratamento ou intervenção, deixa de estar vinculado a um especial dever de agir (garante do bem jurídico vida e saúde do paciente), pois caso contrário praticaria o crime previsto no artigo 156.º do Código Penal.

André Pereira[54] preconiza que o médico deve respeitar as orientações do paciente ou do seu representante *ad hoc*, devendo "acolher a autonomia precedente, visto que o paciente está numa situação de inconsciência"[55].

Podemos concluir que estando o indivíduo inconsciente ou incapaz de expressar de forma autónoma a sua vontade real e efectiva, a validação das cláusulas contidas num testamento de paciente não pode ser apenas solucionado com recurso à doutrina penalista do consentimento, apelando ao requisito da actualidade do consentimento.

A nossa ordem jurídico-constitucional não estabelece uma hierarquia entre os direitos protegidos, nem prevê uma solução sempre a favor da vida. Esta solução deverá ser encontrada caso a caso, através da harmonia prática entre estes.

---

[53] Dias, Augusto Silva, 2005, *Crimes Contra a Vida e a Integridade Física*, Lisboa, Associação académica da faculdade de Lisboa, pág. 32.

[54] Pereira, André Gonçalo Dias, 2004, *O Consentimento Informado na Relação Médico-Paciente, Estudo de Direito Civil*, Coimbra Editora, pág. 246.

A Nomeação de um Procurador de Cuidados de Saúde

Nesta forma de directiva antecipada da vontade também se coloca o problema da actualidade do consentimento pelo que remetemos para o acima descrito.

Outra questão que se costuma colocar é a de saber se será válida a representação voluntária nas situações de consentimento para a realização de tratamentos ou intervenções médico-cirúrgico.

Para a maioria da doutrina, não é admissível atento o carácter pessoal e intransmissível dos direitos de personalidade e a sua insusceptibilidade de serem transmitidos para outro sujeito.

Manuel da Costa Andrade[56] salienta que " *a liberdade de dispor do corpo ou da própria vida é uma liberdade pessoal que não se comunica ao representante legal, nem é violada só por se contrariar a vontade do representante*".

Ao inverso, João Loureiro[57] e André Pereira[58], entendem aplicar-se por analogia a noção de um procurador de cuidados de saúde no instituto jurídico da procuração, constituindo uma forma de exercício de autonomia do individuo desde que verificados certos requisitos formais e substanciais.

O Parecer n.º P/05/APB/06, emitido pela Associação Portuguesa de Bioética, vai no sentido desta ultima posição, justificando que se se recorre à procuração para efeitos de celebração do casamento e da perfilhação, porque não admiti-lo para outros actos pessoais e livres, nomeadamente em matéria de prestação de cuidados de saúde. Será no entanto importante que o conteúdo da procuração seja preciso, claro e inequívoco, delimitando com exactidão os poderes que competem ao procurador e quais os efeitos que se produzirão, na esfera jurídica do paciente.

No entanto, decorre deste parecer, a persistente dúvida quanto à validade da nomeação de um procurador de cuidados de saúde no que respeita ao requisito da actualidade do consentimento prestado pelo doente.

---

[55] PEREIRA, André Gonçalo Dias, 2004, ob. citada, pág. 251-252.

[56] ANDRADE, Manuel Costa, 1999, *Intervenções e Tratamentos Médico-cirúrgicos Arbitrários*, in Código Penal, coord. Jorge Figueiredo Dias, Coimbra editora, pág. 381.

[57] LOUREIRO, João Gonçalves, 1994, ob. citada, pág. 41.

[58] PEREIRA, André Gonçalo Dias, 2004, ob. citada, pág. 250-251.

Testamentos Biológicos vs Eutanásia

Como vimos, a fronteira entre a eutanásia e o desejo de não pretender sujeitar-se a um tratamento médico em caso de verificação futura de determinadas circunstâncias é muito ténue. Por isso, há quem estabeleça uma comparação entre ambas, ou seja, as considerações que justificam a eutanásia parecem ser as mesmas que justificam os "*testamentos biológicos*".

Em termos civilísticos, reforçada pela tutela penal, qualquer acto que vise a morte a pedido ou que se relacione com a prática de suicídio é nula. No dizer de Menezes Cordeiro: "*O direito á vida é indisponível. O seu titular não pode aliená-lo ou suprimi-lo, pedindo a sua morte ou praticando o suicídio*"[59].

Outros tipificam a figura dos *testamentos biológicos* no de crime de homicídio a pedido da vítima[60], pois na verdade, trata-se de uma disposição de vontade feita por escrito, solicitando a morte, realizada, por exemplo, sob a condição de sucesso ou de ocorrência de um determinado acontecimento[61].

Contudo, para alguns autores, estas formas partem de premissas diferentes: na eutanásia, o objectivo é por termo á vida; nos *testamentos vitais*, pretende-se "programar" para o futuro um acontecimento, isto é, a recusa a um tratamento médico em caso de perda de capacidade para decidir sobre a própria vida[62].

Para qualquer das posições é imperioso que se estabeleça um limite, no sentido de evitar que, em nome de dispor livremente sobre a manutenção ou não de determinados procedimentos médicos, se utilize este expediente para por termo à vida desmesuradamente.

Esta questão tem sido colocada com acuidade nos países em que se tenta introduzir perigosamente uma legislação eutanásica capeada ás vezes de maneira eufemista como "*normas relativas ao direito á dignidade terapêutica do doente incurável*"[63].

---

[59] ANTÓNIO MENEZES CORDEIRO, Tratado de Direito Civil, Parte I, Tomo III, Pessoas, Coimbra 2004, pág. 124

[60] Previsto e punido no artigo 134.º do Código Penal

[61] Exemplos disso são as situações da detecção de um cancro ou de uma doença; a entrada em estado de coma como consequência de um acidente ou de doença; a perda das faculdades mentais, etc.

[62] AUGUSTO LOPES CARDOSO, "A eutanásia e o suicídio assistido", in Estudos de Direito da Bioética, Coimbra 2005, pág. 235 e seguintes.

[63] AUGUSTO LOPES CARDOSO, obra citada.

Mesmo aí, não tem deixado de se questionar sobre o valor jurídico de tal declaração, ainda que mais não seja sobre a persistência no momento em que deva ser aplicado, isto é, um homem de plena saúde não tem da morte o mesmo sentimento daquele que é envolvido pela angústia da doença. Mais ainda, e quando perde as faculdades volitivas, como sustentar que deverá prevalecer a vontade que manifestamente declarou?

Existem argumentos que justificam a ilicitude da eutanásia, nomeadamente, de ordem ética (a vida não pertence a cada um), de ordem social (todo o direito existe pelo homem e para o homem, a supressão de uma vida humana traduz-se num acto anti-social, pondo em crise a estrutura da própria sociedade), de ordem cultural (ideia ínsita no nossa CRP, art. 24.º: a vida humana é inviolável) e de ordem técnico-jurídico (não há direito sem pessoas, sem vida humana, sem composição de interesses humanos).

Neste sentido, Menezes Cordeiro[64] afirma que "*A eutanásia não é admissível pelo Direito Civil. Seja como auxílio ao suicídio, seja como produto exclusivo da actuação de terceiros. (...) Admitir ou promover a supressão da vida implica valorações visceralmente contrárias a qualquer lógica civilística*".

Contudo, e no caso de pessoas que estão em estado vegetativo, cuja assistência clínica ou o prolongamento da vida artificialmente provoca sofrimento injustificado ou atenta contra a dignidade do paciente e da própria morte?

Sobretudo a classe médica é unânime em considerar que, nestes casos, a deontologia médica dirá, em concreto, até onde ir, sendo certo que a adopção de documentos que exponham a vontade, livre e esclarecida, do paciente, prévia à situação terminal, eliminará muitas incertezas no expediente a utilizar pelos profissionais de saúde, afastando a responsabilidade médica.

Diferentemente da anterior posição, Manuel da Costa Andrade afirma[65] que "*a recusa do paciente (pessoa) tem de ser respeitada qualquer que sejam as suas consequências. Por via disso, não é punível a chamada eutanásia passiva. Não é punível o médico que, correspondendo á vontade livre, esclarecida e inequívoca do paciente, omite ou interrompe o tratamento indispensável para lhe salvar a vida*".

---

[64] António Menezes Cordeiro, obra citada pág. 130

[65] Apontamentos do I Curso Breve de Pós Graduação em Responsabilidade Médica, Faculdade de Direito da Universidade de Coimbra, Outubro, 2005

A questão torna-se mais difícil quando nos confrontamos com o silêncio dos pacientes[66] a ser interpretada com analogia sobre outros assuntos.

Para João Loureiro[67], deve-se estabelecer uma fronteira entre a recusa do auxílio a morrer e o apoio ao paciente no morrer. A equiparação com o suicídio é evidente: o suicídio constitui um acto ilícito e a colaboração para a sua concretização implica um tipo legal de crime[68]. Contudo, decisão da pessoa que afasta a intervenção médica deve ser respeitada: os planos aproximam-se mas não se confundem. No incitamento ou auxílio ao suicídio verifica-se uma colaboração activa no processo volitivo cuja actuação concreta conduzirá à morte; no respeito pela autodeterminação do paciente tão só se acata a sua vontade.

Estas situações verificam-se, sobretudo, com os idosos, suscitando duas questões: uma prende-se com a melhoria da qualidade de vida nesta fase (situação esquecida no campo da saúde pública e das políticas sociais); outra, diz respeito à possibilidade, ou não, destas pessoas deliberarem sobre a própria morte em situações de doenças crónicas, degenerativas, incuráveis, terminais, em que qualquer tratamento é inútil para reverter o quadro clínico. Ou seja, assim como é preciso cuidar dos anos conquistados de forma a vivê-los da melhor maneira possível, é também importante reconhecer que há situações onde não há nada a fazer a não ser reconhecer a morte como um facto.

Reconhecer a morte como uma verdade no ciclo da vida não significa que as pessoas idosas em estágio terminal devam ter sua morte acelerada por imposição de terceiros. Cuidar do processo de morrer deverá ser o simples reconhecimento da morte como um dado adquirido e, dessa maneira, assumir que as pessoas possam ter escolhas diferentes sobre como enfrentá-la.

Mas reconhecer que todos somos capazes de deliberar sobre a nossa própria morte e que podemos fazer escolhas sobre qual a melhor maneira de enfrentar a morte poderá ser entendido como um direito fundamental? Ou seja, poderá existir um direito de escolher como morrer?

---

[66] João Loureiro, obra cit., pp. 42 ss

[67] João Loureiro, obra cit., p.65

[68] Vide Código Penal, artigo 135.º

CONSIDERAÇÕES FINAIS

Ao contrário do que sucede com outros países, entre nós ainda não existe um debate sobre esta matéria, porquanto a defesa da vida prevalece no nosso ordenamento jurídico, cravado nas normas constitucionais e civis, mas sobretudo, nas penais.

O valor penal da vontade assim manifestada, no sentido de saber se esta diminui a responsabilidade do autor, parece ser negativa entre os autores nacionais[69].

Na verdade, só em casos inimagináveis é que podemos configurar "*o pedido da vítima*" como um "*pedido instante*", quando gizado em documento anterior ao evento que previu como determinante da morte, ainda que, a "*solicitação expressa*" se possa qualificar como séria, isto é, ao tempo, livre e consciente.[70]

Há quem entenda, como vimos, que é necessário que se proceda a adopção de legislação específica em matéria de directivas antecipadas de vontade quaisquer que sejam as formas que possam assumir.

Apesar de o direito não se pode alhear do constante devir social., não se pode forçar o legislador a tomar decisões precipitadas, muito menos aceder a "modas" ou correntes ideológicas, quando está em causa a própria pessoa humana na sua essência, dignidade, concreta, única e irrepetível. A meu ver, é necessário impor uma barreira fundamental e um princípio irredutível face a qualquer posição que se pretenda enveredar: a DEFESA DA VIDA E DA PESSOA HUMANA NA SUA DIGINIDADE FÍSICA, PSÍQUICA E SOCIAL.

---

[69] Entre eles, Augusto Lopes Cardoso, obra citada.

[70] Neste sentido, há quem entenda que a punição deste tipo de ilícito deve ser inserida no homicídio privilegiado (artigo 133.º do Código Penal) e não beneficiar do regime do homicídio a pedido da vítima.

APÊNDICE

DOCUMENTOS DE AUTODETERMINAÇÃO

Exemplo Italiano e Americano

I – EXEMPLO ITALIANO

CARTA DE ATODETERMINAZIONE N.º ____________

Sig/ra ....
Nato/a a ....
Residente a .... Cap ....
Via .... Tel ....

DICHIARAZIONE

Alla mia famiglia, ai medici curanti e a tuttti coloro che saranno coinvolti nella mia assitenza, lo sottoscritto/a, esendo attualmente in pieno possesso delle mie facoltà mentali, dispongo quanto segue in mérito alle decisioni da assumere qualora mi ammalassi:

		Sì	No
1	Voglio essere informato sul mio stato di salute, anche se fossi affeto da malattia grave e inguarible		
2	Voglio essere informato sui vantaggi e sui rischi degli esami diagnostici e delle terapie		
3	Autorizzo i curanti ad informare, anche senza il mio consenco, le seguenti persone		

Chi há scelto "No" riguardo alla disposizione i puo terminare qui la compilazione apponendo una firma.

Firma .... Data ....

Chi invece ha suelto "Si" riguardo alla disposizione i è oportuno che prosegua la lectura in modo da formulare altre disposizione di carattere generale e particolare.

Sono consapevole che potrebbe accadermi in futuro di perdere la capacità di decidere o di comunicare le mie dicisioni, ma, poiché voglio esercitare comunque il mio diritto di scelta, formulo qui di seguito alcune disposizione seguinti:

DISPOSIZIONE GENERALI

So che si definiscono oggi "provvedimenti di sostengo vitale" le misure urgente senza quali il processo della malattia porta in tempi brevi alla morte. Esse comprendono la rianimazione cardiopolmonare in caso di arresto cardiaco, la ventilazione asistida, la dialisi (rene artificiale), la chirurgia d´urgenza, le transfusione di sangue, le tarapie antibiotiche e l´alimentazione artificiale.

Sono consapevole che, qualora venissero iniziati e proseguiti su di mi tutti i possibili intervente capaci di sostenere la mi avita, potrebbe accadare che il resultato sia solo il proloungamento del mio,orire o il mio mantenimento in uno statu di incoscienzia o demenza. Formulo perciò le suelte riguardo ai provvedimenti di sostengno vitale.

DISPONGO QUE QUESTI INTERVENTI:

	SIANO	NON SIANO	
4			Iniziati e continuati se il loro resultato fosse il prolungamento del mio morire
5			Iniziati e continuati se il loro resultato fosse il mio mantenimento in uno stato di inconscienzia permanente e privo di possibilità di ricupero
6			Iniziati e continuati se il loro resultato fosse il mantenimento in uno stato di demenza avanzata non suscettible di recupero

Chi há scelto "Siano inizati" in tutte queste tre ipotesi, puo concludere qui la compilazione apponendo una firma.

Firma .... Data ....

Chi ha scelto "Non siano iniziati"in almeno una di queste tre situazione, è oportuno que continui la compilazione delle seguenti Disposizione Particolari, che badiscono in modo esplicito la rinuncia o la richiesta di alcuni intervente a proposito dei quali à più facile che nascano controversie.

	Disposizioni Particolari	Sì	Non
7	Dispongo che siano intrapresi tutti i provvedimenti volti ad alleviare le mie sofferenze (come l´uso di farmaci oppiacei) anche se essi rischiassero di anticipare la fine della mia vita		
8	Dispongo che, in caso di arresto cardiorespiratorio, nelle situazione descritte sopra 4, 5 e 6 sai praticata su di la rianimazione cardiopolmonare se ritenuta possibile dai curanti		
9	Dispongo che, nelle situazioni descritte sopra ai punti 4, 5 e 6 qualora io sai in grado alimentarmi in modo naturale, sai		
10			

Firma .... Data ....

Le disposizioni seguenti possono essere sottoscrite indipendentemente dalle precedente, anche se non è eseguito alcuna scelta.

	Disposizioni Riguardanti L´assistenza Religiosa	Sì	Non
11	Desidero l´assistenza religiosa di confessione...		
		Religios	Laico
12	Desidero un funerale		

	Disposizioni Dopo La Morte	Sì	Non
13	Dispongo di donare i miei organi a scopo di trapinato		
14	dispongo di donare il mio corpo a scopi scientifici o didattici		
		Inumato	Cremato
15	Dispongo che il mio corpo sai		

Firma .... Data ....

NOMINA DEL FIDUCIARIO

Consapevole del fatto che le disposizioni suddette riguardano situazioni complesse, imprevedibili, dove non sempre è agevole per i curanti esprimereuna chiara valutazione del rapporto tra sofferenza e benefici di ogni singolo atto medico, nomino mio rappresentante fiduciário:

Il/La Sig/ra ....
Nato/a a ....
Residente a .... Cap. ....
Via .... Tel. ....

Che si impegna a garantir lo scrupoloso rispetto delle mie volontà espresse nella presente carta e a sostituirse a me per tutte le decisioni non contemplate sopra, qualora io perdessi la capacita di decidere o di comunicar ele mie decisioni.

Nel caso che il mio rappresenetante fiduciário sai nell´impossibilità di esercitare la sua funzione, delego a sostituirlo in tale compito:

Il/La Sig/ra ....
Nato/a a ....
Residente .... Cap. ....
Via .... Tel. ....

Questo atto avviene il .... in prezenza del/la Sig/ra .... Che attesta la veridicità

Della presente dichiarazione e testimonia che i Sigg.ri sopra indicati hanno accettato la delega.

Firma del Sottoscrittore ....
Firma del Primo Fiduciario ....
Firma del Secondo Fiduciario ....
Firma del Testimone ....

II – EXEMPLO AMERICANO

DECLARATION – LIVING WILL

This Declaration is made this ________ day of _____, 200 __ .

I, ____________________________________, being of sound mind, willfully and voluntarily make know my desires that my moment of death shall not be artificially postponed.

If at any time, I should have an incurable and irreversible injury, disease or illness judged to be a terminal condition by my attending physician who has personally examined me and has determined that my death is imminent except for death-delaying procedures, I direct that such procedures that would only prolong the dying process be withheld or withdrawn and that I be permitted to die naturally with only the administration of medication, sustenance, or the performance of any medical procedure deemed necessary by my attending physician to provide me with comfort care.

In the absence of my ability to give directions regarding the use of such death-delaying procedures, it is my intention that this Declaration shall be honored by my family and physician as the final expression of my legal right to refuse medical or surgical treatment and accept the consequences from such refusal.

Signed: ....

City, County, and State of Residence: ....

(*)

The declarant is personally known to me, and I believe him or her to be of sound mind. I saw the declarant sign the Declaration in my presence, and I signed the Declaration as a witness in the presence of declarant. I did not sign the declarant´signature above for or at the direction of the declarant. At the date of this instrument, I am not entitle to any portion of the state of the declarant according to the laws of intestate succession or, to the best of my knowledge and belief, under any will of declarant or other instrument taking effect at declarant´s death, or directly financially responsible for declarant´s medical care.

Witness: ______________________________ Residence: ______________
Print: ________________________________

Witness: ______________________________ Residence: ______________
Print: ________________________________

(*)

Signed: ______________________________ By: ____________________
(Declarant) (Signer)

Address: ____

STATEMENT OF PERSON SIGNING FOR DECLARANT

I hereby certify that i signed the foregoing Declaration for the above-named declarant and that I signed such Declaration in the presence of declarant and the request of declarant. I personally know the declarant and I believe the declarant to be of sound mind. I am not related to the declarant by blood or marriage, am not entitle to any portion of the state of the declarant according to the laws of intestate succession or, to the best of my knowledge and belief, under any will of declarant or other instrument taking effect at declarant´s death, or directly financially responsible for declarant´s medical care.

Signed: ______________________________ Residence: ______________
Print: ____

REVOCATION OF LIVING WILL

I, ______________, of ____________ , (City, County and State of Residence)___________ ,

Having previously executed a Declaration or Livig Will, pursuant to the Living Will act of State of ________ , sand having decided that I wish to direct that, in the event of my terminal illness, my physician shall administer any and all death-delaying procedures that, in said physician's judgement, may prolong my life.

Now, therefore, I hereby cancel and revoke any and all Declarations and Living Wills that I may heretofore have signed and declare that each and every one of such Declarations and Living Wills shall be null and void and of no force or effect.

Date at ________ , ______ on this _______ day of _____, 200 __ .

Signed: ____

Witness: ____

Witness: ____

CONSULTA BIBLIOGRÁFICA:

CALÓ, Emanuele; UNGARI, Paolo, "Il Ritorno della Vontatà, Nuovi Diritti e Autonomia Privata", Milano, Guiffrè, 1999

CAMPOS, Diogo Leite de, "Nós – Estudo sobre o Direito das Pessoa", Almedina, 2005

CARDOSO, Augusto Lopes, "A Eutanásia e o Suicídio Assistido", in Estudos de Direito da Bioética, Almedina, Coimbra 2005

CORDEIRO, António Menezes, "Tratado de Direito Civil Português", I Parte, Tomo III, Coimbra, 2004

DINIZ, Debora, "Idosos e o Direito de Morrer", in www.portaldoenvelhecimento.net

FALCÃO DE OLIVEIRA, Guilherme Freire, "O Testamento: Apontamentos", in Reproset, Coimbra

GOMES, Luís Roldão de Freitas, "Direitos de Personalidade e Bioética", in "Nova Realidade do Direito da Família", CODA: SC Editora Jurídica, Tomo I

HUNTER, Robert S., "The Right to Die With Dignity: The Living Will, the Power of Attorney for Health Care, and Health Care Surrogate Cat", Illinois, Justice Publications, 1993

IAPICHINO, Lucilla, CALÓ, Emanuele, "Testamento Biologico e Direttive Anticipate: Le Disposizione in Previsione dell ´Incapacitá", IPSOA Editore, 2000

NEVES, Chantal (et al.), "Cuidados Paliativos", in Formasau, Formação e Saúde, coimbra, 2000

PIVA, Jefferson Pedro e CARVALHO, Paulo Antonacei, "Considerações Éticas nos Cuidados Médicos do Paciente Terminal"

___ RECOMENDAÇÃO DA ASSEMBLEIA PARLAMENTAR EUROPEIA N.º 1418/99

___ "Relatório sobre o Estado Vegetativo Persistente", C.N.E.C.V., Fevereiro de 2005

___ www.apbioetica.org, Parecer n.º P/05/APB/06, Associação Portuguesa de Bioética

RIBEIRO, Diaulas, in "Eutanásia já ou a Revolução dos Bichos", Jornal de Brasília, Brasil, 4-4-2005

SANIMÉDIA, "O Essencial sobre o Direito dos Doentes", in "Information en Santé Publique", www.sanimedia.ch, Tradução de Clara da Cruz Sage

SASS, Hans-Martin, VEATCH, Robert M.; KIMURA, Rihito, "Advances Directives and Surrogate Decision Making in Health Care: United States, Germany and Japan", in Baltimore; London, The Hopkings University Press, 1998

ÍNDICE